新时期我国区域经济发展格局研究

国家发展改革委国土开发与地区经济研究所课题组　著

中国财经出版传媒集团
中国财政经济出版社

图书在版编目（CIP）数据

新时期我国区域经济发展格局研究／国家发展改革委国土开发与地区经济研究所课题组著．—北京：中国财政经济出版社，2018.8

ISBN 978－7－5095－8439－2

Ⅰ.①新…　Ⅱ.①国…　Ⅲ.①区域经济发展－研究－中国　Ⅳ.①F127

中国版本图书馆CIP数据核字（2018）第188489号

责任编辑：卢元孝　　　　责任印制：刘春年
封面设计：孙俪铭　　　　责任校对：黄亚青

中国财政经济出版社 出版

URL：http：//www.cfeph.cn

E－mail：cfeph@cfeph.cn

社址：北京市海淀区阜成路甲28号　邮政编码：100142

营销中心电话：010－88191537　北京财经书店电话：64033436　84041336

北京财经印刷厂印装　各地新华书店经销

710×1000毫米　16开　13.25印张　230 000字

2018年8月第1版　2018年8月北京第1次印刷

定价：68.00元

ISBN 978－7－5095－8439－2

（图书出现印装问题，本社负责调换）

本社质量投诉电话：010－88190744

打击盗版举报热线：010－88191661、QQ：2242791300

前　言

我国经济社会发展已进入新阶段，发展方式从规模速度型转向质量效率型，发展动力从主要依靠资源和低成本劳动力等要素投入转向创新驱动。在宏观环境正在发生深刻变化的背景下，我国区域发展格局正在经历新的调整和重塑。

围绕新时期我国区域经济发展格局这一主题，2016 年和 2017 年我所利用国家发展改革委宏观经济研究院基本科研业务费专项资金，组织所内 7 位时为 35 岁以下的年轻科研人员进行研究。本书即这些研究成果的汇编。这些研究主要从以下四个维度开展，一是分析我国区域经济增长和发展态势变化的总体特征，这由第一章和第二章承担；二是从城市的视角观察不同时期我国经济增长空间的变化，即第三章的内容；三是剖析产业空间发展格局，第四章和第五章以制造业和新经济为主体展现产业发展在不同地区和城市的变化情况，第六章则从产业衰退地区识别的角度反映产业空间结构的调整；四是分析国家重大发展战略对于我国区域经济发展格局的影响，第七章和第八章分别论证了长江经济带建设和“一带一路”建设对我国区域经济发展的影响。

本书以实证研究为主要方法，以体现基本科研业务费课题强调研究基础性、规范性的要求。第一章和第二章作者为张燕，第三章为党丽娟，第四章为李爱民，第五章为刘保奎，第六章为滕飞，第七章为王丽，第八章为卢伟，其中滕飞完成的第六章和张燕完成的第二章在 2016 年度国家发展改革委宏观经济研究院基本科研业务费专项资金课题优秀成果评奖中分别获得二等奖和三等奖，展现了年轻科研人员较为扎实的研究功底。

在课题开展过程中，所学术委员会专家通过开题论证、中期检查、终期验收等对研究工作进行了指导和帮助，本书也是他们辛苦工作的成果。当然年轻科研人员在研究方法、研究结论上难免有不成熟，甚至是错误之处，敬请业界同仁和广大读者批评指正。

国家发展改革委
国土开发与地区经济研究所
2018.8

目　　录

第一章　新时期我国区域经济发展格局变化的总体特征[①]

内容提要：2008 年金融危机后，全球进入经济结构调整新周期，新技术革命方兴未艾，全球化进程势不可挡和国际竞争加剧并存，国内外经济形势发生深刻变化，党的十九大进一步确定我国进入新时代，这是对“新时期”的总体判断。现阶段，影响我国区域经济发展的因素既有短期的也有长期的，既有内部的也有外在的，还有国家战略层面的，各类因素综合作用驱动我国区域经济发展格局发生新的变化，其中经济分化是重要特征，四大区域板块之间、南北方之间、各省区之间、市县之间等新旧动能转换和经济结构调整步伐不一，区域发展比较优势、区域经济增长方式和动力等都在加速重塑中，此外，胡焕庸线的人口经济分布总体格局或将长期维持，深刻认识这些变化对进一步完善我国区域政策具有重要启示作用。

关键词：新时期；区域经济格局；分化；经济增长空间

一、对新时期的基本认识

2008 年世界金融危机以后，国内外宏观经济进入新的发展周期，2017 年党的十九代明确提出，我国进入了中国特色社会主义新时代，深刻认识这个新时代新时期是研究现阶段我国区域经济格局变化的重要前提。

---

① 本章由张燕撰写，在撰写过程中，得到了国家发展和改革委员会国土开发与地区经济研究所申兵研究员、贾若祥副研究员等学术委员会专家的指导，在此表示感谢。张燕，男，安徽潜山市人，经济学博士，副研究员，国家发展和改革委员会国土开发与地区经济研究所副研究员，主要从事区域经济、城市发展、产业经济等领域研究。

（一）2008 年全融危机爆发后全球进入新的经济调整周期

从全球经济发展形势上看，2008 年金融危机以来，世界经济进入一个缓慢复苏和深度调整的发展阶段，我国作为全球第二大经济体，置身其中受到持续深刻的影响，并且直接波及我国区域经济层面。一是上一轮全球经济增长的动能逐渐衰减，新一轮科技革命和产业培育正在形成势头。正如，2016 年 9 月，习近平主席在 G20 杭州峰会开幕辞中作出的判断，世界经济“面临增长动力不足、需求不振、金融市场反复动荡、国际贸易和投资持续低迷等多重风险和挑战”。二是危机后欧美等发达国家复苏历程艰难曲折，我国外部市场需求不足，对依靠加工制造及其出口导向型的地区经济造成严重冲击。三是世界各经济体均致力于本国经济复苏，特别是发达国家再工业化和结构性改革政策，导致全球范围的资本流动放缓，我国整体吸收外资投资的增速也在放慢，反映到地区层面更是分化严重。

显然，2008 年以来的全球金融危机驱动世界经济进入新的调整周期，由于我国各地区产业结构和经济发展阶段不同，金融危机对各区域经济增长的影响也不尽相同。例如，董雪梅等（2009）研究指出，从资本角度看，由于沿海地区经济增长普遍具有较高的外贸依存度，外部需求的大幅下降导致投资增速放缓，而中西部地区工业化和城市化刚刚进入一个快速发展的车道，固定投资依然保持稳步增长；从人力资本角度看，短期内劳动力会由东部沿海向内陆地区转移；从技术动力角度看，东部沿海地区将会从技术进步中获得更大的增长动力。这些变化将驱动我国区域经济格局加速优化重塑。

（二）我国正经历从经济高速增长向高质量发展阶段转变

党的十八大以来，从国内经济发展阶段上看，中央判断我国进入增长速度换档期、结构调整阵痛期、前期刺激政策消化期“三期叠加”和经济发展新常态的新阶段，经济正由高速增长向高质量发展阶段转变，处于转变发展方式、优化经济结构、转换增长动力的攻坚期，推动从要素驱动向创新驱动的转型升级。

一是我国的生产要素成本整体上升，包括劳动力、土地、能源、原材料等各类生产要素成本均在不同程度上上升，从全球范围看我国的成本优势正在削弱。据国外专家研究，在 2004 ~ 2014 年的 10 年间，中国的整体比较成本优势下降了 5 ~9 个百分点，其中，劳动力工资、工业用电以及工业天然气成本分别上涨了 187%、66% 和 138%①，我国东部沿海地区的生产要素成本上升要远快于中西部地区。二是环境质量约束普遍加大，长期以来我国一直走一条大规模、粗放型的城镇化工业化道路，导致全国各地均面临严峻的环境治理压力，当前在生态文明建设的大背景下，迫切需要走一条绿色发展道路。三是受国内外消费结构升级的影响，特别是国内城镇化的加快推进驱动居民消费能力和需求大幅度升级，我国传统低端的产能过剩较为明显，由此导致部分地区正经历繁重的“去产能”过程。四是改革开放四十年来，我国经济增长依靠的主要是“汲取创新”模式，即通过大量吸收并改良国际先进的科技、最佳实践和知识来追赶领先国家，当前 GDP 增长放缓、人口老龄化凸显、大规模固定投资回报下滑，必须找到提升生产率的出路，加快推动从“汲取创新”到“领导创新”模式的转变②。

（三）党的十九大提出新时代实施区域协调发展战略

党的十九大提出中国特色社会主义进入了新时代，这是当前我国发展新的历史方位，我国社会主要矛盾已经转化为人民日益增长的美好生活需要和不平衡不充分的发展之间的矛盾。从区域发展层面看，还存在诸多不平衡、不充分的地方，如老少边穷地区发展相对落后、脱贫攻坚任务艰巨、城乡区域发展差距仍然较大、东中西部和东北地区的协调性有待进一步提高等。党的十九大首次明确提出“实施区域协调发展战略”，这是习近平新时代中国特色社会主义思想和基本方略的重要组成部分，是贯彻新发展理念、建设现代化经济体系的重要内容。实施区域协调发展战略是在区域发展总体战略基础上的进一步深化创新，是新时代区域发展战略的总纲领，为今后促进我国区域协调发展工作指明了方向和路径。实施区域协调发展战略就是要解决区域发展中的不平衡、不充分问题，通过促进实现区域协调发展，让改革开放新时代发展成果更充分、更公平地惠及不同地区的人民。

可以判定，今后一个时期，全面深入实施区域协调发展战略，就是要立足

---

① Harold L. Sirkin, Michael Zinser, and Justin Rose. The Shifting Economics of Global Manufacturing, 2014, pp. 6 –10.

② McKinsey & Company. The China Effect on Global Innovation, 2015, P. 2.

新时代、新特点、新趋势，引导要素跨区域有序自由流动、促进产业梯度联动发展，优化区域发展结构、促进城乡融合发展、统筹陆海开发，积极塑造比较优势充分发挥、主体功能约束有效、基本公共服务均等、资源环境可承载、城乡区域良性互动的区域协调发展新格局，推动城乡区域发展更有效率、更加公平、更可持续，有力服务支撑国家加快推进现代化建设。

二、新时期影响我国区域经济发展格局变化的因素

当前，要用更加开放的视角来审视影响我国区域经济格局变化的主要因素，应该说，新时期影响区域经济格局变化的原因是多方面的，既有国际原因，又有国内原因，既受长期因素影响，也受短期因素冲击。从国际上看，世界经济复苏乏力，金融危机深层影响持续，外需拉动作用明显减弱，一些以资源能源开采、原材料加工和外向型低端加工制造为主导产业的地区受到较大冲击和影响。从国内看，经济结构调整全面深化推进，增长动力面临加速转换，各地区在应对经济运行新常态过程中的适应能力、发展方式转变快慢等均存在较大差距。

（一）新的世界经济重塑加剧，推动区域发展从简单“路径依赖”走向通过“延续、破坏与重塑”形成的新体系中

当今世界生产力和生产关系正在发生深刻的变革，世界经济格局重塑正在路上。一是技术变革日新月异，掌握全球技术变革的新动向就把握了世界发展的前沿和未来。大数据、智能世界、新材料、新能源、基因工程、生物医药、航空航天、海洋工程等一大波新的科技革命正在酝酿和催生新的生产和生活方式。二是经济发展日益体现“人气为王”，掌握以人才为核心的人力资本和以消费者为中心的消费市场往往就决定着一个地区发展的生命力，可以预见未来各地区和城市将从过去资源能源等原材料争夺、承接产业转移竞争过渡到人才和承接知识转移的竞争上来。三是全球互联日益深化，是否深度和广泛置身世界经济分工网络体系中很大程度上决定着一个地区和城市的开放程度和发展活力。加工制成品、资金、人口、信息等在全球范围内流动，固态世界更加被赋予流动特性，流动世界中的点可以实现与全球任何地方的连通。四是价值共享更受青睐，单打独斗的区域和城市竞争终结，在不同层面和领域实现抱团发展

才能推动实现互利共赢。更多的企业、城市、区域将共生在新的价值共享体系中，在分享经济之后，分享功能、分享价值、分享知识、分享体验将推动利益相关方构建生命共同体。显然，全球经济结构的变革及其影响，将驱动国内区域经济形态和质态发生变化。

例如，随着全球产业分工的深化以及我国深入推进“一带一路”建设，未来“中国制造”将更广泛地走向世界，与此同时，“中国创造”也将更多地改变世界。其中，随着东部沿海世界经济走廊的重塑、内陆开放高地的加快建设、沿边开发开放经济带的崛起，日益催生形成一批沿海、内陆和沿边开放型城市或经济中心，在全国将布局形成一批外向型产业集群、具有全球影响力的先进制造业基地、边境经济合作区、国际性消费中心等，驱动成长一批国际型城市、形成一批重要开放节点城市、新兴一批沿边口岸开放城市等（见表1－1）。

表1－1　我国东西双向对外开放格局对区域产业布局的潜在影响（示例）

城市类型	产业布局类型	产业集聚类型
沿边开放城市（如，东兴、凭祥、河口、瑞丽、伊宁、博乐、塔城、二连浩特、满洲里、黑河、绥芬河、珲春、丹东等）	边境国际贸易、金融与物流；边境出口资源加工产业；国别产业合作园等	沿边外向型经济支撑带
内陆开放城市（如，内陆省区的省会城市、省级副中心城市以及其他重点开放城市）	国际影响力的先进制造业基地、成长起来新兴的产业基地、服务功能完善的国际型城市；国别产业合作园区；国际贸易、国际金融与贸易、服务外包等	内陆外向型产业集聚高地
沿海开放城市（大连、秦皇岛、天津、烟台、青岛、连云港、南通、上海、宁波、温州、福州、广州、湛江、北海等）	国际影响力的先进制造业基地；国际金融、贸易与物流、服务外包；北上广等世界级城市产业加快高端化升级	沿海外向型产业支撑带

（二）居民消费升级加速，需求端攀升背景下供给侧结构性改革倒逼区域经济结构深度调整

随着我国城乡居民收入水平及消费能力的持续提高，全社会的消费结构不断升级，消费者对高品质的工业制成品、休闲度假、文化旅游体验、健康养生、绿色环保等高端化、个性化、品质化的消费需求日益增多，从而逐渐淘汰和挤出低端的工业制成品和服务供给，倒逼地区经济结构加快调整。

从工业制成品供给上看，日益高端化的消费需求驱动国内工业制造逐步向

智能化、个性化、柔性化转变，从而驱动区域经济结构调整，直接影响到加快推动产业行业企业转型升级，由此导致行业企业分化加剧。从行业发展趋势上看，受资源环境约束和生产要素成本影响，技术型、资本型投资回报率高的行业要比劳动密集型和技术低端型的行业更具有生命力。例如，战略性新兴产业、先进制造业和现代服务业发展势头强劲，处于产业周期的上升期，而传统资源原材料加工型产业、相对低端产品的外向型加工产业竞争力下降，处于产业生命衰落期。从企业发展势头上看，采用新技术、新模式的企业发展势头强劲，传统劳动密集和技术门槛较低企业发展相对滞缓；率先进入新兴行业领域的企业发展潜力大，而处于传统产能过剩行业的企业发展面临转型升级的压力。产业行业企业的分化映射到地区层面，更多地表现为新兴产业培育和传统产业转型升级快慢的地区之间、企业创新能力强与企业创新能力弱的地区之间的分化上，从而导致当前地区经济发展格局变化（见表1－2）。从服务消费经济上看，居民消费结构升级推动我国进入全民休闲旅游与大健康时代，休闲旅游度假、文化创意、健康养生养老、生态体验等新兴消费需求市场日益旺盛，并日益成为新的消费热点和经济增长点，可以预见未来在我国将形成一批区域性的休闲旅游消费中心（城市）。可见，当前在中央总体部署下，各地方全面深入推进的供给侧结构性改革，既是新时期地区经济结构调整的内在要求，更是适应居民消费结构转型升级的必然趋势性要求。

表1－2　经济增长较快与较慢地区间的行业企业差异

	经济增速较快地区	经济增速较慢地区
行业类型	新兴行业、高技术产业、现代服务业	传统加工制造、传统服务业态等产能过剩或不满足市场需求的行业
企业类型	民营经济活跃；采用新技术新模式	传统资源加工型国有经济比重大；技术低端和传统发展模式主导
优势比较	知识型就业供给多、融入全球产业分工体系、企业创新能力强，互联网深度应用	技术型岗位少；相对封闭的市场范围；创新能力弱、数据技术应用慢

（三）国内外新经济不断催生，新经济培育快慢程度较大程度上决定着区域经济格局的演化走向

1996年12月，美国《商业周刊》最早提出，新经济是指在经济全球化背

景下，信息技术革命以及由信息技术革命驱动的以高新科技产业为龙头的经济。国务院总理李克强向第十二届全国人大四次会议作《政府工作报告》中提到，当前我国发展正处于一个关键时期，必须培育壮大新动能，加快发展新经济。在随后的答记者问中，李克强进一步诠释，“新经济”覆盖面和内涵是很广泛的，涉及三次产业，不仅仅是指第三产业中的“互联网＋”、物联网、云计算、电子商务等新兴产业和业态，也包括工业制造当中的智能制造、大规模的定制化生产等，还涉及第一产业中像有利于推进适度规模经营的家庭农场、股份合作制，农村三次产业融合发展等。近年来，以新技术、新业态、新模式、新产业为主要特征的新经济日益成为各地区新一轮经济增长的重要支撑点，新经济的全国版图变化直接决定着区域经济增长版图的新变化。

例如，根据华略智库·上海城市创新经济研究中心和布施鸟智能科技联合首发的《中国独角兽企业发展报告2017》显示，按照驱动模式，目前全球独角兽企业包括四类，都是新经济业态（见图1－1）。一是技术驱动型独角兽企业，拥有重大技术发明，应用最新技术成果，制造出引领行业先进水平的产品，在技术上保持领先地位，享受技术创新溢价，绝大多数硬件制造型独角兽都属此类。二是受众驱动型独角兽企业，以开发新市场为主要方向，以用户日常消费为基本业务，包括共享单车、汽车分时租赁等。三是平台驱动型独角兽企业，不直接经营具体业务，重在搭建平台、提供服务、培育独角兽企业。四是模式驱动型独角兽企业，以新模式、新业态对传统消费实现颠覆性变革，包括送餐、快递、购物等都属此类。显然，新经济日益成为驱动经济增长的新支撑点，新经济培育和成长的快慢很大程度上决定着区域经济竞争力的强弱，直接影响到区域经济格局的变化。

（四）交通、信息重大基础设施布局日趋完善，正大幅度拓展区域发展空间并催生形成新的功能型城市

随着交通、信息重大基础设施的日趋完善，将推动形成一批沿交通干线布局的特色产业带、区域性商贸物流中心、信息枢纽及大数据产业基地等。例如，随着我国跨地区和城际高速铁路网的日益完善，我国将促进一批重大交通干线及交通枢纽的形成。林晓言等（2015）分析认为，高速铁路能够带动区域经济总量增长、优化区域经济结构、形成高速铁路经济带，因此高速铁路对于区域经济发展及其格局优化具有正相关效应和基础性作用。2016年7月，

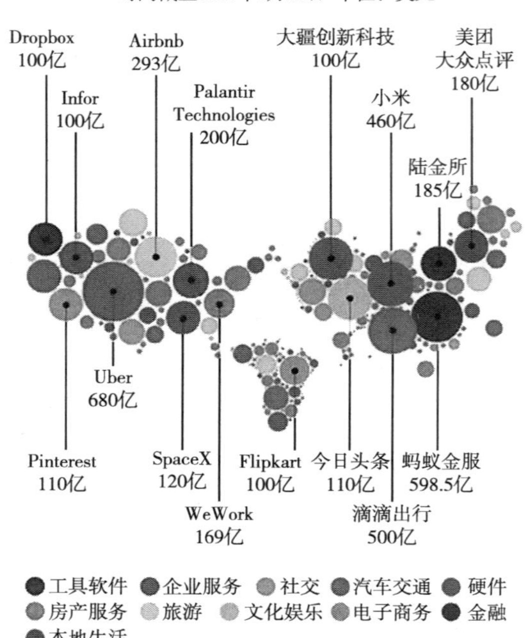

图 1-1 全球“超级独角兽”公司一览

数据来源：CVSource&CBInsights，投中研究院整理、腾讯可视化实验室。

资料来源：http://www.sohu.com/a/219063611_100098381。

国家发展改革委、交通运输部、中国铁路总公司联合发布了《中长期铁路网规划》，勾画了新时期的“八纵八横”主通道为骨架、区域连接线衔接、城际铁路为补充的高速铁路网，其中“八纵”通道包括沿海通道、京沪通道、京港（台）通道、京哈—京港澳通道、呼南通道、京昆通道、包（银）海通道、兰（西）广通道，“八横”通道包括绥满通道、京兰通道、福银通道、青银通道、陆桥通道、沿江通道、沪昆通道、厦渝通道、广昆通道，实现省会城市高速铁路通达、区际之间高效便捷相连，将进一步拓展区域发展空间。在高铁经济的带动下，依托铁路、公路、水路、航空等综合交通运输网，未来在全国有望布局形成一批国家级、跨省级、省级和区域级的交通枢纽中心（城市）。此外，由于交通条件的改善，东、中、西部各地区发展的战略空间都将发生极大变化，过去的交通闭塞地区可能成为“交通要道”，过去的边远地区可能成为“国际门户”（金碚，2015）。

再如，在信息基础设施建设方面，统筹考虑能源供给、地域环境、网络支撑、人才储备、安全保障等因素，国家正在全国推进布局建设数据中心、云计算中心、内容分发网络等互联网应用基础设施，引导企业在资源富集和自然环境适宜等综合条件优越地区建设新一代数据中心，逐步推进传统数据中心向规模化、集中化、节能化的云计算数据中心发展。随着我国通信网络设施的日趋完善，一批通信枢纽城市、大数据中心、沿海地区与港澳台及国外信息设施接轨的信息枢纽中心等正在逐步建成，并积极催生相关经济业态发展。

随着我国交通、信息基础设施网络的完善，区域交流日益频繁、便捷和高效，将不断拓展我国区域发展的空间，引导人流、物流、信息流等跨区域、跨城市自由流动，同时也将积极推动建成一批依托交通和信息基础设施的功能型城市，从而驱动区域经济格局发生新的变化（见表1－3）。

表1－3　　交通、信息基础设施变化对区域经济格局的影响机理

设施类型	经济影响传导作用	产业布局影响预期	催生形成功能型城市
交通（铁路、公路、水路和航空等）	长距离跨地区客运、货运更加便捷	形成沿交通干线的经济带、若干区域性商贸物流基地（中心）等	物流节点城市；区域性高铁中心城市、区域性空港城市、港口城市等
信息基础设施	区域信息化进程加快；区域性信息化综合服务功能增强	大数据、云计算为核心的相关产业高度集聚	信息化枢纽城市、大数据及云计算服务城市等

（五）发展动能加快转换，推动形成一批在全球、全国或区域有影响力的新兴产业高地、制造业基地和消费中心

将区域经济发展动能进行分解可以发现，当前区域经济发展的供给动能正由传统的资源要素大规模、粗放式的投入逐步转向依靠人力资本增加和科技创新为核心的综合创新驱动；需求动能由长期以来的大规模投资和出口为主，转变为依靠国内消费市场培育、全民消费结构升级，以及尽可能增加国内有效投资和境外战略投资；产业动能由传统相对低端的加工制造为主驱动，升级为依靠新兴产业包括战略性新兴产业和现代服务业为主驱动，新技术、新业态、新模式和新产业为特点的新经济将发挥支撑作用；区域支撑动能由仅仅依靠东部沿海特别是长三角、珠三角、京津冀等传统增长极带动，转向依靠传统增长极、新兴增长极和经济战略支撑带协同带动，这些都会影响到我国区域产业布局和经济格局变化。

正如，徐宪平、杜平、张新红（2017）研究指出，以新理念、新技术、新模式和新制度为主要内容和代表的新动能是推动中国经济增长的根本动力。可见，未来新动能在各地区的差异将在很大程度上决定着区域经济格局的变化。

表 1－4　　发展动能转换对区域经济格局的影响机理

	催生形成区域	经济及产业布局	产业集聚形态
要素及产业动能	创新型城市（中心）或地区	新技术、新业态、新模式和新产业为特征的新经济	新兴产业集聚高地
消费需求动能	城镇化地区（以城市群为代表）	满足居民消费结构升级的各类消费性、服务型产业	国家或区域性消费中心
区域支撑动能	经济增长极（如雄安新区等 19 个国家级新区、开发区等）	落后产能退出、传统产业加快转型升级，新兴产业率先培育壮大	在世界或全国范围内有影响力和竞争力的产业集聚高地

（六）区域发展战略深化布局，引导经济要素跨区域流动配置

国家若干具有区域指向性的重大战略将引导产业布局发生地区倾向性变化，包括京津冀协同发展、长江经济带发展、海南全面深化改革和粤港澳大湾区建议等战略，以及国家级新区、产业转移示范区、临空经济区、产城融合示范区、海洋经济示范区、自由贸易试验区、自主创新示范区、全面创新改革试验区、开放型经济试验区、生态文明先行示范区、综合配套改革试验区等综合性、专项性重大功能平台布局建设等，都将直接影响到经济要素跨区域流动，从而影响区域经济格局发生变化。

表 1－5　　区域发展战略对经济要素配置的影响机理（示例）

区域战略	产业影响传导机制	产业布局调整预期
京津冀协同、环渤海地区合作	非首都功能产业由北京向津冀、环渤海其他地区乃至北方腹地转移	中心（如北京中心城区、天津于家堡金融区）以服务功能为主，外围（如天津滨海新区、河北、山西、内蒙古等）以制造为主
长江经济带、泛珠（珠江西江）	东部沿海产业向中西部地区转移，促进东中西产业良性互动	创新中心（上海、合芜、武汉、广州），制造业基地（重庆、成都、长沙及沿线工业城市等，物流基地、区域性金融等服务业中心（上海、广州、武汉、重庆、成都等）
海洋强国	陆海统筹开发与海洋经济发展，建设一批海洋经济示范区	形成一批海洋经济强省、强市（如天津、青岛、威海、宁波、上海、湛江）等

三、现阶段我国区域经济发展格局总体特征

从人口及经济要素的全国分布、四大板块以及板块内部经济增速变化、南北经济发展格局、地区经济增长分化特点以及地级市和县域经济发展态势等方面，全面剖析梳理当前我国区域经济发展的格局特征。

（一）胡焕庸线的区域经济格局或将长期维持

早在1935年，我国地理学家胡焕庸先生提出划分我国人口密度的对比线，最初称“瑷珲—腾冲—线”，后改称“爱辉—腾冲—线”、“黑河—腾冲线”，后来在学术界等习惯简称作胡焕庸线。该线将我国分为东南和西北人口疏密悬殊的两部分，东南半壁人口，大约以占国土36%的面积集中了全国96%的人口；相反，西北半壁人口稀少，在占国土64%的面积上人口仅占全国的4%，此外，与人口密度高度相关，经济密度也大抵呈东南高、西北少的分布格局。时至当前，根据《全国主体功能区规划》提供的全国人口集聚度分布图和全国地均地区生产总值分布图等可以知道，我国人口及其经济活动的这一格局仍然没有发生根本性改变。可以判定，如果不人为地对胡焕庸线以西地区的发展环境进行强干预，人口、经济要素布局的重心依然将在胡焕庸线以东地区，以胡焕庸线为分割线东西人口活动密度差或将继续维持。

（二）经济增长分化从板块间正转向板块内部

2013年以来，东北地区与其他三个板块的经济增速分化不断加剧，东北地区经济整体顺势增长的压力大。中西部地区经济增长虽快于东部地区，但增速差距在缩小，显示出东部地区巨大的发展韧性。从四大板块内部看，同为西部的西北地区增长逊于西南地区；中部山西经济增速下滑趋缓，而湖北、湖南、安徽、江西增长强劲；东部的河北经济增速较低。对比明显的还有甘肃和贵州，2013年两省经济情况大体相当，但随着转型进度不同，两省经济增长差距不断拉开。

根本地，从经济类型看，单一型和产业“原”字型、“初”字型、“重”字型为主地区增速下滑幅度大于综合型地区（孙志燕，2015；陈昌盛，2015）。2013年以来，东北三省、河北、山西、新疆、宁夏等资源型省区经济

增长逐步放缓，部分地区经济增速出现“断崖式”下降，而支撑经济增长多元化的综合型地区，经济抗风险能力明显较强。从转型情况看，转型慢的地区经济增长不如转型快的地区，如西北和东北地区经济增长情况就不如西南和东南地区。可见，当前经济分化更多地体现在创新能力强弱、新兴产业培育和传统产业转型升级快慢、对外开放程度高低等地区之间，除了经济增长规模和速度的分化之外，更多地体现在经济结构转换和增长质量的内涵式分化上。

（三）经济增速“南快北慢”、经济份额“南升北降”明显

由于支撑北方省区的资源型增长的动力正在衰退，特别是在供给侧结构性改革全面深化推进的大背景下，北方区域快速增长的发展阶段已过去，无论从经济增速还是规模上看，近年来北方区域都明显滞后于南方区域，特别是近年来贵州、重庆、云南等地区由于加快推动生态优势向发展优势转变、加速培育新经济业态等，均取得了较快的增长速度。由此，当前区域经济发展“经济增速南快北慢、经济份额南升北降”的分化特征较为显著，可以预见今后一段时期，南北分化的态势仍将持续，我国经济重心将进一步南移（申兵、党丽娟，2016）。从产业衰退地区的区域分布看，主要集中在我国的北方地区（滕飞，2016）。从大数据指数的区域分布看，发展程度较好的主要集中在我国南方区域（刘保奎，2016）。显然，由于我国北方地区大多属于传统的资源型地区，且相比南方市场化程度较低，如果北方新旧动能转换持续延缓，对未来南北方经济增长分化仍将持续的判断具有一定的可期性。

（四）省区经济增速分化总体呈周期性波动演化

自2000年以来，我国开始实施西部大开发战略，在“十五”时期末，形成了以四大板块为基础的区域发展总体战略，旨在促进区域协调发展，其中缩小地区间发展差距是关键目标。但是，从省区经济增速的变差系数变化看，2000～2005年，地区经济增速分化扩大明显，从2000年的0.12持续增长到2005年的0.19；2006～2013年，地区经济增速分化基本平稳；但是到了2014年及其以后，分化呈加速态势，2016年变差系数达到0.30，为2000年以来历史最高。从地区经济增速最大值与最小值的差值上看，也呈类似分化周期性变化态势，2000年极值差为4.3，到2005年扩大到14.8，随后基本平稳，到2013年为4.8，但到2016年增加到14（见图1－2）。显然，地区经济增速分

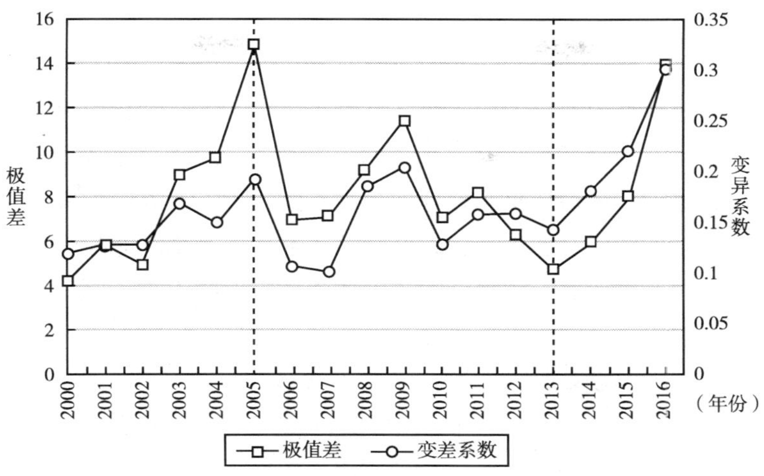

图 1-2　我国省区经济增速分化变化

化有较强周期性波动特征。

此外，增速分化存在明显的“空间紧邻”趋同特征。从地区经济增速上看，2013~2016 年，增速一直在全国处于最慢梯度的主要集中在东北地区以及地理空间上相邻的河北、山西两省；相比之下，增速最快的 5 个地区中，地理空间上相邻的重庆和贵州一直保持引领全国经济增长的态势。此外，中部地区，除了山西之外，其他五省份整体处于同一增速梯度，保持较快增长的态势（见表 1-6）。

表 1-6　2013~2016 年增速趋同省份识别　　单位：%

	2014 年	2015 年	2016 年
增速最慢 5 省份（河北与山西近邻；东北三省）	山西（4.9）、黑龙江省（5.6）、辽宁（5.8）、吉林（6.5）、河北（6.5）	辽宁（3）、山西（3.1）、黑龙江（5.7）、吉林（6.5）、河北（6.8）	辽宁（-2.5）、山（4.5）、黑龙江（6.1）、北京（6.7）、河北（6.8）
增速最快的 5 省份（重庆、贵州近邻）	天津（10）、新疆（10）、贵州（10.8）、西藏（10.8）、重庆（10.9）	江西（9.1）、天津（9.3）、贵州（10.7）、重庆（11）、西藏（11）	天津市（9）、江西（9）、贵州（10.5）、重庆（10.7）、西藏（11.5）
中部地区（除山西外）整体增速较快	河南（8.9）、安徽（9.2）、湖南（9.5）、江西（9.7）、湖北（9.7）	河南（8.3）、湖南（8.6）、安徽（8.7）、湖北（8.9）、江西（9.1）	湖南（7.9）、河南（8.1）、湖北（8.1）、安徽（8.7）、江西（9）

（五）区域经济分化从板块和省区间向市县层面下沉

随着全国经济结构调整的深化，区域经济分化不仅映射在四大板块、南北和省区层面，且已经蔓延到市县层面，行政区划单元越小，分化现象越显著。往往行政级别越低，资源聚集和配置能力越有限，对于产业结构单一、传统产业占主导、创新能力较弱的市县，新旧动能转换慢、转换难的问题较突出，与创新能力强、新兴产业成长较快的市县发展差距正在拉大。

从地级市层面上看，一批新兴经济增长型城市正在加快崛起。近年来一些城市产业结构调整起步早、新旧动能转换衔接较好，保持了良好的增长势头，成为中国经济增长的动力空间，未来有望进一步发展壮大，成为人口、经济集聚的新兴明星城市（党丽娟，2016；党丽娟、申兵，2017）。

从县域经济层面看，全国百强县依托良好的发展基础，借力国家战略实施或新经济的加快培育，形成了较好的发展势头，但也有不少县域由于底子薄、经济结构单一、创新能力不足，经济发展远没有“回暖”迹象。从赛迪顾问发布的全国百强县 2016 年榜单看，有一些新的特点，集中反映了百强县市抓住了战略发展机遇，并抢先推动实现了新旧动能转换。一是在长江经济带发展战略、“一带一路”倡议等的带动下，中西部一些县（市）依托资源优势和产业基础，大力推进供给侧结构性改革，积极承接东部地区产业转移，创新招商引资方式方法，正成为区域性县域经济发展“领头羊”。例如，湖北仙桃市以发展开放型经济为着力点，抢抓海峡两岸经贸合作不断深化的机遇，大力开展对台招商，探索与台商合作和服务台商的新途径，形成了台资企业扎堆集聚的“仙桃现象”；云南安宁市把握滇中新区核心区、“一带一路”重要节点的机遇，加快形成在滇中有绝对优势、西部有错位优势、南亚东南亚有先发优势的现代产业体系。二是百强县增长动力逐渐从资源驱动、投资驱动转向创新驱动、绿色驱动，走出了各具特色的发展道路，县域名片也在悄然改变。例如，“煤城”，山东龙口市大力推进科技创新，攻关突破铝材料高端环节和核心技术，从“全国煤炭资源型城市”成功转型为“国家级铝及铝合金加工高新技术产业化基地”；“鹤乡”，江苏射阳县大力发展“生态 +”经济，既推动产业生态化，又推动生态产业化，从“天下粮仓生态射阳”向“沿海绿色生态循环经济的典范”升级。三是新经济成为县域经济发展的新亮点。面对成本上升、市场缩量的压力和转型升级的迫切需求，不少发达县域积极培育新经济，探索新路径，在新技术、新业态、新模式和新产业等领域表现活跃，如昆山市的创新经济、桐乡市利用互联网充分发展大数据经济等。

四、促进区域经济协调发展的对策思考

充分考虑影响新时期区域经济格局变化的影响因素，顺应我国区域经济格局变化趋势，按照区域协调发展的总体方向，进一步推动完善区域政策。

（一）确立新时期区域政策制定的科学导向

一是要尊重人口及经济要素流动规律及区域发展规律。我国胡焕庸线的总体格局或将长期维持，这要求在制定区域政策时，要充分尊重这一态势，避免人为强行干预要素流动，避免不切实际和超越发展规律的各类开发建设活动。二是以国家发展战略为总体导向。区域政策制定实施要服务国家战略发展，把国家战略发展的蓝图、意图摆在首要位置，保持战略发展的定力和方向。三是充分体现地区发展的基础和特色。充分发挥地区比较优势，因地制宜、差异化地推动不同区域依托地方特色与基础条件实现新旧动能转换。四是顺应人民对新时代发展的新期待，包括居民消费不断向高级化升级的需求，人民对健康、高端工业品、更多自由时间、优良的生态环境等新需求。五是把握时代发展新动向，推动区域发展要顺应全球化背景下新技术、新业态、新模式和新产业发展等新趋势。

（二）加强顶层设计绘制区域经济协调发展新蓝图

按照国家实施协调发展战略的总体部署和要求，确立以西部大开发、东北等老工业基地振兴、中部地区崛起、东部地区优化发展等战略为基础，以京津冀协同发展、“一带一路”倡议和长江经济带发展等战略为引领，以城镇化和城市群发展战略为依托，以雄安新区、粤港澳、海南等其他重点区域发展战略为支撑，以革命老区、民族地区、边疆地区、贫困地区、资源型地区等特殊类型地区发展战略为重要补充，把建设海洋强国作为拓展区域协调发展战略部署空间的重大战略举措，形成各类区域战略各具优势与侧重、互为支撑与补充、有机融合与交流的生动实施局面，促进东中西协同、南北方互动和陆海统筹发展，积极构建新时期区域经济协调发展的新蓝图。例如，在京津冀、长三角和

珠三角等经济增长极之外，确定培育成渝、长江中游等新的经济增长极；推动构建形成若干新的经济支撑带，如长江经济带、陇海兰新经济支撑带、京哈京广经济带、沿海经济带、沪昆经济带、哈大经济支撑带、包昆经济支撑带等；以及随着陆海统筹深化，催生更多海洋经济新增长点等。

（三）加快补齐区域经济发展的短板

补短板直接决定着全面建成小康社会目标的成败和现代化建设的程度。就四大区块而言，西部、东北地区是最大短板。坚持把深入实施西部大开发战略放到优先位置不动摇，持续推进基础设施、生态保护和对外开放等重点领域的工作；要保持战略定力；久久为功推动东北等老工业基地振兴，推出若干重大举措，积极培育新动能，遏制经济下滑势头。对于老少边穷地区以及资源枯竭、产业衰退、生态严重退化等地区依然发展的难点地区，应继续给予扶持支持政策。从可持续健康发展方向上看，就是要厚植欠发达地区的内生发展动力，着力培育创新经济新动能，使欠发达地区超越历史基础，获得与发达地区同时起步、同场竞技并有望实现后发赶超的机会。也即，对产业结构单一、传统落后产能占比高、综合创新发展动能不足、新经济培育慢、民生稳定风险加大的转型困难地区要进一步加强识别，并从国家层面研究出台更加精准的分类指导的地区发展政策措施，进一步创新区域援助与合作政策，以深入推进供给侧结构性改革为主线，立足地区比较优势挖掘提升，在新动能培育、新经济成长壮大等方面给予引导和扶持。

（四）促进经济要素跨区域自由有序流动

进一步打破地方和部门保护主义，稳步推进全国统一大市场建设，通过改革创新打破地区分割和利益藩篱，清理和废除妨碍全国统一市场和公平竞争的各种规定和做法，促进人员、技术、资本、货物等要素有序自由流动，全面提高资源配置效率。一是着力打破区域、行业企业间市场垄断阻隔。国家相关部门加强行业市场调查与监管，加快推动市场一体化进程，着力打破行业企业垄断对资源配置的阻隔。二是推动区域、城市间深度合作。从不同地区和不同城市新旧动能同步转换、差异化引导的角度，积极创新搭建合作平台，通过创新链引导要素链、产业链实现跨区域、跨城际整合配置，推动东部与中西部、东北地区等跨区域间，不同省区之间，不同规模和等级的城市之间实现新旧动能有序更替和同步转换，尽可能减少分化的负面冲击和影响。三是从构建行业企业发展新生态的角度，积极运用新技术、新模式，推动不同行业之间、行业内部不同分工部门之间、处于产业链不同环节的企业之间围绕价值链共同提升的方向，加强资源就地深度挖掘和要素异地高效重组，让行业企业在分化中整体走向新的成长生命周期。

（五）优化推进改革创新平台和重大工程建设布局

一方面，要继续发挥改革创新平台对区域经济增长的支撑带动作用。进一步加强对东、中、西部和东北地区发展的统筹协调。科学统筹自由贸易试验区、综合配套改革试验区、开放发展试验区、自主创新示范区等各类改革创新平台的布局，适当向中西部和东北地区倾斜，赋予其更多先行先试政策，鼓励大胆探索，充分发挥平台作用，培育成为区域发展重要增长极。另一方面，从统筹区域协调发展角度有序推动跨区域重大工程建设。以规划为引导，集中财力加大投资，尽快启动一批跨区域重大交通、水利、生态环保、社会民生等领域重大工程项目，为促进区域协调发展奠定更加坚实的基础。例如，针对西南地区的交通瓶颈制约，强化高铁、高速公路等道路交通设施建设，其中，高铁、高速公路干线等重大交通设施的规划布局要与重点经济发展轴带相衔接；针对西北地区资源型缺水制约，抓紧论证并尽快实施跨流域重大调水补水工程等。

参考文献

[1] 陈昌盛．在经济分化与重塑背景下稳增长一定要有新思路（国务院发展研究中心 2015 年省区市经济形势座谈会上发言）．中国经济时报，2015 - 6 - 29.

[2] 党丽娟．我国城市经济增长空间格局．国家发展和改革委员会国土开发与地区经研究所基本业务课题，2016.

[3] 党丽娟，申兵．我国城市经济增长空间格局研究．当代经济，2017，(13)：9 - 13.

[4] 董雪梅等．金融危机对中国区域经济增长格局的影响分析．价格理论与实践，2009，(8)：50 - 51.

[5] 金碚．我国区域经济发展空间格局的新态势．北京日报，2015 -

06－01.

［6］刘保奎. 我国新经济发展空间格局. 国家发展和改革委员会国土开发与地区经研究所基本业务课题，2016.

［7］林晓言等. 高速铁路与经济社会发展新格局. 北京：社会科学文献出版社，2015.

［8］滕飞. 我国产业衰退地区的识别. 国家发展和改革委员会国土开发与地区经研究所基本业务课题，2016.

［9］申兵，党丽娟. 区域经济分化的特征、趋势与对策. 宏观经济管理，2016，（10）：33－36.

［10］孙志燕. 对当前区域分化的若干认识及应对措施. 国务院发展研究中心，调查研究报告，2015 年第 139 号（总 4824 号），2015－9－11.

［11］徐宪平，杜平，张新红. 驱散增长的迷雾：新常态下的新动能. 中国财富出版社，2017.

［12］Harold L. Sirkin，Michael Zinser，and Justin Rose. The Shifting Economics of Global Manufacturing. 2014，pp. 6－10.

［13］McKinsey & Company. The China Effect on Global Innovation. 2015，P. 2.

第二章　我国区域经济增长分化的现状特征、影响因素及主要趋势①

内容提要： 区域经济增速分化是在宏观经济周期性与趋势性因素的共同作用下，导致区域经济发展动力发生变化并且存在区域空间上的异质性，由此引起不同区域空间上经济增速差异化的投射现象，是区域经济运行自我调适演化的必然过程。从各省区经济增速分化上看，总体呈周期性变化态势，特别是2013年以来，增速分化趋势尤为显著，到2016年达到新的分化峰值。导致当前地区经济增速出现分化的原因是多方面的，既有国际原因又有国内原因，既受长期因素影响也受短期因素冲击，既有先天性因素也有发展中累积的因素，还有政府政策调控的因素等，本质上则是2008年金融危机后新一轮国内外宏观经济周期波及影响下各地区经济结构调整及新旧动能转换差异使然。从长期看，区域经济增速分化有利于重塑区域经济结构、构建行业企业发展新生态，但在短期内也会带来一些消极的影响和冲击。因此，既要保持区域战略定力，也要采取更加灵活针对性的短期政策，让区域政策起到弥补市场不足、防范风险的作用。

关键词： 区域经济增长；分化含义；影响因素；演化趋势

关于经济分化的研究可追溯到20世纪初，围绕全球科技革命演进及工业化背景下国别经济增长及国别发展水平长周期变化态势的比较，由此开启了长达100多年的关于经济发展趋同（收敛）与否的讨论。近年来，国内不同区

① 本章由张燕撰写，在撰写过程中，得到了国家发展和改革委员会国土开发与地区经济研究所史育龙研究员、申兵研究员、李忠研究员、汪阳红研究员等学术委员会专家的指导，在此表示感谢。张燕，男，安徽潜山市人，经济学博士，副研究员，国家发展和改革委员会国土开发与地区经济研究所副研究员，主要从事区域经济、城市发展、产业经济等领域研究。

域、区域内部、省区经济增速分化显现，特别是东北地区增速回落较快值得关注；西部和中部地区经济运行较平稳，但其内部分化明显，如西南和西北地区分化加剧、中部的山西投资增速大幅下滑（孙久文、李恒森，2017）。可见，经济增速比较慢的地区往往是之前高度依赖资源和重化工业的省份（陈昌盛，2015）。区域经济分化进一步显化了我国区域发展中存在的不协调、不充分问题。如果地区经济分化持续扩大，会影响区域协调发展向好的趋势，甚至局部地区会导致社会风险增加，应予以重视。

一、区域经济增长分化的经济学含义

目前尚没有对“经济分化”进行系统的经济学意义上的诠释，从国内外关于分化研究文献的聚焦视角或选取指标来看，分化主要有两类含义：一是经济发展水平，如人均 GDP、国民收入水平差距的扩大化；二是经济增长速度的差异化，如 GDP 增速指标上的差异。显然，经济分化并不是简单考察地区经济规模上的差别，而是考察地区经济发展的速度和质量差异。

本章研究所指为经济增速分化，是考察不同区域、地区经济增长速度上的差异变化。从经济学含义上看，区域经济增速分化是在宏观经济周期性与趋势性因素的共同作用下，导致区域经济发展动力发生变化并且存在区域空间上的异质性，由此引起不同区域空间上经济增速差异化的投射现象，是区域经济运行自我调适演化的必然过程（见图 2－1），可从以下几个方面理解。

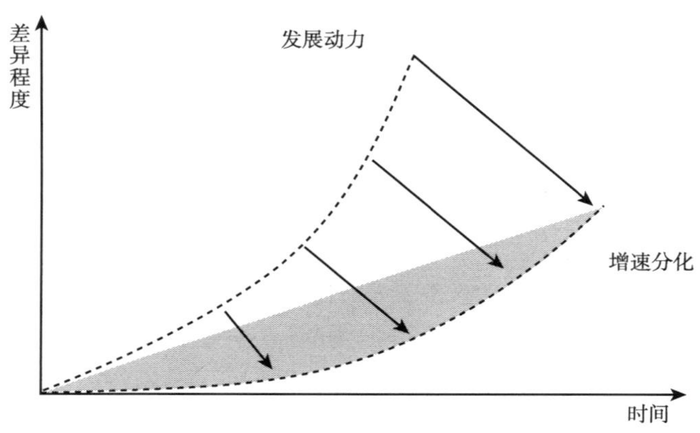

图 2－1　区域经济增速分化是发展动力差异化的经济映射

一是分化是客观的区域经济现象。区域经济分化是受宏观经济周期性变化和趋势性因素综合驱动，不同区域由于存在基础条件和发展水平的差异，在应对周期性、趋势性变化过程中，会出现不同区域新旧发展动力转换步伐快慢及发展动力强弱的差别，直接表现在经济结构调整过程中导致经济增速上的差别。分化符合经济运行的内在规律，是客观存在的区域经济现象。因此，透过分化现象，需要深刻认知分化背后的经济运行规律及其演化特征。

二是分化刻画了区域经济的异质性。分化的根源在于不同区域在自然属性、经济属性、人文社会属性上都存在差异，不同区域在不同的经济发展周期中经济增长动力也存在差别，由此会出现经济增速上的差异化。此外，从空间类型上看，分化可以刻画不同国家、不同区域、不同省份、不同城市、不同县域等不同层级、不同行政单元以及不同类型地区之间经济增速的差异化特征。

三是区域经济分化具有动态性。区域经济增长的影响因素是复杂多元的，从绝对值上看，区域经济永远处于分化的状态，只是在不同的时期，分化的程度有大有小。当宏观经济环境发生周期性变化时，会波及影响到不同区域层面，由此导致经济增长出现显著性的分化，引发人们关注。因此，需要深化对不同周期分化的特征和背后驱动因素的认识。需要说明的是，本章研究的分化不考虑由于外部战争、自然灾害等不确定性风险事件因素所导致的对区域经济增长的影响，这种动态变化是突发性。

四是分化的影响具有两面性。经济增速分化作为反映区域经济运行变化的客观经济现象，本质上是区域经济发展自我调适的一个过程。从长期看，将有利于在不同区域之间重新配置要素资源，优化重塑区域经济结构，推动区域经济向新的发展阶段和结构迈进，具有积极的一面。但从短期看，如果经济增长分化持续扩大化，会导致部分地区经济收入减少、失业增多，导致区域发展差距的扩大，不利于区域经济协调发展，从而引发发展上的公平性风险。

二、我国地区经济增长分化的现状特征

从各省区经济增速分化上看，总体呈周期性变化态势，特别是2013年以来，增速分化趋势尤为显著，到2016年达到新的分化峰值。通过对地区经济发展的比较分析可以看出，经济增速分化背后本质上是发展动力的分化。

（一）地区经济增速分化总体呈周期性波动演化

从省区经济增速的变差系数变化看，2000～2005年，地区经济增速分化扩大明显，从2000年的0.12持续增长到2005年的0.19；2006～2013年，地区经济增速分化基本平稳；但2014年及其以后，分化呈加速态势，2016年变差系数达到0.30的历史峰值。从地区经济增速最大值与最小值的差值上看，也呈类似分化周期性变化态势，2000年极差值为4.3，到2005年扩大到14.8，随后基本平稳，到2013年为4.8，但到2016年增加到14（见图2－2）。

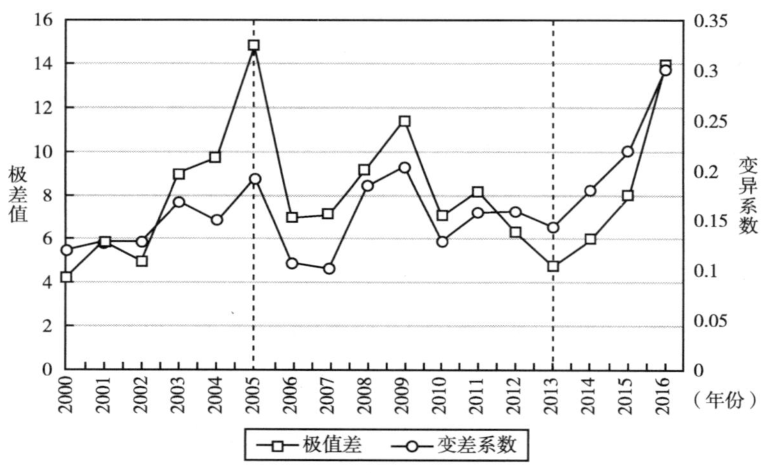

图2－2　我国省区经济增速分化变化（2000～2016年）

其中，2016年地区经济增速分化达到新的峰值。从增速上看，2016年，全国经济增速为6.7%；西藏、重庆和贵州三省区市经济增速领跑全国，分别达到11.5%、10.7%和10.5%；相比之下，辽宁增速为负值，黑龙江和山西两省区地区经济增速落后全国平均水平，仅为6.1%和4.5%。增速最快的西藏与最慢的辽宁之间相差14个百分点。可见，部分资源型省区由于经济结构调整的压力大、步伐慢，在走过高速增长期之后，在新常态下俨然成为区域协调发展的短板。

（二）增速分化存在明显的“空间紧邻”趋同特征

从地区经济增速上看，2014～2016年，增速一直在全国处于最慢梯度集中在东北地区以及地理空间上相邻的河北、山西两省；相比之下，增速最快的五个地区中，地理空间上相邻的重庆和贵州一直保持引领全国经济增长的态势。此外，中部地区，除了山西之外，其他五个地区整体处于同一增速梯度，保持较快增长的态势（见表2-1）。可见，近年来增速分化存在着空间紧邻趋同特征。

表2-1　2014~2016年GDP增速趋同省份识别　单位：%

	2014年	2015年	2016年
增速最慢5省份（河北与山西近邻；东北三省）	山西（4.9）、黑龙江省（5.6）、辽宁（5.8）、吉林（6.5）、河北（6.5）	辽宁（3）、山西（3.1）、黑龙江（5.7）、吉林（6.5）、河北（6.8）	辽宁（负值）、山（4.5）、黑龙江（6.1）、北京（6.7）、河北（6.8）
增速最快的5省份（重庆、贵州近邻）	天津（10）、新疆（10）、贵州（10.8）、西藏（10.8）、重庆（10.9）	江西（9.1）、天津（9.3）、贵州（10.7）、重庆（11）、西藏（11）	天津市（9）、江西（9）、贵州（10.5）、重庆（10.7）、西藏（11.5）
中部地区（除山西外）整体增速较快	河南（8.9）、安徽（9.2）、湖南（9.5）、江西（9.7）、湖北（9.7））	河南（8.3）、湖南（8.6）、安徽（8.7）、湖北（8.9）、江西（9.1）	湖南（7.9）、河南（8.1）、湖北（8.1）、安徽（8.7）、江西（9）

（三）增速分化背后是地区发展动能转换快慢之别

由于各地区发展基础、市场环境、创新能力、经济结构差异大，在推动经济结构调整和动能转换上步调出现不一的情况，直接反映到了经济增速变化层面。例如，从经济增速看，除了不考虑西藏由于经济体量小等原因，整体增速保持相对较快的态势之外；重庆、贵州以及中部地区（除山西之外）总体保持持续较快的增长态势，主要原因还是在于这些地区通过创新、集聚和移植新优势，积极承接产业转移，在大数据、大健康、智能制造等新经济发展方面取得了较快进步，发展动能转换有了较好的起色；相比之下，东北、河北、山西等传统资源型经济占主导的省份，由于产业层次较低、体制机制改革难度大、综合创新能力相对不足等原因，导致发展活力和动力不足。当前，稳定经济增长就是要寻找长期稳定发展的动力支撑（杨庆育，2017）。显然，地区经济增速分化本质上是地区发展动能的分化。

三、我国地区经济增长分化的主要因素

导致当前地区经济增速出现分化的原因是多方面的，既有国际原因又有国内原因，既受长期因素影响也受短期因素冲击，既有先天性因素也有发展中累积的因素，还有政府政策调控的因素等（见图 2－3），本质上则是 2008 年金融危机后新一轮国内外宏观经济周期波及影响下各地区经济结构调整及新旧动能转换差异使然。

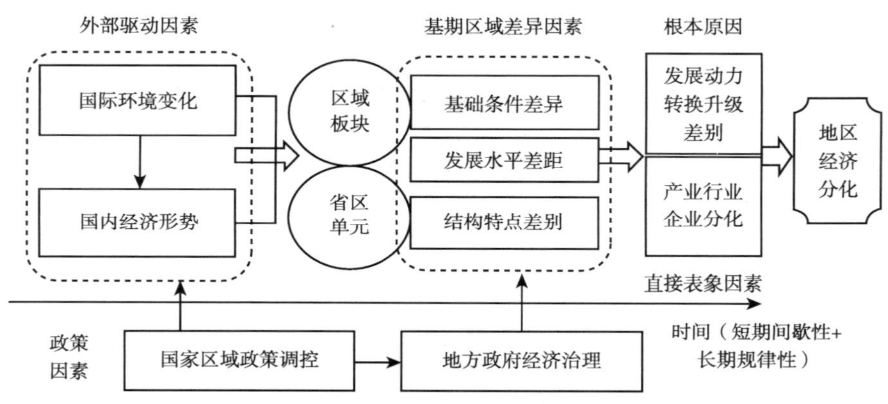

图 2－3　地区经济增速分化的形成机理

（一）国内外宏观经济形势变化的周期性影响

从国际经济形势上看，2008 年金融危机以来，全球经济进入缓慢复苏和深度调整的发展阶段，我国作为全球第二大经济体，置身其中且深受影响，并波及地区经济层面。包括：上一轮全球经济增长的动能逐渐衰减，新一轮科技和产业革命尚未形成势头；国际市场需求持续不足，对依靠加工制造及其出口导向型的地区经济造成严重冲击；世界各经济体致力于本国经济复苏，特别是发达国家“再工业化”和结构性改革政策，导致全球范围的资本流动放缓，我国整体吸收外资投资的增速放缓，反映到地区层面更是分化严重。

从国内经济发展阶段上看，进入经济发展新常态，各地区普遍面临着发展模式转型的迫切压力。一是我国要素成本整体上升，从全球范围看我国的成本优势正在削弱。在 2004～2014 年的 10 年间，中国的整体比较成本优势下降了

5~9个百分点，其中，劳动力工资、工业用电以及工业天然气成本分别上涨了187%、66%和138%①。二是国内居民消费能力和需求大幅度升级，传统低端产能过剩明显，导致大部分地区正经历加快“去产能”的繁重任务。三是改革开放以来，我国经济增长主要依靠“汲取创新”，当前经济增速放缓、人口老龄化凸显等，须加快促进从“汲取创新”到“领导创新”转变②。

此外，国内外要素市场的价格变动，也会影响部分地区的经济增速。如受石油、矿产等大宗货品国际价格动荡影响，在部分年份，对于我国北方和西部等多数依靠资源输出型经济支撑的地区，经济下滑趋势尤为明显。

（二）地区经济水平、结构及发展条件差异较大

我国地区经济发展所处的阶段和经济结构差别较大，导致国家整体宏观经济的结构性调整“投射”到地区上就会出现差异化的“投影”。一是经济发展规模体量和经济发展水平的差异较大，最直接的就体现在地区生产总值规模和人均地区生产总值规模的差距上。二是地区经济结构差异大，包括三次产业结构、工业发展水平和服务业发展质量等的地区差异均较为显著。三是我国地域范围大，资源禀赋包括土地、自然资源、能源、水等可开发和利用条件都存在较大差异。四是地区市场化条件差异较大，总体上沿海地区资源要素投入效率要明显高于内陆地区。

（三）不同行业企业处于不同生命周期

从行业发展趋势上看，受资源环境约束和生产要素成本影响，技术型、资本型投资回报率高的行业要比劳动密集型和技术低端型的行业更有生命力。近年来，新兴产业、先进制造业和现代服务业处于产业周期的上升期，而传统资源原材料加工型产业、生产低端产品的外向型加工产业衰落明显，处于产业生命衰落期（见图2-4）。

从企业发展势头上看，民营企业活力不断增强，国有企业在深化改革中调整转型；采用新技术新模式的企业发展势头强劲，传统劳动密集和技术门槛较

① Harold L. Sirkin, Michael Zinser, and Justin Rose. The Shifting Economics of Global Manufacturing, 2014, p. 6-10.

② McKinsey & Company. The China Effect on Global Innovation, 2015, p. 2.

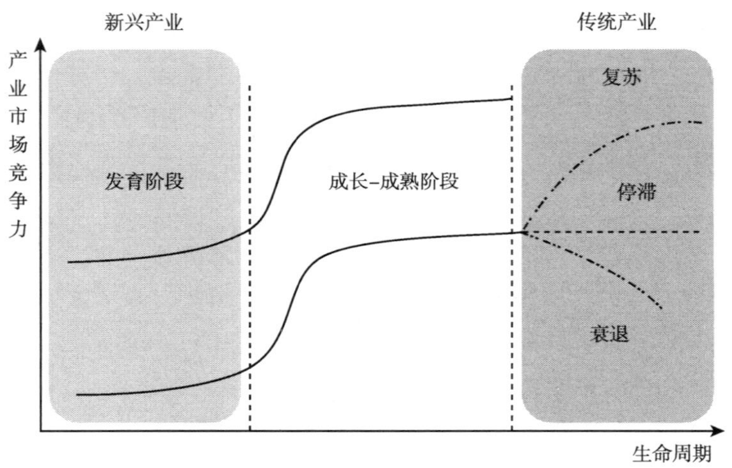

图 2－4　我国新兴产业和传统产业处于不同生命周期

低企业发展相对滞缓等；率先进入新兴行业领域的企业发展潜力大，而处于传统产能过剩行业的企业发展面临较大的转型升级压力。

从行业企业的地区分布上看，由此会导致当前地区经济发展分化不仅仅是传统东中西部的发展差距上，更多地表现为新兴产业培育和传统产业转型升级快慢的地区之间、民营经济活跃和传统国有经济体量较大的地区之间、企业创新能力强与企业创新能力弱的地区之间的分化上。

（四）发展动力转换的区域梯度在扩大

当前，我国经济发展动力正经历从传统的要素驱动到创新驱动转变，由于各地区在自然条件、要素禀赋、发展阶段等方面存在较大差距，在市场体系日趋健全、市场一体化建设步伐不断加快的背景下，发达地区在长期发展过程中积累的市场、体制、资金、人才等优势，使优质生产要素更加容易集聚，更有利于率先推动实现创新驱动发展，而传统资源型产业比重较高的地区、“老少边穷”等欠发达地区创新要素先天不足、自我发展能力不强，长期以来依靠传统要素投入驱动增长的发展模式在短期内难以根本性扭转，不仅外部资源、要素难以流入，而且自身的资源要素还会流出。

与此同时，目前新经济尚未发挥对后发地区发展的带动作用。以新技术、新业态、新模式和新产业为主要特征的新经济正日益成为驱动经济发展的新引擎，如果后发地区能够把握好新经济带来的发展机遇，加快形成后发新优势，将有利于促进区域协调发展，缩小区域发展差距。但是，从近期看，由于地区间产业结构、市场环境、要素配置效率的差异较大，转型升级较早、战略性新兴产业发达、经济结构多元、市场秩序规范、营商环境较好的地区，对企业吸引力较强，新经济培育成长快，对经济增长的拉动作用明显；而产业结构单一、产业层次较低、体制改革相对滞后的地区，传统产业“去产能”任务重，新经济培育难度大、过程长，短时期内难以形成发展气候，经济增速下行的压力较大。

（五）区域政策调控效率有待增强

虽然我国区域发展战略和区域政策日趋完善，但是从根本性解决区域发展中的不平衡、不充分问题，加快促进实现区域协调发展目标上看，当前区域政策的系统性、协调性和创新性还有待进一步提高。例如，区域政策落实过程中，还存在跨区域协调机制不健全、区域合作政策工具创新不足等问题，东部沿海发达地区的资金、人才、科技等优势要素与中西部欠发达地区的自然资源、劳动力等比较优势还不能较好地实现对接融合。此外，区域规划实施的动态评估机制尚不健全，各类区域规划的配套政策力度弱化、实施不到位等问题也依然存在，不同程度上影响了区域规划的实施效果。

四、我国经济分化的演化趋势及其影响

当前，区域经济分化是我国经济结构系统性优化调整的必然过程，且这一过程仍在深化延伸，从长期看将有利于重塑我国区域经济结构、构建行业企业发展新生态，但在短期内也会带来一些消极的影响和冲击。

（一）经济分化的进一步态势判断

1. 地区经济分化从增速分化向动能和质量分化深化

从2017年各省政府工作报告对全年经济增速预期上看，除了山西5.5%、重庆10%、贵州10%、西藏11%，其他省区市均落到6%～8.5%的增速区间，增速最快的西藏与较慢的山西的差距从2016年7个百分点缩减到5.5个百分点，此外辽宁提出了6.5%左右的经济增速，增速将大幅回升，预期省区

市经济增长分化有望得到缩减。从2017年前三季度GDP实际增速上看，区域板块间、板块内部和地区间分化仍在持续，例如，增速最快的贵州和西藏同为10.1%，重庆增速为10%，继续领跑全国；西南地区的云南也达到9%，但西北地区部分资源型省区增速趋缓，甘肃增速为3.6%、内蒙古增速为5%；此外，东北板块增速依然整体不高，辽宁增速2.5%为全国最慢，吉林增速为5.7%、黑龙江增速为6.3%，均低于全国6.9%的增速。不过，从中长期趋势上看，随着各地区深入推进供给侧结构性改革，积极推动新旧发展动能转换，一批新兴的行业、消费投资领域和创新潜力地区将在新旧动能转换中培育成长，区域经济分化将更多地体现在发展动能、发展质量的分化上。

2. 区域经济分化从板块和省区间向市县层面下沉

随着全国经济结构调整的深化，区域经济分化不仅映射在四大板块和省区层面，已经蔓延到市县层面，并且行政区划单元越小，分化现象越显著。受我国市县行政等级较低等因素影响，资源聚集和配置能力相对有限，对于产业结构单一、传统产业占主导、创新能力较弱的市县，新旧动能转换慢、转换难的问题较为突出，经济发展尚没有“回暖”迹象，这一类市县实体经济发展堪忧，与创新能力强、新兴产业成长较快的市县发展差距正在拉大。

（二）地区经济增速分化的趋势性影响

1. 分化长期演化将有利于重塑提升区域经济格局

这一轮地区经济增速分化，是在金融危机发生后的宏观经济背景下发生的，也即在我国经济运行进入新常态的发展阶段出现的，经济增速分化的背后是各地区在适应、引领新常态步调上的不一和能力上的差异，其中也包括在市场机制作用下，经济要素趋利导致，优势的资源要素继续向创新能力强、发展基础好、营商环境优越的地区流动；相反，对于传统经济占比高、市场化程度不高、发展条件有限的地区在经济结构调整过程中，对优势经济要素的吸引能力就显得不足。从长期看，这种分化符合市场经济规律，将有利于要素跨地区间流动，有利于重塑我国的区域经济格局，推动区域经济整体向更高层级跃升。

2. 分化在行业企业层面继续发酵深化

当前，区域经济分化反映在行业企业层面仍在继续深化，从长期看，行业企业分化是在经济结构调整过程中的必然现象，符合经济和产业发展规律。

一是行业分化从行业间分化向行业内部分化延伸。受这一轮全球经济周期性波动的深度影响，外需市场总体缩减仍在持续，国内消费结构升级加快，产能结构性过剩问题突出，与此同时，新科技革命方兴未艾，直接导致近年来出现的行业发展分化现象。例如，制造业生存空间明显压缩，服务业整体快速发展；大批资源密集型和劳动密集型的传统产业行业举步维艰，而一批以新技术、新模式和新业态为特征的新兴产业行业异军突起。随着三次产业的融合发展，以及行业分工日益朝着组织网络化、精细专业化和全球化的方向深入，产业行业企业关系正在发生新的调整，由此导致行业内部分化趋势加剧，也即，即使属于同一个行业门类，也存在由于产品质量和服务水平的差异、所处产业链和价值链的不同环节、瞄准消费市场群体的不同，出现兴盛与衰落并存。

二是企业分化从利润空间分化向发展能力分化深入。近年来，随着一大批传统落后的企业在其产能及相关业务的“关停闭”中逐渐退潮，企业间利润空间的分化也将在这一轮结构性调整的生死洗礼中日趋走向尾声，企业在市场竞争中不再仅是短期内“赚钱”多少之间的对话，而更多的是能否掌握新的科技应用领域、瞄准新的消费市场动向、能否适应营运模式的转变、是否获得更多投资资金之间的较量。一大批在大众创业、万众创新中催生的新企业由于成长能力不足而夭折，这些案例屡见不鲜；那些初步转型过来的企业由于进入新一轮的生命成长周期，也将面临能否在日趋激烈和变化的市场竞争中保持可持续发展能力的挑战与压力。

三是行业企业发展的传统格局关系正被新生态所更替。行业企业分化具有较强的连锁效应，特别是处于同一技术梯度的上下游企业，一旦主导行业企业受到市场冲击，直接波及与之关联的行业企业的经营状况。随着行业企业分化的加剧和逐步见底，也即大部分下行企业纷纷关停闭或转型发展，以及互联网等新技术的广泛和深度应用，行业间企业间传统的业务关系、合作模式、关联方式正在被打破，取而代之的是各行各业正在积极谋划的共生、共长、共赢的新生态关系。

3. 分化短期内会引发五个方面的衍生风险

短期内，地区经济增速分化会引发一些衍生风险，应当予以关注。一是新旧动能转换快慢地区间的发展水平和基本公共服务供给差距会拉大。经济增速分化背后实质上是地区新旧动能转换的步调不一。东部沿海等发达地区创新能力强，新经济培育成长快，能够率先从金融危机冲击中走出来；相反，那些传统资源型产业占比高、综合创新能力整体较弱地区往往转型发展慢。此外，经济增长乏力地区往往是发展水平落后、财政能力有限、公共服务供给欠账较大的地区，这些地区传统领域的投资和企业利润空间不断压缩，新项目投资减少，政府财政收入在短期内缩减明显，进一步增加财政收支压力，直接影响到基本公共服务供给，与发达地区基本公共服务水平的差距进一步拉大。对于债务包袱较重的地区，可能会进一步加大地方政府的债务风险。

二是部分市县经济的“底部”支撑作用明显削弱。长期以来，市县发展对国民经济增长起到了重要的“底部”支撑作用。但是，我国中西部等地区的大部分市县经济由于处于经济运行系统的底部末梢，在应对金融危机冲击和适应经济新常态过程中，又是最脆弱和迟缓的，新动能培育难度大、困难多，传统行业企业惨淡经营、衰退普遍，近年来新增的固定资产投资依然集中在基础设施、民生发展的补短板领域，真正有带头引领作用的新建实体经济项目较少，即使有一些产业领域的投资也大多在旅游开发、健康养老等服务业领域，先进制造业的新增项目不多，直接影响到支撑地区甚至国家经济的持续增长。

三是行业收入差距出现扩大化倾向甚至部分逆转。例如，从国有单位就业平均工资看，2011 年采矿业的平均工资是制造业的 1.2 倍，到 2015 年制造业的平均工资反转为采矿业的 1.1 倍，收入差距出现较大程度的逆转；2011 年服务业中平均工资最高的金融业是制造业的 1.4 倍，到 2015 年扩大到了 1.7 倍。

四是区域性、结构性失业风险在加大。一些传统行业占主导的地区，行业衰退、企业倒闭现象突出，导致区域性、行业性下岗失业潮，这些地区往往新增产业项目投资不多，新兴产业培育慢，劳动力市场需求疲软，如果这种状况持续较长，直接影响到居民收入水平的提高。目前，部分省份人力资源供需矛盾已经显现。例如，2016 年，辽宁省岗位需求人数减少 56735 人，求职人数增加 32496 人。从行业用工上看，分化迹象也明显。又如，与 2015 年相比，

2016年浙江省住宿餐饮（－2.9%）、采矿业（－2.9%）、农林牧渔业（－1.8%）、制造业（－1.3%）等劳动密集型行业用工减少较多；而居民服务业（12.1%）、租赁和商务服务业（7.3%）、金融业（1.7%）、科学研究和技术服务业（0.8%）等高新技术和现代服务业用工增长较快。特别地，对于普通从业人员来说，有两类群体创业就业难度大。一类是“60后”的第一代务工人员，就业年龄偏大，知识技能固化，随着东部沿海地区“机器人换人”的加快推进，外出务工就业岗位越来越少，而返乡创业就业存在项目选择难、就业岗位少等问题，责任田大多也已流转承包给“种田大户”，又不能再回到农耕生产上。另一类是“70后”“80后”年龄较轻但文化水平和技能不高的群体，有提高薪资水平和再就业的需求刚性，但新兴行业企业的入职门槛较高。

五是部分地区及行业企业资源配置存在浪费现象。部分传统落后产能的企业处于关停闭和半开工状态，在前一轮的园区建设过程中，这些企业购置兴办了大量的厂房、工业用地，目前大部分处于半荒废或低效利用状态。此外，由于传统低端行业进入门槛低，还存在部分资金继续向低端和过剩产能投资的现象，特别是在镇域经济、县域经济层面，由于创业引导辅导相对不足，项目跟风投资屡见不鲜。并且，在传统行业企业产品市场低迷的背景下，企业之间的恶性竞争难以避免，这些都导致了行业资源的浪费。

4. 分化深化会增加区域政策调控难度

在2008年金融危机前的上一轮全国经济快速发展的周期中，我国各地区依托比较优势发挥，均取得较好的经济增长成绩，四大区域板块和各地区的居民可支配收入、基本公共服务供给水平的差距总体趋于缩小，区域协调发展势头良好。在当前区域经济增速分化的背景下，那些发展基础条件好、增长动力转化较快的地区能够率先从经济低谷中走出来，但是对于经济结构性调整适应能力弱的地区，会面临政府财政收入缩减、经济转型困难、行业衰退、企业倒闭等问题，这对巩固我国区域协调发展成果、提高区域政策调控效果均增加了难度。

因此，在当前分化背景下，除了关注传统的革命老区、民族地区、边疆地区和资源枯竭、产业衰退、生态严重退化等传统特殊类型地区之外，还应关注区域增长新动力培育较慢、去产能任务繁重和民生风险加大等新的特殊类型地区，这一类型地区很有可能成为我国区域协调发展的新短板。要进一步完善区域政策调控手段，更加突出区域政策的定向性和精准性，既要着力推动各地区加快培育经济发展新动能，也要积极防控部分地区经济下行压力下民生风险。一方面，要切实提高创新发展的区域联动性，通过创新链引导要素链、产业链、价值链跨区域协同升级，在全国各地区培育发展各具特色、充满活力的新经济，因地制宜培育壮大新动能；另一方面，要继续增强区域政策在扶贫攻坚、民生保障上的定向精准兜底作用，防止各类区域性风险的发生。

五、积极应对分化背景下的不平衡不充分问题

经济分化现象是我国区域发展中存在不平衡、不充分问题的显化。需要深刻认识经济分化的客观性及其内在演化逻辑，警惕分化衍生的短期风险蔓延扩大，既要保持区域发展战略定力，也要采取更加灵活针对性的短期政策，让区域政策起到弥补市场不足、防范风险的作用，着力补齐区域协调发展的短板，促进改革开放成果更充分、更公平地惠及不同地区和广大人民群众。

（一）加速推进转型困难地区新旧动能的转换步伐

从顺应经济新常态、加快推进新旧动能转换的角度，精准识别转型困难地区。深入研究这些地区转型困难的原因，从国家层面研究出台更加有针对性甚至“一对一”分类指导的地区发展政策措施，立足比较优势挖掘提升，在新动能培育、新经济成长壮大等方面给予特殊扶持，进一步创新区域援助与合作政策，让这一类型地区尽快摆脱转型难、发展慢的困境。总结起来，这类地区有：一是革命老区、民族地区、边疆地区、贫困地区，重点是要全面深入实施精准扶贫、精准脱贫战略，“输血”和“造血”兼顾，重点注入能够推动可持续发展的新动力；二是衰退型的特殊困难地区，包括资源枯竭如老工业、独立工矿区、采煤沉陷区、国有林区等，需要在梳理衰退内在机理的基础上，因地制宜，对症下药，确保发挥社会政策的兜底作用，积极探索衰退地区“再创业”更新重振的新发展路径；三是新旧动能转换滞缓地区，如产业结构单一地区、传统经济及产能占比的高地区、特色资源与比较优势未能形成特色经济优势的地区等，这类地区旧的增长动力正在减弱，新的发展动能短时间内较难

培育形成，应围绕新动能培植、新经济培育壮大，精准施策，挖掘发展潜力，增强发展后劲。

（二）研究出台加快振兴市县经济的政策措施

受行政层级相对低、要素集聚和创新发展能力不强、经济发展基础薄较弱等综合因素制约，在这一轮经济结构调整过程中，我国不少市县经济转型升级步伐相对较慢，存在一些突出的困难和压力，例如，不少传统企业经营惨淡、新兴接续替代产业培育较慢、公共服务领域投资需求有增不减、就业岗位供给不足等，直接影响市县经济的可持续发展。因此，中央和省级政府应加强对市县经济发展的动态监测与风险预警，对全国和本地区市县经济发展现状、特征进行深入的摸底研究。在此基础上，结合市县在创新驱动、新型城镇化、脱贫攻坚等国家战略实施中的特殊地位和作用，积极推动出台国家或地方层面振兴市县经济转型升级的指导意见、发展规划和具体政策措施等，提高市县经济的底部支撑作用。

（三）着力打破区域、行业企业间市场垄断阻隔

区域间、行业企业间市场壁垒、生产许可垄断、价格垄断、销售渠道垄断等诸多不利于市场公平竞争的行为或现象，会在不同程度上损失全国资源配置的效率和行业企业发展的公平性，不利于促进区域协调发展。随着我国市场化改革步伐的加快，越来越多的企业从业人员已经认识到发挥市场配置资源决定性作用的利好，但是改革过程中短期还存在深层次的利益纠葛与矛盾，以及一些中央和地方改革配套衔接不畅等问题，制约着区域甚至全国市场一体化建设，需要国家相关部门加强行业市场调查与监管，着力打破行业企业垄断对资源配置的阻隔，促进资源要素在全国范围内实现自由有序高效流动，从而为充分发挥地区比较优势，激活要素市场活力，同步推进各类企业转型升级提供良好的市场环境和条件。

（四）积极推动区域（城市）间、行业企业间的深度合作

在全面深化区域（城市）间合作的基础上，应从不同区域、城市新旧动能同步转换、差异化引导的角度，积极推动动能转换较快地区和较慢地区间的合作，鼓励围绕产业协同发展、创新协作、改革开放联动等搭建各类合作平

台，创新区域合作方式，通过创新链引导要素链、产业链实现跨区域、跨城市整合配置，推动东部与东北和中西部之间、不同省区之间、不同规模和等级城市之间实现新旧动能有序更替和同步转换，尽可能减少分化的负面冲击和影响。在行业企业合作上，应从构建行业企业发展新生态关系的角度，积极运用新技术、新模式，推动不同行业之间、行业内部不同分工部门之间、处于产业链不同环节的企业之间、不同规模的企业之间、不同所有制性质的企业、不同地区的企业之间等围绕价值链协同提升的方向，加强资源就地挖掘和要素异地高效重组，积极盘活各类企业资源，让行业企业在分化中整体走向新的成长生命周期。

（五）提高普通从业人员适应新经济的能力

针对行业企业分化过程中失业群体的分流和去向问题，各级政府、行业组织等相关方应当积极应对、主动作为，在再就业技能提高、自主创业选择等方面加强多方面的扶助和引导，特别是要加快提高他们在数字技术应用、智能制造操作等方面的专业技能和对前沿发展趋势的认知水平，切实更新普通从业人员的知识和技能结构，帮助普通从业人员能够在经济结构调整过程中获得新的发展机会。此外，应全面深入地推进国家政策“走基层、进企业”工作，积极向基层行业企业从业人员宣解国家发展政策，让普通从业人员能够深入了解与自身切实利益相关的一些国家战略导向、改革创新方向和最新出台的政策等。

（六）切实提高投资实体经济的有效性和精准性

针对当前分化过程中出现的资源配置浪费、投资去向扎堆、投资监管服务不到位等问题，政府和行业组织等应在实体经济投资上强化战略引导和监管服务等方面的职能，瞄准国内外新消费热点培育、全球产业革命前沿领域和市场刚性需求导向等，在降低综合成本、创新投融资模式、加强创业投资引导和监管、改善营商环境、扶持资金引导等方面给予系统性支持，切实提高实体经济投资的有效性和精准性，因地制宜地引导各地着力培育壮大以新技术、新业态、新模式和新产业为主要特征的新经济，促进实体经济高质量高水平发展，推动经济结构深化调整，协同推进实现传统动能改造提升和新发展动能培育壮大。

参考文献

[1] 孙久文，李恒森. 我国区域经济演进轨迹及其总体趋势. 改革，2017 (7)：18－29.

[2] 陈昌盛. 在经济分化与重塑背景下稳增长一定要有新思路. 中国经济时报，2015－6－29.

[3] 杨庆育. 科学辩证看待稳经济增长的主基调. 改革. 2017 (5)：152－158.

[4] Harold L. Sirkin, Michael Zinser, and Justin Rose. The Shifting Economics of Global Manufacturing, 2014, pp. 6－10.

[5] McKinsey & Company. The China Effect on Global Innovation, 2015, P. 2.

第三章　我国城市经济增长的空间格局[①]

内容提要： 区域经济发展的时空格局演变研究是区域协调发展的重要课题，也是制定国家区域发展战略和区域政策的基础。近年来，随着我国发展步入新常态，在经济增长速度总体回落的同时，区域分化日益显著。传统的东中西分化格局被新的南北差异取代打破，长三角和珠三角一些结构调整起步早、力度大的一些省份，经济增长企稳向好，而主要集中在北方的资源能源大省，经济下行压力持续加大。在省际经济增长显著分化的同时，涌现出一批态势显著好于所在省份的高增长地区。本章通过探讨区域经济发展空间格局演变规律，借助经济增长贡献率这一指标识别这些地区，并探寻其持续高增长的成因。研究新时期城市经济增长的空间格局，对适应和引领新常态、扎实推进供给侧结构改革、实现经济中高速增长、迈向中高端水平具有重要意义，同时，对于时调整中国空间布局战略具有重要的理论和现实意义。

关键词： 经济增长贡献率；区域分化；经济增长新空间；增长格局

一、文献综述

（一）各研究尺度上的区域经济发展格局演变

区域经济发展的时空格局演变是区域经济学关注的主要内容之一。改革开

---

① 作者简介：党丽娟（1988—），博士，国土开发与地区经济研究所助理研究员，陕西榆林人，从事资源经济与区域可持续发展研究。

放以来，中国先后经历了沿海—内陆、3 大地带、7 大经济区、4 大板块的区域战略倾斜，近十多年以来，实施了西部大开发、东北老工业基地振兴、中部崛起、东部地区率先发展等一系列区域政策，中国区域经济发展的格局也发生了重大的变化，这些变化引起了学者们的广泛关注和持续讨论。

从研究尺度上看，已有针对区域经济发展格局演变的相关研究，在全国尺度上探讨了中国地区差距的变化趋势、区域关联与经济增长、经济总量的空间相关与地区收敛、经济空间极化趋势等议题；在地区、省级尺度上重点探讨了区域经济时空动态的不平衡状态、省际差异的动态变化、地区间经济联系与发展的驱动力、区域经济的增长与差异格局等方面；也有学者对东北地区、东南沿海地区、淮海经济区等特定区域的经济极化、空间差异和经济增长驱动因素、经济差异变动等进行了详尽的研究。近年来，以地级、县市为基本评价单元的细致探讨也在省内尺度上广泛开展，如对山东省的经济增长趋同与差异、广东省的空间极化、江苏省的区域经济格局演化、福建省经济重心格局等的研究都取得了重要进展。此类研究的丰富和深入也在一个侧面反映出区域增长的格局的内部分化趋势。

随着研究的深入，对中国区域经济发展的研究逐渐由三大地带（东、中、西部）、省域宏观尺度转向县域尺度（靳诚等，2009；刘旭华等，2004；王静等，2011；熊薇等，2011）。从刻画地区经济发展差异特征方面来看，省域经济差异研究为宏观把握中国经济发展的区域差异，为制定相应的区域发展政策提供了可靠依据，但由于忽视了空间相关影响的重要作用，以及省内区域经济发展的非均质性，大多研究却难以揭示省际间经济发展的地域性（李小建等，2001；吴玉鸣，2007），也难以客观反映区域间经济发展差异的变化机制（吴玉鸣，2007；靳诚等，2009）。

另外，一些学者从趋同视角证明了中国区域经济差异趋同的态势，也有学者对中国县域、市域经济增长收敛性进行研究，其中，张伟丽（2011）通过对中国 329 个地市经济增长空间俱乐部趋同进行检验，发现地市经济增长存在 2 个空间趋同俱乐部，即高高（HH）及低低（LL）2 个区域组，组内差异趋于缩小而组间差异不断扩大，揭示了中国县域、市域经济具有比省区经济更强的收敛性。此外，随着区域经济增长的外溢效应、地理收缩效应、网络化效应等综合作用使地区间经济联系更密切，空间联动态势显著，有助于增强区域一体化。

由于省域经济发展差异研究难以揭示省域内经济发展差异，因此，市域（县域）尺度经济发展差异的研究备受学术界关注（关兴良等，2012；马晓冬等，2008；熊薇等，2011）。然而现有市域（县域）经济发展差异研究主要限于江苏、河南、安徽等单个省区（靳诚等，2009；郭华等，2010；方叶林等，2013），难以揭示全国县域间经济发展差异的时空演变格局。尽管有少数研究已对中国市域（县域）经济的发展差异进行了有益的探索（关兴良等，2012；李小建等，2001；吴玉鸣，2007）。但由于数据的限制，目前县域经济研究多限于不同时间断面上绝对空间差异分析，缺乏不同时段县域经济发展差异的动态分析。同时，已有相关县域的经济研究较少使用2010年后的资料，因此数据的现势性值得推敲（李广东等，2013）。

总体上看，中国经济发展一直处于相对集聚状态，从初级产品生产阶段进入工业化的中后期阶段，经济发展格局呈现出“均衡—不均衡—逐步均衡”的演变特征，具有明显的由沿海向内陆地区推进的总体趋势。从时间趋势来看，虽然全国经济发展出现了放缓的趋势，但中西部地区的经济增速却快速提高，已经明显高于沿海地区。从空间上看，中国经济发展的热点区域呈现出“北移西进”的态势，东部沿海地区空间联动发展的效应有所减弱，呈现出“南上北下”的趋势，中西部地区城市联动发展态势不明显，区域带动效应较弱（熊薇等，2011；徐建华等，2005）。

（二）研究领域与方向

从研究领域上看，区域增长极的研究也在一定程度上丰富了区域经济增长空间格局的内涵。法国经济学家弗朗索瓦·佩鲁（F. Perroux）最早在《经济空间：理论与应用》一文中阐述了增长极思想，他认为经济的增长以不同的强度首先出现在某些推动型产业部门，这些创新能力和带动作用较强的部门通过不同的渠道使增长向外扩散，并最终对整个经济产生影响。布代维尔（1966）将增长极的概念转换到了地理空间上，增长极被定义为区域主导产业群所在的城市，它通过极化与扩散效应影响其腹地的发展，增长极及其腹地共同构成了地域空间基本的结构单元。增长极理论在我国的应用主要体现在两个方面：一是如何提高现有增长极对区域经济发展的带动作用；二是应如何培育增长极。

经济空间中的增长极在区域经济发展中起支配作用，规模大、创新能力强，经济发展集聚程度高，并对相关产业发展产生较强的带动作用；类似地，地理空间中的增长极具有以下特点：（1）经济活动集聚在某一城市区域，规模大、创新能力强。（2）对周围地区的发展产生较强的带动作用。因此，增长极的判别标准应主要包括以下几个方面：一是增长极规模，主要包括 GDP 总量、人口规模、人口密度等指标；二是经济集聚程度，主要包括人均 GDP 的 Moran′s I 指数；三是增长中心与周围地区的相互作用能力，主要包括辐射范围、对周围地区的集聚扩散作用。

借助于地理学上的增长极概念，本章所探讨的经济增长新空间则是以 GDP 贡献率为代表性指标，从规模层面上对区域经济及发展格局演化的分析。本章认为，区域自身经济规模较大，且 GDP 总量的增量持续增加的地区可以作为区域经济的增长极。

此外，也有部分学者通过特定视角对区域经济发展的格局演变及相关议题进行了专业化的深入分析，如交通轴线约束下的区域经济分布特征，贫困视角下的增长规律、城镇化的内陆化与解释、基于城市尺度的增长因素分析等，这些研究为探索区域经济增长的原因提供可靠参考。

（三）研究技术方法

从技术方法上看，20 世纪 90 年代以前，相关研究较少将区域经济增长机制与地理单元间的相互作用相结合。90 年代起，学术界引入空间分析技术来探讨区域经济发展（增长）的差异问题，其中以空间数据探索性分析（exploratory spatial data analysis，ESDA）最为著名。例如，Rey 等（1999）将空间计量模型和 EDSA 相结合，分析了美国地区间经济增长的收敛性；Gallo 等（2003）利用 EDSA 对欧洲地区 1980 ~ 1985 年人均 GDP 的空间分布进行了系统研究。国内学者同样采用 EDSA 方法进行了研究，证明了中国省域经济增长具有明显的空间依赖性，区域经济增长存在空间俱乐部效应。

在集聚度研究中，目前采用更多的则是空间关联分析技术，常用的指数为 Moran′s I 指数，该技术对经济发展阶段的空间依赖性和异质性进行分析，以识别空间联系的热点或集聚区域，在全局和地方尺度上分别选取 Global Moran′s I 指数和 Getis - Ord Gi* 指数进行分析，判断经济集聚与扩散态势。齐元静（2013）采用了空间自相关分析技术探讨了中国经济发展的空间演变规律，研究表明中国局域性的空间集聚特征日益明显，空间溢出效应随地区间距离间隔的增加而减少。从全国范围来看，1995～2010年我国城市经济发展水平呈现出明显的空间集聚特征，即经济发展水平较高的城市分布相对集中。从集聚程度的变化来看，1995～2005年集聚程度变化不大，2005～2010年集聚程度出现了较为明显的上升趋势（李红叶，2010）。

（四）已有研究评述

总体而言，从研究尺度上看，已有关于中国区域经济格局的分析和探讨研究的尺度不断由四大板块、省域等的宏观尺度转向市、县（区）域单元的微观尺度。结合我国区域经济增长高度分化的趋势特征，省内分化显著于省际分化，研究尺度越小越有利于刻画区域经济增长分化特征。中国以地级行政市为发展单元的基本格局，决定了以人均GDP和GDP总量和增速等经济指标对中国地级市发展阶段具有较强的解释能力。但是同时需要注意的是，地级尺度的经济发展阶段易受资源条件、产业结构等多方面的影响，对个别区域可能出现与现实不符的结论，需要通过产业结构、人口规模等的发展进行辅助评判。

从研究内容与方法上看，已有研究大多集中在人均水平等指标对区域经济格局的测度，以人均GDP单一指标衡量部分资源富集地区的发展阶段，存在“虚高化”的特征，与现实具有一定的差异（包括指标本身的统计意义和官方统计口径的变化）。尤其是在中国经济进入新常态的背景下，哪些地区能够在危机中突破短期的“瓶颈”同时又能维系长期“可持续发展”目标，成为支撑我国经济增长的动力区域，将是现阶段亟须深入研究的重要命题。

然而城市是区域发展的核心，我国的区域增长越来越明显地呈现出以核心城市为中心的增长特征。地级行政单元在中国经济发展中扮演着越来越重要的角色，是落实区域发展战略和相关政策的重要空间依托。地级行政单元经济格局的动态研究有助于揭示区域内经济发展差异的演变机制，对指导县域发展、缩小城乡和区域发展差距以及实现县域经济的可持续发展具有重要的理论和现实意义。鉴于此，本章以中国市域为研究单元，采用空间自相关方法，通过计算各市域单元经济增量对全国经济增长贡献率的变化，分析近15年来中国市域经济发展的时空演变，同时考虑各单元经济的绝对规模为主要计算指标，识别出过去15年对全国经济增长贡献突出的地域单元，系统评价中国经济发展的时空格局特征，揭示出全国区域经济格局演变态势，为区域发展战略和相关政策的制定提供一定的决策依据。

二、研究范围与数据方法

（一）研究范围与数据来源

根据《中华人民共和国行政区划简册》，为保证国土空间的连续性和覆盖性、数据获取的可行性与相对完整性，选取 4 个直辖市和 334 个地级行政单位为基本空间单元，香港、澳门、台湾等地区由于特殊的地理社会障碍的阻隔和统计口径的不一致，不列入研究范围内。为全面反映我国区域经济空间格局变化的过程，并综合考虑数据的可获得性，本章研究的时间段主要为 2000 ~ 2016 年，并选取 2000 年、2005 年、2010 年和 2016 年共 4 个时间断面分析我国区域经济发展阶段及其空间格局演变特征。

本章分析中所用的行政区界限地图数据取自国家基础地理信息中心 1∶400 万数据库，并在 ArcGIS 中转换到 Lambert 等角圆锥投影系下。由于我国地级以上城市行政区划界限经历了多次调整，本章根据 2015 年中国地图出版社出版的《中国地图集》对各地级以上城市的行政边界进行了调整。为了研究时段内其他年份的数据与 2015 年行政区划相一致，根据行政边界的调整，将相应城市数据进行了加总处理。

研究中所涉及的指标数据取自相应年份的《中国统计年鉴》、《中国城市统计年鉴》及各省统计年鉴、《中国区域经济统计年鉴》、《新中国城市 50 年》，部分数据缺失的自治州、地区和省管县的数据通过各省市统计年鉴、地区统计年鉴、统计公报补齐。各年份尚未建立的地级行政区根据其当时所属的行政区水平进行推算，仍有难以查找的数据，则通过多年平均增长率进行插值。

本章所言东部、中部和西部是根据 1986 年全国人大通过的“七五”计划的划分，2000 年在国家制定的西部大开发政策中又进行了调整，西部地区增加了内蒙古和广西两个自治区。鉴于此，东部地区包括北京、天津、河北、上海、江苏、浙江、福建、山东、广东和海南 10 个省市，中部地区包括山西、安徽、江西、河南、湖北、湖南 6 个省，西部地区包括四川、重庆、贵州、云南、西藏、陕西、甘肃、青海、宁夏、新疆、广西、内蒙古共 12 个省级行政区，东北地区包括黑龙江、吉林、辽宁 3 个省。

（二）指标与研究方法

本章所采用的数据年份为 2000～2016 年，其中：2000～2005 年划分为“十五”并标识为 t_1 时段，2006～2010 年划分为“十一五”，标识为 t_2 时段，2011～2016 年划分为“十二五”及后期（后简称“十二五”），标识为 t_3 时段。根据研究目标，本章采用各单元经济增量对全国经济增长贡献率变幅 ΔC、GDP 占比两个核心指标，通过计算三个时段内贡献率的变化情况，识别出过去 16 年对全国经济增长贡献突出的地域单元。其中，贡献率是借助于经济增长贡献率[①]的计算方法，可表示为各单元的 GDP 增量占全国 GDP 增量总量的比重，该指标的物理意义是指各单元对经济增长拉动作用的大小；而 GDP 占比可表示为各单元的 GDP 占全国 GDP 的比重，作为市域单元的绝对规模的指征，代表该市域单元的经济总量在全国范围内的水平。

本章的研究方法如下：

第一，计算 t_1、t_2、t_3 时段内 GDP 增量，公式如下：

“十　五”期间 GDP 增量：$GDP_{t_1} = GDP_{2005} - GDP_{2000}$　（3－1）

“十一五”期间 GDP 增量：$GDP_{t_2} = GDP_{2010} - GDP_{2006}$　（3－2）

“十二五”期间 GDP 增量：$GDP_{t_3} = GDP_{2016} - GDP_{2011}$　（3－3）

第二，计算 t_1～t_3 时段内 GDP 贡献率，公式如下：

$$\text{“十　五”至“十一五”时期的贡献率 } C_1 = \frac{c_{t_2} - c_{t_1}}{\sum_{i=1}(C_{t_2} - C_{t_1})} \times 100\% \tag{3-4}$$

$$\text{“十一五”至“十二五”时期的贡献率 } C_2 = \frac{c_{t_3} - c_{t_2}}{\sum_{i=1}(C_{t_3} - C_{t_2})} \times 100\% \tag{3-5}$$

第三，计算 2000～2016 年各空间单元的经济贡献率变幅，公式如下：

$$\Delta C = C_1 - C_2 \tag{3-6}$$

① 产业部门的贡献率是指各个产业部门增加值的增量占 GDP 增量的比重，它反映了各产业部门对经济增长拉动作用的大小。在计算各产业部门的贡献率时，应剔除价格变动因素，分子、分母均用可比价计算增加值增量。

其中，贡献率变幅表示各空间单元对经济增长贡献的相对规模；

第四，计算各空间单元的 GDP 占比情况，公式如下：

$$\text{GDP 占比} = \frac{GDP_i}{\sum_{i=1}(GDP_i)} \tag{3-7}$$

结合研究目标与计算方法，本章的技术路线如图 3－1 所示。

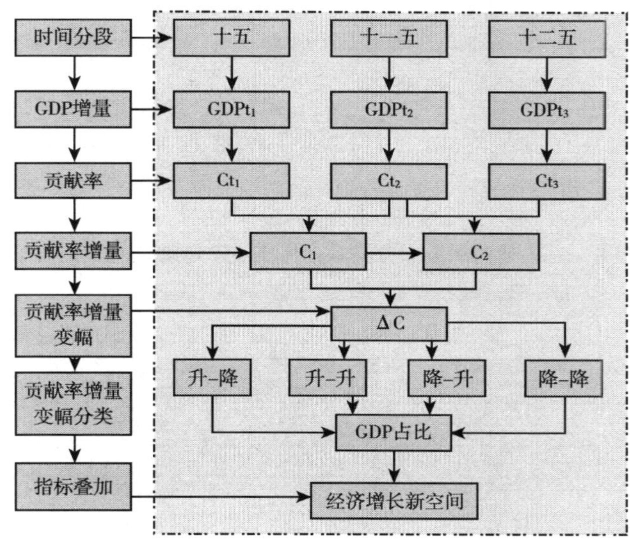

图 3－1　技术路线

三、区域经济增长格局演变特征

（一）2000 年以来我国区域经济增长格局呈现明显分化趋势

2000～2016 年以来，全国地区生产总值增速整体上呈现出先增后减的趋势，尤其是 2010 年以来，经济下行压力增大，经济发展进入新常态，全国各地区经济增速放缓，GDP 增长率已经从 10.6% 持续下降至 6.7%。各地区经济增长格局出现明显变化，东部沿海地区向中西部内陆地区递减的趋势逐渐减弱，东部地区、中部地区、西部地区及东北地区四大板块发展的相对差距逐步缩小，区域发展的协调性总体增强。

1. 四大板块内部“双速增长”，南部省区快于北部省区

由于我国不同区域的经济发展水平及阶段性特征不一致，不同区域经济增长的分化特征渐趋加剧，总体上经济已呈现出“东部缓慢回落、东北快速下行、中部和西部持续高速”的复杂格局。中西部地区经济增速连续6年超过东部地区，2017年前三季度，中、西部地区GDP增速比上年分别增长8.0%和7.8%，分别快于东部地区0.7%和0.5%。中西部地区与东部地区增速优势逐步缩小。东北地区经济增速出现下滑，与其他区域板块间增速差距进一步拉大。经济增长较快的地区呈现出由东向北、再向西南转移的趋势，而低于全国经济增速的地区具有由西南地区向西北地区，再向东北地区转移的特征（见表3－1、图3－2和图3－3）。

表3－1　我国区域经济增长分化格局变化趋势

地　区	2000年	2005年	2010年	2016年
北京市	11.8	11.8	10.3	6.8
天津市	10.8	14.7	17.4	9.1
河北省	9.5	13.4	12.2	6.8
山西省	9.4	12.6	13.9	4.5
内蒙古自治区	10.8	23.8	15	7.2
辽宁省	8.9	12.3	14.2	-2.5
吉林省	9.2	12.1	13.8	6.9
黑龙江省	8.2	11.6	12.7	6.1
上海市	11	11.1	10.3	6.9
江苏省	10.6	14.5	12.7	7.8
浙江省	11	12.8	11.9	7.6
安徽省	8.3	11.6	14.6	8.7
福建省	9.3	11.6	13.9	8.4
江西省	8	12.8	14	9
山东省	10.3	15.2	12.3	7.6
河南省	9.5	14.2	12.5	8.1
湖北省	8.6	12.1	14.8	8.1
湖南省	9	11.6	14.6	8

续表

地　区	2000 年	2005 年	2010 年	2016 年
广东省	11.5	13.8	12.4	7.5
广西壮族自治区	7.9	13.2	14.2	7.3
海南省	9	10.2	16	7.5
重庆市	8.5	11.5	17.1	10.7
四川省	8.5	12.6	15.1	7.8
贵州省	8.4	11.6	12.8	10.5
云南省	7.5	9	12.3	8.7
西藏自治区	10.4	12.1	12.3	10.1
陕西省	10.4	12.6	14.6	7.6
甘肃省	9.7	11.8	11.8	7.6
青海省	8.9	12.2	15.3	8
宁夏回族自治区	10.2	10.9	13.5	8.1
新疆维吾尔自治区	8.7	10.9	10.6	7.6

数据来源：根据 2000 ~ 2016 年各省区市地区生产总值增速整理。

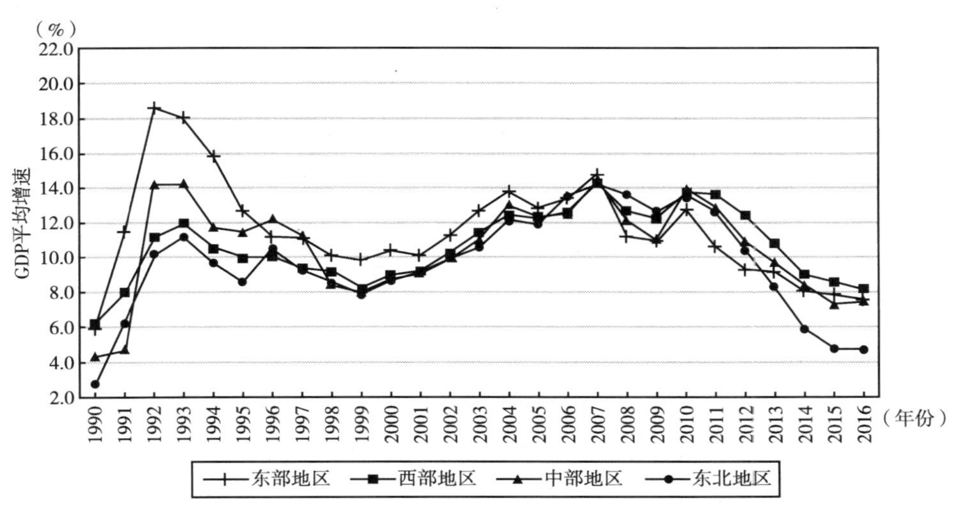

图 3-2　1990 年以来四大板块生产总值增长速度的对比

数据来源：中国统计局网站统计数据 http://www.stats.gov.cn/tjsj/。四大板块分别为相应省（市、区）数据的几何平均值。

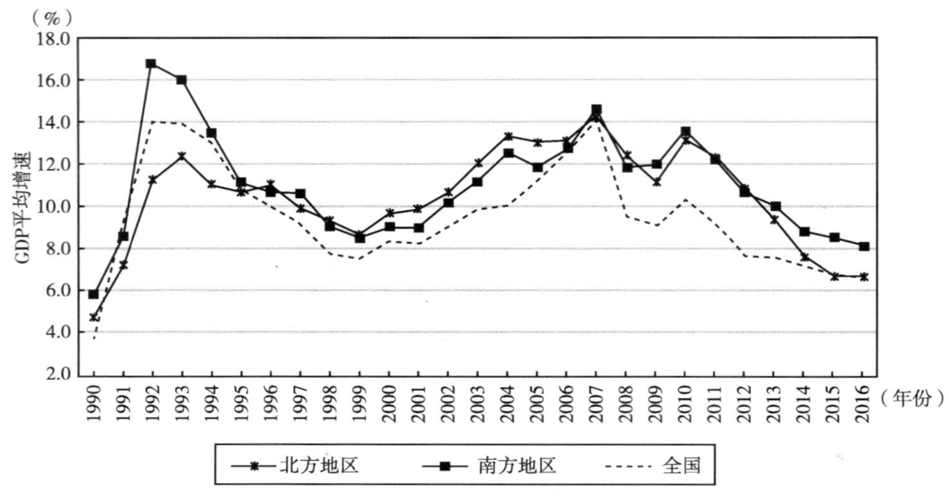

图 3－3　1990 年以来南北地区生产总值增长速度与全国增速的对比

数据来源：中国统计局网站统计数据 http：//www. stats. gov. cn/tjsj/。南北地区分别为相应省（市、区）数据的几何平均值。

2. 东中西部之间经济协调性在继续增强，区域内部分化显著

从区域增长的空间格局来看，我国东中西部之间经济协调性在继续增强，地区间经济运行的分化突破了地域界线，超越了四大板块的分化，呈现出显著的区域内部分化特征。东北、华北以及西北地区经济增长速度继续放缓，而华东、中南以及西南地区经济增速呈现稳定态势。从增长速度绝对水平来看，2016 年经济增长最快的 5 个省区市分别是重庆、贵州、西藏、天津和江西，除了天津外其余 4 个都属于南方地区；而增长最慢的 5 个省市为北京、河北、黑龙江、山西和辽宁，基本都属于东北和华北地区。从增长速度的变化来看，更是如此，2017 年东北 3 省地区增速下滑幅度最大，达到 2. 5 个百分点左右。

以全国各省区市的 GDP 以及 GDP 增速分别作为横坐标、纵坐标，以当年各地区 GDP 平均值、全国 GDP 增速（或全国 GDP 增速的平均值[①]）作为划分标准，对比分析 2010 年、2016 年的 GDP 与 GDP 增速关系。

2010 年，全国各省区市 GDP 及增速总体上呈现出“东部地区增长缓慢、

① 2010 年全国 GDP 增速为 10. 6%，仅 3 省增速低于该值，因此选取各地区 GDP 增速的平均值作为划分标准。

中西部地区增长较快”的分布格局。第一象限表明 GDP 大于全国平均值，且 GDP 增速也大于各地区 GDP 增速的平均值，2010 年仅有四川、辽宁、湖南、湖北、福建这 5 个省位于第一象限中，这 5 个省的经济体量较大，且经济增速较快。第二象限表明 GDP 小于全国平均值，但 GDP 增速大于各地区 GDP 增速的平均值，表明这些省份经济体量虽不大，但经济增速较快，包括天津、重庆、海南、内蒙古、陕西、山西、宁夏、安徽、江西、广西及吉林 11 个省区市，主要分布于我国的中西部地区。第三象限表明 GDP 小于全国平均值，且 GDP 增速也小于各地区 GDP 增速的平均值，表明这些省份经济体量较小，且经济增速落后于全国平均水平，包括宁夏、西藏、甘肃、新疆、云南、贵州、黑龙江等 6 省区，主要分布在我国的西北地区及东北部分地区。第四象限表明 GDP 大于全国平均值，但 GDP 增速也小于各地区 GDP 增速的平均值，表明这些地区经济体量虽大，但经济增长速度较慢，主要分布在我国东部沿海地区，包括北京、上海、河北、山东、江苏、浙江、广东及河南 8 个省区（见图 3－4）。

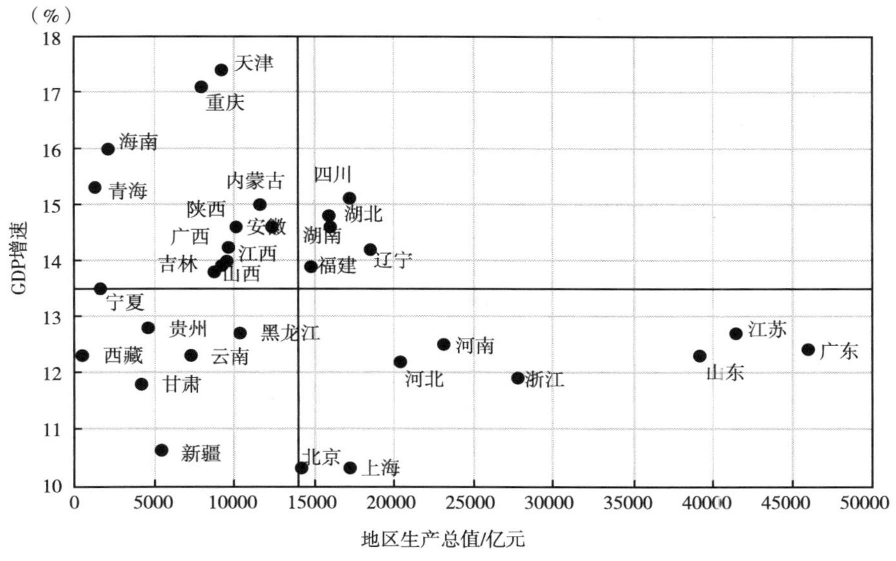

图 3－4　2010 年全国各省市 GDP 与 GDP 增速关系示意图

到 2016 年，全国各省区市 GDP 及增速总体上呈现出“中西部地区增速快，东北地区增速慢”分布格局，且具有大省区市增速小、小省区市增速大的特征。位于第一象限的省份数量有所增加，除福建、湖南、湖北三省外，四川、河南、浙江、山东、江苏、广东等6个省GDP增速较快，地区生产总值较大，跻身第一象限。而第二象限产生较大变化，其中，西藏、贵州、云南、新疆、宁夏增速较大，由第三象限转为第二象限；同时，随着资源消耗式发展的空间已经越来越小，资源型地区、老工业基地正在成为经济发展的“沦陷区”，成为区域分化的洼地。山西、内蒙古、吉林等省区增速下降，由第二象限转为第三象限，而辽宁则从第一象限转为第三象限，2016年地区生产总值增长为-2.5%；第四象限的省份数量减少，仅有北京、上海和河北，经济总量较大的广东、江苏、山东及浙江的增速较大，转为第一象限（见图3-5）。

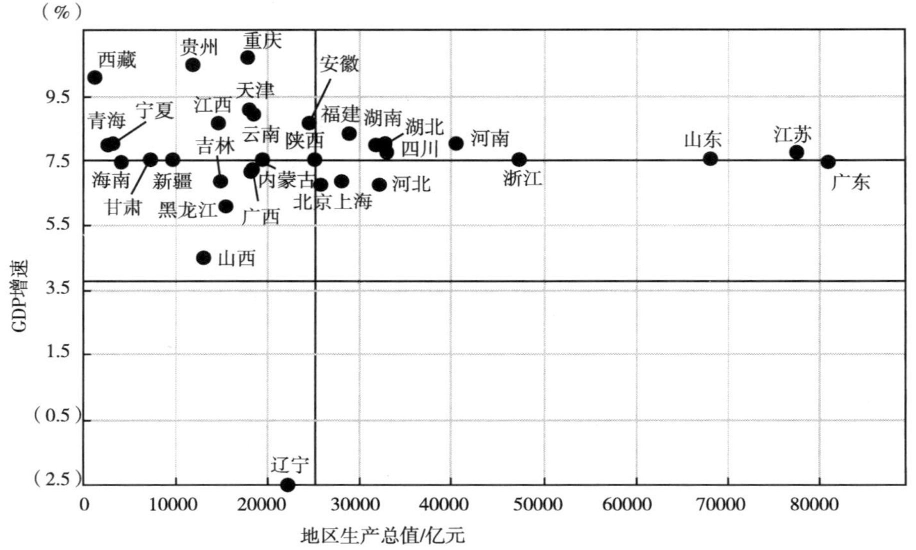

图3-5 2016年全国各省区市GDP与GDP增速关系示意图

3. 中西部地区后发优势将凸显，区域协同促进经济增长格局形成

随着东部地区经济规模不断扩大，东部地区经济发展水平已经接近发达国家，上海、北京、广东等地区已经基本达到发达国家水平，经济增长速度开始放缓，依赖东部地区的高速增长带动全国经济增长的模式已不可持续。从2010年开始，东部10省市经济增长贡献率持续低于50%，2010~2012年贡献率分别为49.3%、46.6%、44.5%，呈明显下降走势，2013年虽然重新上升到49.3%，但仍然明显低于“十一五”期间的高贡献率，东部10省市贡献率的下降很可能是长期的趋势。人口和产业过度集中也带来污染过度集中，对东部地区环境造成沉重压力，已明显超出东部地区的环境容量，出现较为严重的水体和大气污染，对我国不合理的区域布局和产业发展方式敲响了警钟。

从全国经济总量的地区结构来看，近几年我国区域差距开始缩小，经济增长动力的空间来源开始趋于多元化。根据全国 31 个省（市、区）地区生产总值占全国的比重数据，结果显示，改革开放后，该比重在 20 世纪 80 年代呈缓慢上升走势，1991～1995 年上升速度加快，此后又继续缓慢上升，但从 2007 年开始，该比重连续下降，且下降幅度较大，2006～2016 年，降幅达 8.1%，说明地区（省、市、区）间经济总量差距明显缩小，欠发达地区的更快发展丰富了经济增长的区域动力来源。

（二）由东部沿海向中西部地区发展的总体演进趋势显著

2000～2016 年中国经济发展呈现了明显由东部沿海向中西部地区发展的总体演进趋势。2000 年人均 GDP 达到工业化阶段标准的地级行政单元共 77 个，东部地区 50 个，占 64.93%；西部地区 18 个，占 23.38%；中部地区仅 9 个，占 11.69%。东部地区主导着中国工业化和整体的经济发展格局。除石油城克拉玛依和大庆外，人均 GDP 达到工业化中期和后期标准的 20 个城市全部位于东部地区，中西部地区人均 GDP 较高的城市主要为资源型城市。

2010 年，中西部地区人均 GDP 达到工业化阶段标准的地级行政单元明显增多，东部、中部、西部地级行政单元人均 GDP 达到工业化发展阶段标准的数量逐渐趋于均衡，中国经济发展的重心逐步从东部沿海地区向中西部地区倾斜，区域发展的大格局发生了转变。2010 年，中国人均 GDP 达到工业化阶段标准的地级行政单元共 308 个，东部、西部和中部分别占 1/3 左右。其中，人均 GDP 达到工业化中期阶段标准的地级行政单元共 123 个，东部、中部和西部地区分别占 38.21%、31.71% 和 30.08%；人均 GDP 达到工业化后期阶段标准的 40 个地级行政单元，东部、中部和西部地区分别占 65%、20% 和 15%；人均 GDP 达到发达经济初期阶段的地级行政单元共 11 个，东部和西部分别占 63.64% 和 36.36%。

到 2016 年，中国人均 GDP 达到工业化阶段标准的地级行政单元共 276 个，东部、西部和中部分别占 1/3 左右。其中，人均 GDP 达到工业化中期阶段标准的地级行政单元共 163 个，东部、中部和西部地区分别占 55.2%、24.1% 和 23.2%；人均 GDP 达到工业化后期阶段标准的 46 个地级行政单元，东部、中部和西部地区分别占67%、21.2%和12.9%，东部地区比重有所增加，中部地区维持不变，西部地区比重有所下降。人均GDP达到发达经济初期阶段的地级行政单元共11个，东部和西部分别占63.6%和36.5%，与2010年相比格局基本不变（见表3－2）。

表3－2　　基于2016年人均GDP热点分析的地市列表

集聚类型	地市名称
低值聚集区	果洛藏族自治州、黄南藏族自治州、楚雄彝族自治州、昆明市、玉溪市、昌都地区、甘南藏族自治州、自贡市、怒江傈僳族自治州、阿克苏地区、内江市、迪庆藏族自治州、曲靖市、海东地区、重庆市市辖区、丽江市、绵阳市、攀枝花市、阿坝藏族羌族自治州、大理白族自治州、贵阳市、遂宁市、保山市、宜宾市、德阳市、遵义市、临夏回族自治州、黔南布依族苗族自治州、省直辖行政单位、和田地区、毕节地区、昭通市、泸州市、红河哈尼族彝族自治州、广元市、西双版纳傣族自治州、六盘水市、资阳市、陇南市、临沧市、思茅市、甘孜藏族自治州、西宁市、县、安顺市、巴中市、林芝地区、定西市、海南藏族自治州、南充市、成都市、兰州市、铜仁地区、乐山市、喀什地区、玉树藏族自治州、海北藏族自治州、雅安市、黔东南苗族侗族自治州、德宏傣族景颇族自治州、眉山市、达州市、广安市、汉中市、河池市、黔西南布依族苗族自治州、凉山彝族自治州、天水市、宝鸡市、安康市、拉萨市、文山壮族苗族自治州、乌鲁木齐市、武威市、百色市、吐鲁番地区、湘西土家族苗族自治州、克孜勒苏柯尔克孜自治州、阿里地区、商洛市、张掖市、西安市、桂林市、崇左市
低值分散区	金昌市、三门峡市、恩施土家族苗族自治州、嘉峪关市、张家界市、咸阳市、锡林郭勒盟、十堰市、双鸭山市、山南地区、日喀则地区、那曲地区、哈密地区、酒泉市、运城市、南阳市、南宁市、鸡西市、防城港市、克拉玛依市、博尔塔拉蒙古自治州、伊犁哈萨克自治州、昌吉回族自治州、塔城地区、平凉市、常德市、渭南市、佳木斯市、襄樊市、巴音郭楞蒙古自治州、宜昌市、柳州市、中卫市、娄底市、白银市、荆州市、洛阳市、焦作市、益阳市、大兴安岭地区、海西蒙古族藏族自治州、固原市、荆门市、岳阳市、邵阳市、黑河市、鹤岗市、晋城市、省直辖行政单位、平顶山市、绥化市、长沙市、呼伦贝尔市、哈尔滨市、省直辖县级行政单位、咸宁市、郑州市、庆阳市、延边朝鲜族自治州、吴忠市、开封市、许昌市、七台河市、来宾市、漯河市、随州市、阿拉善盟、阿勒泰地区、铜川市、三亚市、鹤壁市、牡丹江市、伊春市、赤峰市、孝感市、驻马店市、湘潭市
一般区	银川市、长治市、安阳市、临汾市、濮阳市、张家口市、新乡市、永州市、邯郸市、齐齐哈尔市、钦州市、武汉市、海口市、延安市、聊城市、保定市、贺州市、梧州市、大庆市、长春市、肇庆市、吉林市、怀化市、松原市、萍乡市、白山市、邢台市、石家庄市、佛山市、阜新市、乌兰察布市、通辽市、兴安盟、珠海市、云浮市、抚顺市、本溪市、中山市、莆田市、衡水市、江门市、朝阳市、四平市、周口市、泉州市、贵港市、承德市、德州市、新余市、锦州市、济南市、深圳市、北京市、辽源市、晋中市、东莞市、广州市、通化市、铁岭市、太原市、株洲市、郴州市、宜春市、朔州市、滨州市、玉林市、石嘴山市、清远市、鄂州市、廊坊市、衡阳市、沧州市、北海市、忻州市、白城市、沈阳市、惠州市

续表

集聚类型	地市名称
高值分散区	阳江市、吕梁市、莱芜市、菏泽市、盘锦市、丹东市、黄石市、厦门市、茂名市、淄博市、汕尾市、东营市、大同市、天津市市辖区、榆林市、呼和浩特市、济宁市、三明市、福州市、阳泉市、湛江市、潍坊市、信阳市、营口市、辽阳市、汕头市、韶关市、泰安市、天津市、鞍山市、河源市、葫芦岛市、九江市、抚州市、梅州市、南平市、鄂尔多斯市、漳州市、揭阳市、乌海市、广东省、吉安市、商丘市、潮州市、大连市、秦皇岛市、唐山市、黄冈市、赣州市、龙岩市、亳州市、阜阳市、青岛市、南昌市、宁德市、六安市
高值聚集区	烟台市、淮南市、枣庄市、徐州市、合肥市、威海市、淮北市、包头市、日照市、临沂市、蚌埠市、宿州市、安庆市、巴彦淖尔市、镇江市、巢湖市、马鞍山市、南京市、连云港市、扬州市、铜陵市、芜湖市、无锡市、池州市、泰州市、常州市、湖州市、宣城市、苏州市、宿迁市、滁州市、黄山市、南通市、嘉兴市、鹰潭市、上海市淮安市、杭州市、景德镇市、金华市、绍兴市、温州市、舟山市、宁波市、衢州市、丽水市、上饶市、台州市、盐城市

（三）城市经济增长贡献率变化分析

1. 从“十五”到“十一五”各单元增长贡献率变化分析

从“十五”到“十一五”，各单元经济增量对全国经济增长的贡献率变幅介于 -1.30 ~0.45 个百分点之间，贡献率变幅以 ±0.1% 为界限表现出较为显著的空间分异特征。因此，根据各空间单元对全国经济增长贡献率的大小及空间分布情况，按照贡献率小于 -0.1%、-0.1% ~0、0 ~0.1% 和大于 0.1% 的分类标准，将各空间单元分别确定为贡献率减少、稳中略减、稳中有增和增加四种类型。

其中，有 217 个单元全国经济增长贡献率增大，占单元数量的 64.20%，其中，贡献率显著增加（增幅大于 0.1%）的有 32 个单元，占单元总数的 9.47%。主要有东北地区的绥化、大庆、吉林、牡丹江、沈阳、大连、通辽和赤峰等城市，海峡西岸的福州、泉州、漳州、揭阳、龙岩和三明等城市，长江中游以及中部地区的徐州、合肥、芜湖、武汉、黄冈、襄阳、宜昌、荆门、岳阳、长沙和衡阳等城市，黄河中游的朔州、西安、榆林、鄂尔多斯等城市，长江上游地区的重庆和成都，以及西北地区的海西州等。在地域上，这些单元分布比较分散，各大区域均有分布，东北、长江中游、黄河中游和海峡西岸地区有一定集中。这种分布格局反映了 21 世纪头 10 年在加入世贸组织效应带动下加工制造业快速发展，以及由此带来的能源原材料产业大规模扩张支撑经济增长的特点（见表3－3）。

表3－3　“十五”到“十一五”各单元对全国增长贡献率的变幅

“十五”至“十一五”贡献率变幅	地市名称
减少	上海市、深圳市、北京市、东莞市、苏州市、无锡市、广州市、青岛市、平凉市、杭州市、威海市、南京市、东营市、温州市、洛阳市、临汾市、淄博市、烟台市、临沂市、太原市、宁波市、南阳市、运城市、济宁市、嘉兴市、德州市、中山市、克拉玛依市、绍兴市、沧州市、台州市
稳中略减	呼和浩特市、延安市、潍坊市、金华市、枣庄市、济南市、焦作市、邢台市、衡水市、黔南布依族苗族自治州、南昌市、珠海市、巴音郭楞蒙古自治州、厦门市、黔东南苗族侗族自治州、哈尔滨市、邯郸市、毕节市、佛山市、唐山市、大同市、铜仁市、长春市、金昌市、滨州市、葫芦岛市、湘西土家族苗族自治州、茂名市、海口市、武威市、吐鲁番地区、崇左市、黔西南布依族苗族自治州、商丘市、聊城市、兰州市、贺州市、海东地区、许昌市、濮阳市、红河哈尼族彝族自治州、莱芜市、嘉峪关市、攀枝花市、黄山市、德阳市、阿坝藏族羌族自治州、舟山市、河源市、漯河市、阳泉市、固原市、吕梁市、贵阳市、丽水市、晋中市、拉萨市、伊春市、韶关市、临夏回族自治州、那曲地区、长治市、六盘水市、梅州市、怒江傈僳族自治州、湖州市、萍乡市、昌吉回族自治州、常州市、信阳市、张掖市、乌兰察布市、中卫市、大理白族自治州、蚌埠市、白银市、日喀则地区、黄石市、山南地区、阿勒泰地区、曲靖市、昌都地区、林芝地区、阿里地区、湛江市、天水市、鹤壁市、克孜勒苏柯尔克孜自治州、博尔塔拉蒙古自治州、黄南藏族自治州
稳中有增	玉树藏族自治州、新乡市、西双版纳傣族自治州、上饶市、和田地区、迪庆藏族自治州、楚雄彝族自治州、果洛藏族自治州、庆阳市、文山壮族苗族自治州、海南藏族自治州、广安市、昆明市、晋城市、甘孜藏族自治州、安顺市、张家界市、宿州市、海北藏族自治州、陇南市、潮州市、甘南藏族自治州、丽江市、兴安盟、普洱市、辽阳市、铜陵市、鸡西市、临沧市、定西市、哈密地区、鹤岗市、淮南市、安康市、衢州市、阳江市、眉山市、周口市、大兴安岭地区、娄底市、云浮市、驻马店市、马鞍山市、铜川市、丹东市、德宏傣族景颇族自治州、淮北市、商洛市、百色市、保山市、雅安市、宝鸡市、随州市、银川市、抚州市、广元市、平顶山市、景德镇市、黑河市、佳木斯市、惠州市、四平市、盐城市、江门市、巴中市、宜春市、安阳市、扬州市、乐山市、西宁市、池州市、亳州市、三亚市、石嘴山市、恩施土家族苗族自治州、秦皇岛市、六安市、镇江市、宣城市、赣州市、巢湖市、塔城地区、汉中市、汕尾市、绵阳市、鹰潭市、乌海市、昭通市、阜新市、泰州市、郴州市、吉安市、仙桃市、锦州市、承德市、来宾市、喀什地区、日照市、忻州市、遂宁市、桂林市、贵港市、开封市、自贡市、南平市、本溪市、阿克苏地区、九江市、泰安市、酒泉市、鞍山市、伊犁哈萨克自治州、渭南市、河池市、吴忠市、白山市、汕头市、张家口市、遵义市、宜宾市、莆田

续表

“十五”至“十一五”贡献率变幅	地市名称
稳中有增	市、白城市、邵阳市、辽源市、阜阳市、清远市、巴彦淖尔市、宁德市、乌鲁木齐市、达州市、双鸭山市、梧州市、七台河市、凉山彝族自治州、南充市、防城港市、郑州市、齐齐哈尔市、抚顺市、石家庄市、鄂州市、营口市、玉林市、铁岭市、三门峡市、北海市、滁州市、盘锦市、南通市、安庆市、资阳市、延边朝鲜族自治州、淮安市、阿拉善盟、朝阳市、十堰市、廊坊市、泸州市、咸宁市、永州市、柳州市、通化市、包头市、内江市、怀化市、益阳市、钦州市、玉溪市、锡林郭勒盟、连云港市、常德市、天津市、湘潭市、新余市、菏泽市、呼伦贝尔市、肇庆市、宿迁市、株洲市、南宁市、保定市、松原市、孝感市、咸阳市、荆州市、龙岩市
增加	牡丹江市、朔州市、三明市、岳阳市、荆门市、衡阳市、绥化市、徐州市、赤峰市、揭阳市、西安市、海西蒙古族藏族自治州、芜湖市、宜昌市、通辽市、漳州市、黄冈市、大连市、榆林市、泉州市、福州市、沈阳市、大庆市、重庆市、襄樊市、吉林市、成都市、合肥市、武汉市、鄂尔多斯市、长沙市

在这期间，东部地区在继续以总量占绝对优势，担当了全国经济持续稳定增长的基本支撑作用，而东部地区部分空间单元对全国经济增长的贡献率呈现出下降态势。中西部地区一些资源型城市和重化工业城市对全国经济增长的贡献率总体呈上升态势。

2. 从“十一五”到“十二五”各单元增长贡献率变化分析

“十一五”到“十二五”，各单元对全国 GDP 增长贡献率的变幅介于 -0.97 ~ 1.07 个百分点之间。与前一时期相比，这期间各空间单元的贡献率变化呈现出降幅缩小、增幅加大的特点。

尽管“十一五”到“十二五”各地经济增量对全国贡献率变幅显著高于前十年，但经济增量贡献率增加的空间单元却有所减少，共计 198 个，占单元总数的 58.28%，其中经济增量贡献率显著增加（变幅大于 0.1%）的单元有 41 个，占单元总数的 12.28%。主要有东部地区的北京、天津、威海、青岛、潍坊、南京、盐城、南通、淮安、扬州、镇江、徐州、杭州、福州、漳州、惠州、广州、深圳，中西部的郑州、襄阳、宜昌、武汉，西南地区的重庆、成都、贵阳、遵义、铜仁、六盘水、黔东南州、黔南州、昆明、南宁市，以及西北的西安、咸阳、兰州、乌鲁木齐市等地。与前一时期相比，这些单元的空间集聚特征显著增加，环渤海地区、苏北地区和华南地区相对集中，特别是在西南地区形成了大的集聚区。从整体上看，贡献率增幅较大的单元南方较多，贡献率下降的单元则集中在北方，印证了南北增长分化日趋显著的特点（见表3－4）。

表3－4　“十一五”到“十二五”期间各单元对全国增长贡献率的变幅

“十五”至“十一五”贡献率变幅	地市名称
减少	大庆市、唐山市、沈阳市、鞍山市、大连市、佛山市、无锡市、榆林市、鄂尔多斯市、吉林市、上海市、伊犁哈萨克自治州、包头市、邯郸市、吕梁市、长治市、苏州市、铁岭市、朝阳市、平顶山市、烟台市、海西蒙古族藏族自治州、朔州市、淄博市、克拉玛依市、保定市、本溪市、沧州市、通辽市、宁波市、抚顺市、松原市、马鞍山市、双鸭山市、阿拉善盟、七台河市、临汾市、安阳市、营口市、盘锦市、延安市、新余市、江门市、丹东市、淮南市、三门峡市、晋中市、晋城市、张家口市、秦皇岛市、锦州市
稳中略减	巢湖市、承德市、辽阳市、莱芜市、齐齐哈尔市、洛阳市、滨州市、泰安市、鸡西市、牡丹江市、阜新市、鹤岗市、台州市、巴彦淖尔市、清远市、酒泉市、赤峰市、衢州市、石家庄市、东营市、来宾市、枣庄市、嘉峪关市、阳泉市、运城市、忻州市、四平市、河池市、葫芦岛市、嘉兴市、乌海市、凉山彝族自治州、太原市、邢台市、阿克苏地区、安庆市、白城市、塔城地区、通化市、呼伦贝尔市、白山市、铜陵市、达州市、东莞市、南阳市、大同市、锡林郭勒盟、延边朝鲜族自治州、金昌市、日照市、芜湖市、哈尔滨市、漯河市、乌兰察布市、长春市、新乡市、石嘴山市、伊春市、呼和浩特市、贵港市、佳木斯市、曲靖市、焦作市、内江市、龙岩市、大兴安岭地区、聊城市、淮北市、庆阳市、景德镇市、济南市、平凉市、丽水市、贺州市、三明市、湘西土家族苗族自治州、梅州市、许昌市、海北藏族自治州、池州市、铜川市、宜宾市、崇左市、吐鲁番地区、中卫市、玉林市、果洛藏族自治州、甘孜藏族自治州、临沂市、萍乡市
稳中有增	六安市、商丘市、中山市、玉树藏族自治州、黄南藏族自治州、鹤壁市、乐山市、黑河市、甘南藏族自治州、三亚市、防城港市、鹰潭市、辽源市、阿里地区、汕尾市、鄂州市、舟山市、钦州市、黄石市、阿勒泰地区、西宁市、雅安市、渭南市、绍兴市、河源市、海南藏族自治州、巴音郭楞蒙古自治州、神农架林区、迪庆藏族自治州、巴中市、湖州市、绥化市、柳州市、梧州市、那曲地区、白银市、林芝地区、张掖市、固原市、济宁市、哈密地区、衡水市、潮州市、克孜勒苏柯尔克孜自治州、吴忠市、张家界市、自贡市、厦门市、陇南市、怒江傈僳族自治州、丽江市、山南地区、定西市、昌都地区、黄山市、攀枝花市、抚州市、广元市、百色市、临夏回族自治州、玉溪市、德宏傣族景颇族自治州、日喀则地区、阿坝藏族羌族自治州、十堰市、韶关市、兴安盟、

续表

"十五"至"十一五"贡献率变幅	地市名称
稳中有增	南充市、遂宁市、和田地区、昭通市、银川市、宣城市、荆门市、天水市、泸州市、西双版纳傣族自治州、博尔塔拉蒙古自治州、阜阳市、云浮市、黄冈市、金华市、武威市、海东地区、资阳市、肇庆市、开封市、吉安市、驻马店市、仙桃市、随州市、眉山市、德阳市、怀化市、普洱市、广安市、恩施土家族苗族自治州、拉萨市、上饶市、咸宁市、楚雄彝族自治州、益阳市、赣州市、株洲市、亳州市、文山壮族苗族自治州、孝感市、汕头市、保山市、湘潭市、桂林市、南平市、商洛市、绵阳市、宜春市、温州市、湛江市、信阳市、濮阳市、衡阳市、永州市、九江市、娄底市、周口市、临沧市、宝鸡市、郴州市、常德市、茂名市、滁州市、大理白族自治州、合肥市、揭阳市、宿州市、德州市、长沙市、荆州市、红河哈尼族彝族自治州、连云港市、廊坊市、汉中市、菏泽市、珠海市、海口市、邵阳市、喀什地区、北海市、莆田市、咸阳市、岳阳市、阳江市、蚌埠市、昌吉回族自治州、安康市、宁德市、泉州市、宿迁市、泰州市
增加	青岛市、安顺市、常州市、西安市、镇江市、惠州市、黔西南布依族苗族自治州、潍坊市、铜仁市、兰州市、南宁市、黔东南苗族侗族自治州、扬州市、漳州市、黔南布依族苗族自治州、徐州市、南昌市、乌鲁木齐市、郑州市、威海市、六盘水市、盐城市、淮安市、襄樊市、毕节市、宜昌市、南通市、福州市、天津市、杭州市、昆明市、遵义市、北京市、贵阳市、广州市、成都市、武汉市、南京市、重庆市、深圳市

3. 从"十五"至"十二五"各单元增长贡献率变化

从"十五"到"十二五"的三个五年规划时期，有122个地级及以上行政单元的经济增量对全国经济增长的贡献率持续上升（见表3-5），主要分布在东部沿海地区、长江中下游地区、关中地区、成渝地区、北部湾地区等；42个单元的贡献率持续下降，主要分布在黄河中下游地区、环渤海地区、长三角部分地区以及东北部分地区，如陕西、山西、河北、内蒙古和黑龙江等，主要是资源型城市；99个贡献率先升后降的单元集中分布在东北、华北和西北地区；79个贡献率先降后升的单元，主要分布在西北和西南地区。

表 3－5　不同时期各地级及以上行政单元经济增量对全国贡献率的变化

“十五”到“十一五”	“十一五”到“十二五”	贡献率变幅类型	地市数量/个	占比/%
上升	上升	升～升	122	36.53
下降	上升	降～升	79	23.65
上升	下降	升～降	99	29.64
下降	下降	降～降	42	12.54

因此，在过去15年间出现了“一大三小”四片高增长地区。“一大”就是以重庆、湖北、湖南、江西、安徽等省市为主，包括河南、四川、贵州、陕西、福建等省部分地区的巨大高增长区域。“三小”是指在跨河南、安徽和江苏三省的江淮地区、滇北川南地区，以及新疆西北地区的高增长地区。

四、全国经济增长新空间的识别

上述关于增长贡献率变化类型的划分，是根据各省份经济份额的相对变化确定的，并未考虑各个单元经济规模的绝对量。因此，在贡献率持续上升的122个单元中，咸宁、汉中、钦州、汕尾、昭通等57个单元的经济总量占全国比重，低于所有单元的中位数，表明这些单元虽然持续较快增长，但由于绝对规模不大，因此对全国增长贡献的绝对量还比较有限。北京、广州、天津、重庆、杭州等65个单元，经济规模处于全国中上游水平，现阶段对全国增长贡献的绝对量虽不是最大，但在每个时期对全国增长的贡献率都在不断提高，是过去16年对全国增长贡献最大的单元。

进一步分析上述65个单元的构成，可以发现其中19个单元的贡献率虽然也一直保持较高水平，但“十一五”到“十二五”期间增长贡献率提高的幅度，要小于前期“十五”到“十一五”时期的幅度，具有“加速度”为负的特点。与此相反，重庆、南京、广州、贵阳等47个单元从“十五”到“十二五”的三个时期，贡献率增幅越来越大，具有“加速度”为正的特点，表现为经济增长动力不断增强，可以视为对全国经济增长具有重要支撑作用的增长新空间（见表3－6）。

表 3-6　对全国经济具有重要支撑作用的增长新空间

行政区名称	“十五”至“十一五”贡献率变幅	“十一五”至“十二五”贡献率变幅	GDP 占比/%
重庆市	0.04	0.81	1.84
南京市	0.06	0.61	1.16
广州市	0.01	0.48	2.43
贵阳市	0.06	0.47	0.29
北京市	0.00	0.35	3.27
遵义市	0.02	0.29	0.23
杭州市	0.00	0.25	1.39
昆明市	0.04	0.26	0.53
天津市	0.04	0.23	1.98
南通市	0.02	0.19	0.76
淮安市	0.01	0.16	0.31
宜昌市	0.04	0.19	0.37
威海市	0.01	0.15	0.49
乌鲁木齐市	0.01	0.14	0.30
常州市	0.01	0.11	0.66
镇江市	0.03	0.12	0.45
南昌市	0.06	0.14	0.49
宿迁市	0.02	0.10	0.23
泰州市	0.03	0.11	0.44
菏泽市	0.00	0.08	0.26
邵阳市	0.01	0.08	0.19
郴州市	0.00	0.06	0.24
郑州市	0.09	0.15	0.87
常德市	0.01	0.06	0.34
周口市	0.00	0.06	0.29
西安市	0.06	0.12	0.70
信阳市	0.00	0.06	0.25
南平市	0.00	0.05	0.18
宜春市	0.01	0.05	0.19
长沙市	0.02	0.07	0.89

续表

行政区名称	“十五”至“十一五”贡献率变幅	“十一五”至“十二五”贡献率变幅	GDP 占比/%
温州市	0.01	0.06	0.73
宝鸡市	0.02	0.06	0.22
滁州市	0.03	0.06	0.18
金华市	0.01	0.04	0.50
上饶市	0.02	0.04	0.20
驻马店市	0.01	0.04	0.25
永州市	0.03	0.06	0.19
南充市	0.00	0.03	0.19
濮阳市	0.03	0.06	0.18
德州市	0.05	0.07	0.39
荆州市	0.05	0.07	0.22
茂名市	0.04	0.06	0.38
合肥市	0.05	0.07	0.55
荆门市	0.02	0.03	0.19
衡水市	0.01	0.02	0.21
黄冈市	0.03	0.04	0.22
柳州市	0.01	0.01	0.28

数据来源：国家统计局；地区生产总值按当年价格计算。

五、促进区域经济增长的原因分析

已有文献表明，区域经济增长是多因素综合作用的过程，参照相关研究，从生产投入、经济构成、产品消费出发，选取投资、消费、对外贸易、财政支出、区位条件、城市化、产业构成、从业人员等影响经济增长的要素。结合上文中经济增长新空间的特征，促进这些地区经济增长的主要因素有以下五点：

（一）交通等基础设施条件的显著改善

交通等基础设施条件的显著改善，缩小了与国内外大市场的空间距离，初步具备了吸引各类要素集聚的基础条件。进入 21 世纪以来，高铁建设成为影响和改变我国区域发展格局的重要因素。高铁所到之处，城市间联系强度显著提高，要素流动更加便捷畅通，为吸引人口和产业经济活动集聚，发挥了重要作用。因此，50 个增长新空间也与高铁建设具有一定的相关性。随着铁路建设的重心向中西部地区转移，今后有望涌现出更多增长新空间。

（二）积极承接国际和东部沿海的产业转移

进入 21 世纪以来，紧邻东部沿海地区的中部各省，以及西部地区区位条件较好的大城市及周边地区，如江西南部、湖南南部和广西东部等靠近珠三角的中西部地区，充分利用当地劳动力、土地等要素成本相对低廉的优势，抢抓东部沿海地区要素成本抬升带来的产业转移机遇，积极承接国际和东部沿海的产业转移，打造发展平台，深化区域合作，促进能矿资源和其他初级产品为主的传统产业结构升级，夯实了经济增长的物质基础，实现了东中西部地区的良性互动，赢得了发展的主动。

（三）对外开放水平的不断提升

进入 21 世纪以来，重庆、成都、武汉、郑州、昆明、南宁、银川和乌鲁木齐等中西部省会城市致力于扩大对内对外开放，通过吸引世界跨国公司，积极融入全球产业分工体系，培育发展具有较强竞争力的新兴产业，通过提高参与国际、国内市场的深度和广度，进一步优化了区域产业结构和区域开发格局，实现了跨越发展。以重庆为例，依托两江新区平台，发挥保税港区和综合保税区优势，吸引众多世界 500 强企业和代工厂入驻，形成了以 IT 产业为代表的加工贸易全流程产业集群，奠定了内陆开放高地地位。

（四）创新能力及水平的提高

经济增长的根源在于创新能力和市场化因素的推动，这是造成增长差异的根本原因。技术进步贡献不足是近年来中国经济增长趋缓原因之一，在中国的经济增长中，技术进步的贡献率一直处于不高的水平，而投资（资本）驱动的增长模式，更抑制了经济增长中技术进步作用的发挥。在增加劳动和资本等要素投入动力不足，及其对中国经济增长的拉动作用逐渐衰退的情况下，为了实现经济持续稳定增长，科技进步就自然成为提振经济增长的着力点和推动经济转型的重要力量。

（五）城镇化提供新的经济增长动力和源泉

城镇化是中国经济增长的重要原动力之一。改革开放后，我国工业化超前城镇化滞后带来产能过剩等很多问题。今后的城镇化将从以往工业化带动城镇化的局面，转向城镇化消化过剩产能，从而实现投资和消费良性循环，带动经济增长。农民工和向城市转移的农业劳动力成为劳动力供给的重要因素。据测算，在“十二五”时期，城镇化率每提高一个百分点，对经济增长直接和间接贡献为三个百分点左右。

参考文献

[1] 巴曙松，邢毓静. 城市化与经济增长的动力：一种长期观点. 改革与战略，2010（2）：16－19.

[2] 曾浩，余瑞祥，左桠菲，丁镭. 长江经济带市域经济格局演变及其影响因素，经济地理，2015，35（5）：25－31.

[3] 干春晖，郑若谷，余典范. 中国产业结构变迁对经济增长和波动的影响研究. 经济研究，2011（5）：19－26.

[4] 关兴良，方创琳，罗奎. 基于空间场能的中国区域经济发展差异评价. 地理科学，2012，32（9）：1055－1065.

[5] 郭华，蔡建明. 河南省县域经济空间演化格局及机制分析. 中国人口·资源与环境，2010，30（11）：128－135.

[6] 郭腾云. 近50年来我国区域经济空间极化的变化趋势研究. 经济地理，2004，24（6）：743－748.

[7] 贺灿飞，梁进社. 中国区域经济差异的时空变化：市场化，全球化与城市化. 管理世界，2004（8）：8－17.

[8] 洪国志，胡华颖，李郇. 中国区域经济发展收敛的空间计量分析. 地理学报，2010，65（12）：1548－1558.

[9] 蒋洪旭，赵方冉，李小英等. 交通轴线约束下的中国区域经济分布特征. 地理科学进展，2010，29（10）：1225－1232.

[10] 靳诚，陆玉麒. 基于县域单元的江苏省经济空间格局演化. 地理学报，2009，64（6）：713－724.

[11] 李广东，方创琳. 中国区域经济增长差异研究进展与展望. 地理科

学进展，2013，32（7）：1102－1112.

［12］李国平，陈晓玲．中国省区经济增长空间分布动态，地理学报，2007，62（10）：1051－1062.

［13］李莉，刘慧，刘卫东等．基于城市尺度的中国区域经济增长差异及其因素分解．地理研究，2008，27（5）：1049－1059.

［14］刘旭华，王劲峰，孟斌．中国区域经济时空动态不平衡发展分析．地理研究，2004，23（4）：530－530.

［15］罗正英，彭磊．增长极与区域经济增长的外向带动．江南大学学报（人文社会科学版），2003，2（2）：58－61.

［16］欧向军，沈正平，王荣成．中国区域经济增长与差异格局演变探讨．地理科学，2006，26（6）：641－648.

［17］潘文卿．中国的区域关联与经济增长的空间溢出效应．经济研究，2012（1）：54－65.

［18］齐元静，杨宇，金凤君．中国经济发展阶段及其时空格局演变特征，地理学报，2013，68（4）：517－531.

［19］任保平，韩璐．中国经济增长新红利空间的创造：机制、源泉与路径选择，当代经济研究，2014（3）：20－26.

［20］石敏俊，金凤君，李娜等．中国地区间经济联系与区域发展驱动力分析．地理学报，2006，61（6）：593－603.

［21］孙方，丁志伟，赵威．2000 年以来我国东部地区市域经济时空分异研究．华东经济管理，2014，28（3）：63－68.

［22］唐家龙．中国经济增长的源泉（1952—2007）．南开大学博士学位论文，2009：112－129.

［23］王小鲁，樊纲．中国经济增长方式转换和增长可持续性［J］．经济研究，2009（1）：4－16.

［24］王洋，修春亮．1990—2008 年中国区域经济格局时空演变．地理科学进展，2011，30（8）：1037－1046.

［25］王业强．中国区域经济增长格局演变与国家增长极体系建设，当代经济科学，2014，36（1）：39－45.

［26］翁媛媛，高汝熹．中国经济增长动力分析及未来增长空间预测，经济学家，2011（8）：65－74.

[27] 伍世代，王强．中国东南沿海区域经济差异及经济增长因素分析．地理学报，2008，63（2）：123－134．

[28] 熊薇，徐逸伦，王迎英．江苏省县域经济差异的时空演变．地理科学进展，2011，30（2）：224－230．

[29] 许召元，李善同．近年来中国地区差距的变化趋势．经济研究，2006（7）：106－116．

[30] 叶信岳，李晶晶，程叶青．浙江省经济差异时空动态的多尺度与多机制分析．地理科学进展，2014，33（9）：1177－1186．

[31] 张伟丽，覃成林，李小建．中国地市经济增长空间俱乐部趋同研究：兼与省份数据的比较．地理研究，2011，30（8）：1457－1470．

[32] 张晓青．改革开放以来山东省区域经济增长趋同与差异．地理科学进展，2010，29（12）：1577－1583．

[33] 张晓旭，冯宗宪．中国人均 GDP 的空间相关与地区收敛：1978—2003．经济学（季刊），2008，7（2）：399－417．

[34] 张学良，中国区域经济增长新格局与区域协调发展，科学发展，2012（7）：64－78．

[35] 周扬，李宁，吴文祥，吴吉东．1982—2010 年中国县域经济发展时空格局演变，地理科学进展，2014，33（1）：102－113．

第四章　我国制造业发展空间格局研究[①]

内容提要： 长期以来，区域发展和城镇化战略一直是我国区域经济学界的重要研究主题，学者们提出了形式多样的观点，但将区域与城市结合进行研究，并形成精准化的区域发展战略和城镇化发展战略，还比较少见。本章以制造业发展的空间格局为切入点，以期对上述问题提供洞见。2003 年以来，我国制造业发展总体呈现分散发展的趋势，但部分行业集中化程度依然较高；区域分化较大，中部地区渐渐成为制造业发展的集中区域；从城市发展来看，制造业在各类型城市间差异突出，有从大城市向中小城市转移的趋势。各个区域对应着不同的城市发展重点，不存在共通的城市发展道路，城镇化发展必须与区域发展规律紧密结合，实现区域政策、产业政策的精细化、多样化。

关键词： 制造业发展；区域格局；城市发展

一、问题的提出

关于我国区域经济空间结构的研究较为丰硕，从区域发展战略来看，学者们对于我国区域经济从不平衡发展到区域协调发展的观点较为认同（魏后凯，2008；张可云，2012），从理论的角度，胡安俊、孙久文（2014）从新经济地理学的角度指出中国制造业已经由东部向中西部地区的大规模转移，并按照产业替代弹性的逆序依次展开；孙久文、李爱民（2014）提出我国区域发展总

① 作者简介：李爱民（1986—），男，四川巴中人，助理研究员、博士，研究领域：区域经济、城镇化。

体格局呈现出“整体分散，优势集中”的发展态势。

从实证角度的分析来看，魏后凯（2008）从产业集聚和企业迁移的角度，提出中国产业发展的空间格局正出现“北上西进”的新态势；王非暗等（2010）运用1998~2007年规模以上中国工业企业微观数据详细研究制造业区位分布的变化，提出沿海地区仍然是国内制造业的聚集区域，但以2004年为界，部分省份开始出现制造业聚集的拐点，制造业总体呈现扩散趋势。谢露露（2013）利用空间计量模型分析产业集聚效应，发现产业集聚效应仍然广泛存在，而且没有外溢到相邻地区，但是集聚效应正在随着产业空间分布的均匀化而逐渐减弱。

以往的研究或从区域的角度，或从城市的角度，或从工业大类的角度进行分析，鉴于数据的可获得性和模型的可使用性，这些研究得出了一些有意义的结论，但是也往往管中窥豹，丢失了重要的信息。不同类别的制造业由于影响因素的变化会有不同的表现，在东、中、西、东北各区域消长关系迥异，而且在大、中、小各规模类别的城市也差异明显，如何将不同的产业类型同时在区域和城市的表现叠加，从而提出有针对性的区域和城镇发展战略，实现区域城市治理的精细化管理，是本章试图尝试和突破的。

二、数据说明

我国工业行业分类标准和工业行业产值统计口径都不断变化，为保持分类的一致性和数据的完整性，以2003年和2013年分城市制造业销售产值作为分析基础。城市数据依托全国地级及以上城市，行业以2002（GB/T4754－2002）行业分类标准为依据，考虑到行业代表性，将制造业行业大致划分为食品及纺织服装等轻型加工业、能矿资源加工业、装备制造业和医药、信息等高技术产业4大类行业。各大行业中包括的细分行业如下：

（1）食品及纺织服装等轻型加工业：农副食品加工业，食品制造业，饮料制造业，纺织业，纺织服装、鞋、帽制造业，皮革、毛皮、羽毛（绒）及其制品业，造纸及纸制品业，印刷业和记录媒介的复制，文教体育用品制造业，工艺品及其他制造业，废弃资源和废旧材料回收加工业。

（2）能矿资源加工业：石油加工、炼焦及核燃料加工业，化学原料及化学制品制造业，化学纤维制造业，橡胶制品业，塑料制品业，非金属矿物制品业，黑色金属冶炼及压延加工业，有色金属冶炼及压延加工业。

（3）装备制造业：金属制品业，通用装备制造业，专用设备制造业，交通运输设备制造业。

（4）医药、信息等高技术产业：医药制造业，电气机械及器材制造业，通信设备、计算机及其他电子设备制造业，仪器仪表及文化、办公用机械制造业。

三、实证研究

集中度①是区域经济学中衡量产业和经济活动地理集中程度的重要指标，以此为基础分析制造业各行业在城市间的发展情况，可以很好地描述出我国制造业区域空间结构的演进及变化规律。

（一）制造业总体分布渐趋分散，部分行业集中程度依然较高

行业集中度可以很好地描述某个行业的地理分布状况。无论是从制造业总体来看，还是从细分行业来看，集中度指标都出现较大幅度的下降，表明行业分布的集中程度趋于分散。制造业行业 CR20、CR100、CR200 分别从 2003 年的 0.479、0.857、0.975 下降为 2013 年的 0.349、0.787、0.957，下降幅度分别为 13.0 个、7.0 个、1.8 个百分点，特别是 CR20 下降幅度较大。通过比较 CR20 可以发现，食品及纺织服装等轻型加工业和能矿资源加工业集中程度略低于制造业行业集中度，装备制造业和医药、信息等高技术产业集中程度处于较高水平，尤其是医药、信息等高技术产业，尽管 2013 年在 2003 年的基础上下降了 18 个百分点，但行业规模最大的前 20 位城市工业销售产值所占份额仍然高达 55.9%（见表 4-1）。

上海、苏州、天津、深圳、佛山、广州、青岛、无锡、重庆、烟台、北京、杭州、大连等城市制造业份额依然较大，主要集中在规模较大的城市，享受到规模经济和集聚经济的好处；沈阳、南京、宁波、南通、潍坊、东营、淄博初步进入制造业发展前 20 位城市行列，长三角外围区域和山东半岛日益成

① 集中度（concentration ratio），表示某行业中规模最大的前 n 位地区所占市场份额（产值、产量、销售额、销售量、职工人数、资产总额等）的总和，是对整个行业的地理集中程度的测量指标，其取值在 0～1 之间，取值越大，表示该行业越集中。

表 4-1　　制造业行业集中度变化

指数	制造业		食品及纺织服装等轻型加工业		能矿资源加工业		装备制造业		医药、信息等高技术产业	
	2003 年	2013 年	2003 年	2013 年	2003 年	2013 年	2003 年	2013 年	2003 年	2013 年
CR20	0.479	0.349	0.464	0.315	0.425	0.339	0.557	0.452	0.739	0.559
CR100	0.857	0.787	0.868	0.778	0.832	0.757	0.924	0.878	0.964	0.918
CR200	0.975	0.957	0.982	0.965	0.974	0.955	0.994	0.988	0.996	0.990

资料来源：根据《中国工业经济统计年鉴 2004 年、2014 年》相关数据计算。

为制造业发展的集中地区，特别是长三角地区从上海向周边扩散的趋势极其明显；东莞、绍兴、威海、常州、长春、厦门制造业发展有所萎缩，比较优势出现一定程度的转移。从细分制造业领域来看，滨州、石家庄、临沂、德州、沈阳等城市的食品及纺织服装等轻型加工业发展强劲，东营、郑州、潍坊、徐州、重庆等城市的能矿资源加工业发展势头较猛，长沙、佛山、泰州、南通等城市成为装备制造业的新兴城市，重庆、成都、烟台、南通、常州、合肥、扬州几个城市初步进入医药、信息等高技术产业发展前 20 位城市。亮点是北上广、苏州、无锡、天津、佛山、杭州、青岛、大连等部分制造业发展优势地区，尽管 10 年间地位有所下降，但仍然坚守制造业前 20 位的行列，东莞、绍兴、长春、威海、常州、厦门等城市制造业发展日渐衰落，系列新兴城市取而代之（见表 4-2）。

表 4-2　　制造业 CR20 城市分布变化

行业	2003 年 CR20 城市	2013 年 CR20 城市
制造业	上海、苏州、深圳、广州、天津、北京、无锡、杭州、青岛、佛山、东莞、绍兴、烟台、威海、大连、常州、长春、重庆、厦门、武汉	上海、苏州、天津、深圳、佛山、广州、青岛、无锡、重庆、沈阳、烟台、南京、北京、宁波、杭州、南通、潍坊、大连、东营、淄博
食品及纺织服装等轻型加工业	上海、苏州、杭州、绍兴、广州、威海、青岛、泉州、宁波、无锡、烟台、嘉兴、潍坊、东莞、天津、佛山、深圳、南通、北京、温州	泉州、青岛、苏州、滨州、潍坊、天津、佛山、绍兴、广州、上海、杭州、南通、石家庄、深圳、东莞、临沂、德州、沈阳、烟台
能矿资源加工业	上海、天津、无锡、苏州、广州、北京、南京、淄博、唐山、宁波、杭州、佛山、大连、青岛、济南、烟台、鞍山、绍兴、常州、武汉	天津、上海、苏州、东营、淄博、唐山、宁波、佛山、南京、广州、杭州、郑州、常州、潍坊、烟台、青岛、大连、徐州、绍兴、重庆

续表

行业	2003 年 CR20 城市	2013 年 CR20 城市
装备制造业	上海、长春、广州、重庆、无锡、北京、天津、杭州、苏州、宁波、青岛、沈阳、南京、烟台、常州、大连、台州、威海、武汉、潍坊	上海、长春、天津、重庆、沈阳、广州、北京、苏州、青岛、大连、烟台、武汉、无锡、南京、长沙、佛山、泰州、潍坊、南通、宁波
医药、信息等高技术产业	深圳、上海、苏州、北京、天津、东莞、佛山、广州、惠州、青岛、杭州、厦门、珠海、无锡、南京、宁波、中山、福州、大连、温州	深圳、苏州、上海、东莞、佛山、天津、无锡、北京、南京、惠州、重庆、成都、广州、烟台、南通、常州、青岛、宁波、合肥、扬州

资料来源：根据《中国工业经济统计年鉴 2004 年、2014 年》相关数据计算。

（二）制造业发展区域分化较大，“中部隆起”特征明显

比较 2003 年和 2013 年，可以发现近十年间，制造业的发展在区域间分化较大，突出表现在东部地区制造业份额较大幅度的下滑，销售产值占全国的比重下降 10 个百分点，食品及纺织服装等轻型加工业下降幅度更大，达到近 18 个百分点；与之相对应，我国其他地区制造业份额呈现一定程度的增加，中部地区、西部地区和东北地区分别增加 6.9 个、2.4 个、1.1 个百分点，特别是中部地区呈现“全面开花”的态势，食品及纺织服装等轻型加工业、能矿资源加工业、装备制造业、医药、信息等高技术产业分别增加 7.0 个、4.2 个、5.7 个、8.7 个百分点，成为接盘东部地区制造业产业转移的主阵地，制造业“中部隆起”的特征明显。

除此之外，61% 的销售产值表明制造业在东部地区发展依然处于绝对优势，东部地区在制造业发展区域格局还将处于主导地位，特别是医药、信息等高技术产业优势明显。随着日益增加的劳动力、土地成本因素等影响，食品及纺织服装等轻型加工业、能矿资源加工业等劳动力密集型产业和资源密集型产业渐渐失去优势，东部地区制造业产业转型升级迫在眉睫。中部地区食品及纺织服装等轻型加工业、西部地区能矿资源加工业、东北地区装备制造业销售产值占全国的比重相对较高，增加幅度也相对较大，在当前的区域分工中占据一定的发展优势，而且依然存在较大的发展潜力，应当成为未来一段时间产业选择的重点（见表 4 -3 ~ 表 4 -7）。

表 4－3 制造业区域分布及变化

区　域	2003 年所占比重（%）	2013 年所占比重（%）	比重变化幅度（百分点）
东部地区	71.78	61.33	－10.45
中部地区	12.07	18.99	6.92
西部地区	8.71	11.11	2.40
东北地区	7.44	8.56	1.12

资料来源：根据《中国工业经济统计年鉴》《中国城市统计年鉴》相关数据计算。

表 4－4 食品及纺织服装等轻型加工业区域分布及变化

区　域	2003 年所占比重（%）	2013 年所占比重（%）	比重变化幅度（百分点）
东部地区	76.97	59.05	－17.92
中部地区	11.35	21.33	9.98
西部地区	7.21	10.90	3.69
东北地区	4.47	8.74	4.27

资料来源：根据《中国工业经济统计年鉴》《中国城市统计年鉴》相关数据计算。

表 4－5 能矿资源加工业区域分布及变化

区　域	2003 年所占比重（%）	2013 年所占比重（%）	比重变化幅度（百分点）
东部地区	62.43	57.75	－4.68
中部地区	16.32	20.53	4.21
西部地区	11.05	12.95	1.90
东北地区	10.20	8.79	－1.41

资料来源：根据《中国工业经济统计年鉴》《中国城市统计年鉴》相关数据计算。

表 4－6 装备制造业区域分布及变化

区　域	2003 年所占比重（%）	2013 年所占比重（%）	比重变化幅度（百分点）
东部地区	66.86	59.69	－7.17
中部地区	12.45	18.12	5.67
西部地区	9.30	10.20	0.90
东北地区	11.39	11.99	0.60

资料来源：根据《中国工业经济统计年鉴》《中国城市统计年鉴》相关数据计算。

表 4-7　　医药、信息等高技术产业区域分布及变化

区　域	2003 年所占比重（%）	2013 年所占比重（%）	比重变化幅度（百分点）
东部地区	86.29	73.82	-12.47
中部地区	5.43	14.12	8.69
西部地区	4.87	8.22	3.35
东北地区	3.41	3.85	0.40

资料来源：根据《中国工业经济统计年鉴》《中国城市统计年鉴》相关数据计算。

（三）制造业城市间发展差异突出，有从超大城市、大城市向中小城市转移的倾向

依托我国新的城市规模划分标准，对我国各类城市制造业发展状况进行分析，可以发现制造业在各类城市表现存在较大差异。2003 年超大城市制造业销售产值占全国的比重为 19.9%，2013 年该比重上升为 10.7%，降低了 9.2 个百分点；大城市所占城市份额也相应下降 2.8 个百分点。与此相对应，中小城市制造业销售产值比重有所增加，分别增加 6.5 个和 4.5 个百分点，特大城市的工业总产值比重略有增加，基本保持稳定。总体而言，制造业布局有从超大城市、大城市向中小城市转移的倾向。

制造业各细分行业与制造业总体的变动趋势大致相当，特大城市的食品及纺织服装等轻型加工业、能矿资源加工业份额略有下降，II 类大城市的医药、信息等高技术产业份额增加。由于我国各种规模的城市数量各一，同种类型产业在不同城市间的横向比较意义不大，但通过比较同种类型城市的不同产业是一个有益的探索。可以发现，由于较大的城市具有较强的集聚经济效应，拥有充足的高素质人才和高等科研院所，是创新和资本密集地区，医药、信息等高技术产业以及装备制造业对超大城市、特大城市情有独钟，尽管这些城市所占份额有所下降，但仍然占有绝对优势；中等城市发展能矿资源加工业具有较好前景，例如，东营、聊城、嘉兴、镇江、德州、沧州、菏泽、岳阳是未来我国能矿资源加工业布局的重点考量；食品及纺织服装等轻型加工业在中小城市所占重较大，增加幅度较快，发展趋势较好（见表 4-8～表 4-12）。

表 4－8　我国地级及以上城市制造业销售产值比重变化

城市类型	2003 年所占比重（%）	2013 年所占比重（%）	比重变化幅度（百分点）
超大城市	19.91	10.71	－9.20
特大城市	9.67	9.79	0.12
大城市 I	10.62	9.02	－1.60
大城市 II	35.57	34.34	－1.23
中等城市	19.22	25.70	6.48
小城市 I	5.79	9.99	4.20
小城市 II	0.20	0.45	0.25

注：根据 2014 年国务院印发《关于调整城市规模划分标准的通知》，新的城市规模划分标准以城区常住人口为统计口径，将城市划分为五类七档：城区常住人口 50 万以下的城市为小城市，其中 20 万以上 50 万以下的城市为 I 型小城市，20 万以下的城市为 II 型小城市；城区常住人口 50 万以上 100 万以下的城市为中等城市；城区常住人口 100 万以上 500 万以下的城市为大城市，其中 300 万以上 500 万以下的城市为 I 型大城市，100 万以上 300 万以下的城市为 II 型大城市；城区常住人口 500 万以上 1000 万以下的城市为特大城市；城区常住人口 1000 万以上的城市为超大城市。

资料来源：根据《中国城市统计年鉴 2004 年、2014 年》相关数据计算。

表 4－9　我国地级及以上城市食品及纺织服装等轻型加工业销售产值比重变化

城市类型	2003 年所占比重（%）	2013 年所占比重（%）	比重变化幅度（百分点）
超大城市	11.44	5.95	－5.49
特大城市	6.91	6.71	－0.20
大城市 I	9.22	7.88	－1.34
大城市 II	39.94	33.63	－6.31
中等城市	25.59	32.66	7.07
小城市 I	6.61	12.60	5.99
小城市 II	0.27	0.56	0.29

资料来源：根据《中国城市统计年鉴 2004 年、2014 年》相关数据计算。

表 4－10　我国地级及以上城市能矿资源加工业销售产值比重变化

城市类型	2003 年所占比重（%）	2013 年所占比重（%）	比重变化幅度（百分点）
超大城市	13.74	6.26	－7.48
特大城市	9.13	8.29	－0.84
大城市 I	8.66	7.18	－1.48

续表

城市类型	2003 年所占比重（%）	2013 年所占比重（%）	比重变化幅度（百分点）
大城市 II	36.56	35.53	-1.03
中等城市	23.24	29.20	5.96
小城市 I	8.24	12.73	4.49
小城市 II	0.40	0.80	0.40

资料来源：根据《中国城市统计年鉴 2004 年、2014 年》相关数据计算。

表 4-11　我国地级及以上城市装备制造业销售产值比重变化

城市类型	2003 年所占比重（%）	2013 年所占比重（%）	比重变化幅度（百分点）
超大城市	22.97	14.35	-8.62
特大城市	9.84	11.89	2.05
大城市 I	16.18	13.79	-2.39
大城市 II	31.75	31.63	-0.12
中等城市	15.48	22.20	6.72
小城市 I	3.75	6.03	2.28
小城市 II	0.02	0.10	0.08

资料来源：根据《中国城市统计年鉴 2004 年、2014 年》相关数据计算。

表 4-12　我国地级及以上城市医药、信息等高技术产业销售产值比重变化

城市类型	2003 年所占比重（%）	2013 年所占比重（%）	比重变化幅度（百分点）
超大城市	31.19	20.11	-11.08
特大城市	13.29	13.51	0.22
大城市 I	9.52	7.48	-2.04
大城市 II	34.30	37.17	2.87
中等城市	9.46	15.50	6.04
小城市 I	2.23	6.11	3.88
小城市 II	0.02	0.11	0.09

资料来源：根据《中国城市统计年鉴 2004 年、2014 年》相关数据计算。

（四）制造业各区域城市发展重点不一，"数 8" 区域格局初显

制造业在我国各区域板块发展情况存在较大差异，东、中、西、东北四大板块城市发展重点各一。如表 4-13 所示，东部地区超大城市、特大城市和大城市制造业销售产值比重下降明显，尤其是超大城市，所占份额下降达 8.6 个

百分点，中小城市发展势头强劲，主要是装备制造业和医药、信息等高技术产业发展迅猛。中部地区大、中、小各种类型城市制造业销售产值比重都有所增加，而且增加幅度相对均衡，大城市和中等城市分别增加 1.6 个、2.9 个百分点，成为中部地区制造业发展的领跑者，食品及纺织服装等轻型加工业、能矿资源加工业无论从所占比重还是比重增加情况来看，未来都具有一定的发展空间。西部地区 I 类大城市有所下降，其他各类城市制造业销售产值比重都有略微上升，I 类小城市增长相对领先，超过 1.2 个百分点，主要利益于食品及纺织服装等轻型加工业和能矿资源加工业为主，分别增加 2.2 个、1.8 个百分点；此外，西部地区超大城市和特大城市的医药、信息等高技术产业增长幅度也较大，分别增加 1.5 个、1.2 个百分点，主要是重庆、成都两大城市对技术、人才形成了有力支撑，再加上我国打造内陆开放新高地战略政策的成功运用，推动了两市高技术产业的发展。东北地区各类城市的变化幅度最小，大城市制造业销售产值下降 0.5 个百分点，其他各类城市略有增加，特别注意的是 I 类小城市的食品及纺织服装等轻型加工业、装备制造业和医药、信息等高技术产业表现较好，分别增加 1.2 个、0.7 个、0.5 个百分点，表现出较大的经济发展活力。可以看出，东、中部的中等城市和中部、东北地区的 I 类小城市应该成为未来一段时间我国制造业集聚的重点；西部地区的超大和特大城市发展前景较好，I 类小城市食品及纺织服装等轻型加工业和能矿资源加工业具有发展潜力。总体而言，这与我国区域发展总体格局的演变特征相符，李爱民、孙久文（2014，2015）提出我国区域发展总体格局呈现出“整体分散，优势集中”的发展态势，并呈现“敛 8”的集聚和分散演变路径，东部等发达地区因为聚集不经济日益体现均衡发展特征，西部等不发达地区仍处在聚集经济发展阶段，大城市成为经济要素集中的主体（见表 4-13 ~ 表 4-17）。

表 4-13　　我国地级及以上城市分区域制造业销售产值比重变化（2003 ~ 2013 年）

城市类型	东部地区			中部地区			西部地区			东北地区		
	2003 年	2013 年	变化	2003 年	2013 年	变化	2003 年	2013 年	变化	2003 年	2013 年	变化
超大城市	17.74	9.11	-8.63	—	—	—	1.17	1.59	0.42	—	—	—
特大城市	6.51	5.05	-1.46	1.65	2.30	0.65	0.73	0.98	0.25	0.78	1.46	0.68
大城市 I	5.44	3.55	-1.89	1.16	1.94	0.78	1.09	0.94	-0.15	2.93	2.59	-0.34

续表

城市类型	东部地区			中部地区			西部地区			东北地区		
	2003 年	2013 年	变化	2003 年	2013 年	变化	2003 年	2013 年	变化	2003 年	2013 年	变化
大城市 II	29.81	27.84	-1.97	1.66	2.50	0.84	2.31	2.42	0.11	1.79	1.57	-0.22
中等城市	10.82	13.69	2.87	4.99	7.88	2.89	1.83	2.27	0.44	1.58	1.86	0.28
小城市 I	1.46	2.07	0.61	2.55	4.23	1.68	1.41	2.62	1.21	0.37	1.07	0.70
小城市 II	—	—	—	0.05	0.16	0.11	0.16	0.28	0.12	0.00	0.01	0.01

资料来源：根据《中国城市统计年鉴 2004 年、2014 年》相关数据计算。

表 4-14 我国地级及以上城市分区域食品及纺织服装等轻型加工业销售产值比重变化（2003~2013 年）

城市类型	东部地区			中部地区			西部地区			东北地区		
	2003 年	2013 年	变化	2003 年	2013 年	变化	2003 年	2013 年	变化	2003 年	2013 年	变化
超大城市	10.96	5.03	-5.93	—	—	—	0.49	0.92	0.43	—	—	—
特大城市	4.66	3.66	-1.00	1.23	1.16	-0.07	0.63	0.62	-0.01	0.39	1.26	0.87
大城市 I	6.28	3.74	-2.54	0.55	1.05	0.50	0.60	0.51	-0.09	1.80	2.59	0.79
大城市 II	35.93	27.47	-8.46	1.20	2.30	1.10	1.97	2.52	0.55	0.84	1.34	0.50
中等城市	17.2	16.4	-0.80	5.45	11.59	6.14	1.97	2.78	0.81	0.96	1.89	0.93
小城市 I	1.94	2.75	0.81	2.92	5.15	2.23	1.28	3.05	1.77	0.47	1.65	1.18
小城市 II	—	—	—	0.00	0.07	0.07	0.26	0.47	0.21	0.01	0.02	0.01

资料来源：根据《中国城市统计年鉴 2004 年、2014 年》相关数据计算。

表 4-15 我国地级及以上城市分区域能矿资源加工业销售产值比重变化（2003~2013 年）

城市类型	东部地区			中部地区			西部地区			东北地区		
	2003 年	2013 年	变化	2003 年	2013 年	变化	2003 年	2013 年	变化	2003 年	2013 年	变化
超大城市	12.83	5.21	-7.62	—	—	—	0.90	1.05	0.15	—	—	—
特大城市	6.14	4.62	-1.52	1.99	2.37	0.38	0.59	0.41	-0.18	0.42	0.90	0.48
大城市 I	4.28	3.01	-1.27	1.28	1.39	0.11	1.26	1.11	-0.15	1.84	1.67	-0.17
大城市 II	27.06	27.80	0.74	2.07	2.40	0.33	3.17	2.76	-0.41	4.26	2.57	-1.69
中等城市	10.63	14.97	4.34	7.04	8.44	1.40	2.37	3.00	0.63	3.20	2.78	-0.42
小城市 I	1.48	2.14	0.66	3.78	5.58	1.80	2.49	4.15	1.66	0.49	0.86	0.37
小城市 II	—	—	—	0.16	0.34	0.18	0.28	0.45	0.17	0.00	0.01	0.01

资料来源：根据《中国城市统计年鉴 2004 年、2014 年》相关数据计算。

表 4－16　　我国地级及以上城市分区域装备制造业销售产值比重变化（2003～2013 年）

城市类型	东部地区			中部地区			西部地区			东北地区		
	2003 年	2013 年	变化	2003 年	2013 年	变化	2003 年	2013 年	变化	2003 年	2013 年	变化
超大城市	19.83	11.47	－8.36	—	—	—	3.15	2.88	－0.27	—	—	—
特大城市	4.94	4.99	0.05	2.06	2.87	0.81	1.01	1.19	0.18	1.84	2.83	0.99
大城市 I	5.60	4.34	－1.26	1.68	2.85	1.17	1.26	0.95	－0.31	7.64	5.65	－1.99
大城市 II	26.71	24.67	－2.04	2.15	3.16	1.01	2.10	2.53	0.43	0.80	1.27	0.47
中等城市	8.47	12.43	3.96	4.75	6.71	1.96	1.32	1.72	0.40	0.94	1.33	0.39
小城市 I	1.33	1.79	0.46	1.81	2.45	0.64	0.45	0.90	0.45	0.16	0.90	0.74
小城市 II	—	—	—	0.01	0.08	0.07	0.00	0.03	0.03	0.00	0.00	0.00

资料来源：根据《中国城市统计年鉴 2004 年、2014 年》相关数据计算。

表 4－17　　我国地级及以上城市分区域医药、信息等高技术产业销售产值比重变化（2003～2013 年）

城市类型	东部地区			中部地区			西部地区			东北地区		
	2003 年	2013 年	变化	2003 年	2013 年	变化	2003 年	2013 年	变化	2003 年	2013 年	变化
超大城市	30.66	18.13	－12.53	—	—	—	0.53	1.98	1.45	—	—	—
特大城市	10.58	7.88	－2.70	1.16	2.58	1.42	0.72	1.94	1.22	0.82	1.11	0.29
大城市 I	6.06	3.41	－2.65	0.89	2.43	1.54	0.88	0.72	－0.16	1.70	0.92	－0.78
大城市 II	31.63	33.29	1.66	0.95	2.13	1.18	1.48	1.33	－0.15	0.24	0.42	0.18
中等城市	6.62	9.81	3.19	1.46	3.97	2.51	0.99	1.11	0.12	0.39	0.61	0.22
小城市 I	0.74	1.30	0.56	0.97	2.95	1.98	0.24	1.08	0.84	0.27	0.78	0.51
小城市 II	—	—	—	0.00	0.05	0.05	0.01	0.06	0.05	0.00	0.00	0.00

资料来源：根据《中国城市统计年鉴 2004 年、2014 年》相关数据计算。

四、促进制造业健康发展的对策建议

制造业在我国区域空间结构中扮演的作用不容小觑。前面运用集中度指数对我国制造业发展空间格局演进规律进行了实证研究，未来运用区域政策引导区域空间结构合理布局，必须充分尊重制造业产业空间结构的发展规律。

（一）转变观念，牢牢把握影响产业布局的现实因素

结合生产力布局的传统影响因素，根据制造业细分行业的划分可以看到，食品及纺织服装等轻型加工业受到劳动力因素影响较大，其产业布局呈现较强的劳动力指向性特征；能矿资源加工业主要受到能矿资源的影响较为突出，体现出较为明显的资源指向性特征；装备制造业则受到资金的影响较大，为典型的资金指向性产业；医药、信息等高技术产业对科技、人才等因素的依赖较强，为技术指向性产业。通过观察各类别产业 2003～2013 年的演变，也可以看到影响产业布局的现实因素发生了细微变化。主要体现在：（1）区域总体格局的变化成为产业发展的先导影响因素。沿用新经济地理学的分析框架，我国目前处于集聚与分散并存的发展阶段，东部等沿海发达地区处于分散发展阶段，中西部等落后地区还处在集聚发展阶段，与此相对应，产业在东部地区有从核心向外围分散的趋势，如长三角区域，中小城市成为制造业发展的重点，中西部地区特别是西部地区的产业还存在向特大城市、超大城市集中的趋势，如重庆、成都的医药、信息等高技术产业的发展。（2）交通、区位、市场等因素对原料影响形成替代。特别是对于能矿资源加工业，指向性因素变化较为明显，对交通运输条件和区位因素的依赖性日益增强，天津、苏州、东营、淄博、无锡、宁波、佛山、杭州等份额前 20 位的城市都不具备丰富的能矿资源条件，交通、区位以及市场成为其发展的关键因素。（3）政策成为影响产业布局的重要因素。受产业转移政策的影响，食品及纺织服装等轻型加工业向中部地区集中的趋势较为明显；沿海开放战略向内陆开放的转变，使得西部地区的重庆、成都成为最大受益者，医药、信息等高技术产业得到较快发展。

（二）分类施策，实施差别化的区域产业政策

由于各个区域处在不同的发展阶段，区域比较优势具有明显不同，制造业总体呈现分散发展的趋势，在区域间的发展差异较大，不同区域对不同的产业具有不同偏好，必须分类施策，实施差别化的区域产业政策。尽管东部地区各类制造业下滑幅度较为明显，但存量依然较大，医药、信息等高技术产业、装备制造业依然处于发展的前沿，特别是要对东部地区丰富的科教资源、人力资源优势加以利用，推进东部地区产业优化升级。中部地区具有邻近东部产业的

区位优势，正在成为接盘东部部分产业的主阵地，尽管各类产业发展较为迅猛，食品及纺织服装等轻型加工业、能矿资源加工业尤其突出，应当成为重点援助对象。西部地区能矿资源加工业、食品及纺织服装等轻型加工业仍然是具有比较优势的产业，加强产业政策支持力度，对于西部地区的资源开发和农民工就近市民化意义重大。东北地区的装备制造业具有先天优势，部分小城市的食品及纺织服装等轻型加工业近年来发展较为强劲，应当成为未来一段时间产业选择的重点和产业政策支持的重点（见表4－18）。

表4－18　　我国各区域产业扶持重点

区　域	重点扶持产业
东部地区	医药、信息等高技术产业
中部地区	食品及纺织服装等轻型加工业、能矿资源加工业
西部地区	能矿资源加工业、食品及纺织服装等轻型加工业
东北地区	装备制造业、食品及纺织服装等轻型加工业

（三）因地制宜，对不同类型城市进行重点扶持

制造业各行业在不同区域存在着不同的城市发展重点，在政策层面必须因地制宜，对不同类型城市进行重点扶持。无论是制造业总体发展情况，还是各细分制造业类别，东、中、西、东北四大板块发展情况都存在着较大差别。东部地区制造业发展日益从超大城市、特大城市向中等城市甚至小城市集中，产业就近转移现象明显，尤其是装备制造业和医药、信息等高技术产业更为明显。中部地区制造业发展在大、中、小城市比重都有增加，呈现全面开花的态势，尤其是大城市和中等城市增加幅度最大，食品及纺织服装等轻型加工业和能矿资源加工业发展较为突出。西部地区超大城市和大城市的医药、信息等高技术产业发展迅猛，I类小城市的食品及纺织服装等轻型加工业和部分能矿资源发展突出，其他城市类别发展不明显，而且I类小城市具有就近转移农民工，解决西部1亿农民工转移的优势。东北地区各类别城市的变化相对较小，I类小城市情况较好，表现出了较强的经济活力（见表4－19）。未来一段时间应因地制宜，实行精细化管理，针对不同区域对不同类型城市进行重点扶持，将我国制造业扶持的重点区域转为东、中部地区的中小城市和

西、东北地区的大城市、特大城市，从而构建区域性城镇化发展格局（李爱民、孙久文，2015）。

表 4－19　　我国各区域城市扶持重点

区 域	重点扶持城市类别	典型城市
东部地区	中等城市、小城市	泰州、聊城、沧州、泰安、德州、镇江、东营、威海、金华、中山、嘉兴、廊坊、舟山、滨州、连云港、湖州、菏泽、肇庆、河源、宁德
中部地区	大城市、中等城市	襄阳、岳阳、漯河、南昌、宜昌、南阳、长沙、九江、焦作、商丘、荆门、安庆、合肥、洛阳、安阳、芜湖、黄石、太原、马鞍山、临汾
西部地区	超大城市、特大城市、I 类小城市	重庆、成都、通辽、资阳、呼伦贝尔、广安、巴彦淖尔、贵港、钦州、巴中、鄂尔多斯、广元、克拉玛依、延安、渭南、嘉峪关、北海、乌兰察布、玉溪、榆林
东北地区	I 类小城市	铁岭、辽源、通化、白山、松原、白城、双鸭山、七台河、绥化

（四）因势利导，重建我国功能性城市体系

结合 2003 年、2013 年制造业 CR20 变化，以及各制造业行业在区域间、城市间的发展演变趋势，以制造业发展为基础，遴选出包括上海、北京、广州、天津等区域性中心城市 14 个，10 年间这些城市制造业占全国的份额都处于较强水平，对周边其他城市形成一定的辐射带动作用。遴选出苏州、佛山、青岛、中山等创新型城市 18 个，这些城市医药、信息等高技术产业所占份额相对较大，且具有较大幅度的增加，发展势头较好。遴选出郑州、东营、徐州、安阳等新兴矿业城市 18 个，这些城市能矿资源加工业发展较好，属于所在区域重点扶持发展对象。遴选出长沙、泰州、南通、东营、威海等新兴装备制造业城市 19 个，未来装备制造业发展具有较大潜力。遴选出滨州、广安、巴中、岳阳、铁岭等新型城镇化重点城市 35 个，以食品及纺织服装等轻型加工业为发展重点，积极推进这些城市农业转移人口市民化。依托制造业在我国各区域城市的发展现状及演变规律，因势利导，重建我国功能性城市体系，促进制造业大发展（见表 4－20）。

表 4-20　　我国功能性城市体系

城市功能	主要城市
区域性中心城市	上海、苏州、天津、深圳、广州、青岛、重庆、北京、杭州、大连、成都、沈阳、南京、石家庄
创新型城市	苏州、佛山、青岛、无锡、惠州、烟台、南通、常州、宁波、扬州、洛阳、中山、泰州、湖州、菏泽、肇庆、河源、宁德
新兴矿业城市	东营、郑州、潍坊、徐州、洛阳、安阳、芜湖、黄石、太原、马鞍山、临汾、延安、渭南、嘉峪关、北海、乌兰察布、玉溪、榆林
新兴装备制造业城市	长沙、泰州、南通、聊城、沧州、泰安、德州、镇江、东营、威海、金华、中山、嘉兴、廊坊、舟山、滨州、连云港
新型城镇化重点城市	滨州、临沂、德州、通辽、资阳、呼伦贝尔、广安、巴彦淖尔、贵港、钦州、巴中、鄂尔多斯、广元、襄阳、岳阳、漯河、南昌、宜昌、南阳、长沙、九江、焦作、商丘、荆门、安庆、合肥、铁岭、辽源、通化、白山、松原、白城、双鸭山、七台河、绥化

参考文献

[1] 胡安俊，孙久文. 中国制造业转移的机制、次序与空间模式 [J]. 经济学（季刊），2014 (4)：1533-1556.

[2] 孙久文，李爱民. 基于新经济地理学的“整体分散，优势集中”区域发展总体格局研究 [J]. 经济学动态，2012 (5)：70-75.

[3] 李爱民，孙久文. 基于新地理学的区域发展总体格局演变研究 [J]. 江淮论坛，2014 (1)：65-71.

[4] 李爱民，孙久文. 我国区域性城镇化发展格局研究 [J]. 区域经济评论，2015 (2)：129-135.

[5] 王非暗，王珏，唐韵，范剑勇. 制造业扩散的时刻是否已经到来 [J]. 浙江社会科学，2010 (9)：2-10.

[6] 魏后凯. 改革开放30年中国区域经济的变迁——从不平稳发展到相对均衡发展 [J]. 经济学动态，2008 (5)：9-16.

[7] 谢露露. 产业结构调整、劳动力跨区域流动和集聚效应 [J]. 上海经济研究，2013 (1)：99-107.

[8] 张可云. 生态文明的区域经济协调发展战略：背景、内涵与政策走向 [C]. 第十一届全国区域经济学学科建设年会暨生态文明与区域经济发展学术研讨会，2012，11.

第五章　我国新经济发展空间格局研究[①]

内容提要： 本章从我国当前我国新经济发展的特征出发，从电子商务、众创空间、天使投资、风险投资、大数据等行业切入，研究我国不同发展阶段的新经济行业的区域表现，并进一步在省级单元层面分析了我国新经济发展格局的不平衡性及与经济社会主要指标的相关性。研究认为，我国新经济发展格局已经初步形成，发展梯度显现，新经济在区域上的发展和演进路径对城镇体系格局也在产生影响，一些二线城市在新经济背景下有望进入一线，而另一些二线城市则在新经济背景下被边缘化。最后从区域政策的角度提出了若干促进新经济的建议。

关键词： 新经济；互联网；区域格局

引言

2016 年政府工作报告中第一次出现了“新经济”这一概念，在会见采访十二届全国人大四次会议的中外记者时，李克强总理对其进行了解读，“新经济”的覆盖面和内涵是很广泛的，它涉及三次产业，不仅仅是指第三产业中的“互联网 +”、物联网、云计算、电子商务等新兴产业和业态，也包括工业制造中的智能制造、大规模的定制化生产等，还涉及第一产业当中像有利于推进适度规模经营的家庭农场、股份合作制，农村三次产业融合发展等。“新经

---

① 作者简介：刘保奎，河北邯郸人，博士，国家发展和改革委员会国地所城镇发展室副主任、副研究员。研究领域：城镇化路径与政策、城市（群）空间增长转型与创新。本章撰写过程中得到史育龙所长、张庆杰副所长的指导，在此表示感谢。

济”（New Economy）一词最早出现于美国《商业周刊》1996 年 12 月 30 日发表的一组文章中。新经济是指在经济全球化背景下，信息技术（IT）革命以及由信息技术革命带动的、以高新科技产业为龙头的经济。

一、新经济及其空间格局研究进展

（一）新经济出现及其内涵

“新经济”（New Economy）一词最早出现于美国《商业周刊》1996 年 12 月 30 日发表的一组文章中。新经济是指在经济全球化背景下，信息技术（IT）革命以及由信息技术革命带动的、以高新科技产业为龙头的经济。是建立在信息技术革命和制度创新基础上的经济持续增长与低通货膨胀率、低失业率并存，经济周期的阶段性特征明显淡化的一种新的经济现象。20 世纪 90 年代以来，美国经济出现了两次大战后罕见的持续性的高速度增长。在信息技术部门的带领下，自 1991 年 4 月以来，美国经济增长幅度达到了 4%，而失业率却从 6% 降到了 4%，通胀率也在不断下降。如果食品和能源不计在内的话，美国 1999 年的消费品通胀率就只有 1.9%，增幅为 34 年来的最小值。

新经济出现的原因被普遍认为有三个：一是经济结构的调整，二是美国政府的有效调控机制，三是经济的全球化浪潮。其背景就是 20 世纪 90 年代美国三条重要经济曲线（宏观经济曲线、菲利普斯曲线、股票市场价格指数曲线）及所涉及的四大重要经济变量（经济增长率、失业率、通货膨胀率和股价指数）发生了新变化。

关于美国“新经济”有“宽”“窄”两种含义：“窄”的含义是指美国经济 20 世纪 90 年代的持续增长；“宽”的含义则指兴起于美国、扩展于世界的新技术革命引起的经济增长方式、经济结构以及经济运行规则等的变化①。在当时的美国，“新经济”概念由于一开始提出时所带有的“吹牛”成分，在一些人中，特别是在年纪较长的人士中，大多不以为然，甚至一些人往往把“新经济”等同于“互联网泡沫”，总的看来，在美国，无论各界人士是否赞

① 刘树成，李实. 对美国“新经济”的考察与研究［J］. 经济研究，2000，08：3 - 11 + 55 - 79.

成与使用“新经济”这一概念，还是使用者对其有怎样不同的理解，但有共同的一点，即人们越来越感觉到新的技术革命特别是目前的信息技术革命，正在对社会经济生活产生着新的影响。

新经济的特性主要有三点：首先，企业越来越注重将价值从有形资产转移到无形资产上。企业扩张的活动越来越频繁，与旧经济时代相比，更加注重对无形资产的利用和控制，同时也更加关注无形资产所带来的价值。例如，Marriott 公司是世界著名的酒店管理集团，它从不自己建造酒店或拥有任何酒店实体，而只负责对酒店管理。同时像 SaraLee 这样的公司，他们不仅创造品牌，更想拥有品牌，他们是品牌持有人。这类公司不仅不组织生产，同时也很少将资本投入固定资产上，他们更加重视对品牌的管理。

其次，价值从提供产品的企业，转移到不仅提供产品同时提供低价且高度个性化产品的企业，或者能够提供问题解决方案的企业。例如，世界著名的 DELL 公司，它出售的电脑可以根据每个客户的要求进行组装，实现高度的个性化，同时其售价相对低廉；IBM 则为客户提供问题的解决方案，它们有一整套的流程，可随时为客户解决各种在产品使用过程中遇到的疑难问题，并且接受客户的各类咨询。

最后，企业可以方便地通过数据管理来降低成本，这也是新经济的另一个重要特性。杰克·韦尔奇过去常常在营销人员会议上说“改变或者灭亡”，对于一个 GE 人来说这不是个令人愉快的做法，但是确实行之有效。现在他常说的则是“拥抱网络，不只是一个网页”。要拥抱网络，而不只是给出一个网页，意味着拥有一个网页并不表示已经实现了网络化，网页只是网络营销的基础。

2016 年政府工作报告中第一次出现了“新经济”这一概念，李克强总理在会见采访十二届全国人大四次会议的中外记者时，对其进行了解读认为，“新经济”的覆盖面和内涵是很广泛的，它涉及一、二、三产业，不仅仅是指三产中的“互联网 +”、物联网、云计算、电子商务等新兴产业和业态，也包括工业制造当中的智能制造、大规模的定制化生产等，还涉及一产当中像有利于推进适度规模经营的家庭农场、股份合作制，农村一、二、三产融合发展等等。而且，发展“新经济”，小微企业可以大有作为，大企业也可以有更大作为。很多大企业也在搞创客空间，目前有许多这样的例子。

本章对新经济的理解为，新经济是在我国经济进入新常态下，近年来出现的以知识经济、信息通信技术（ICT）、互联网等为基础的，以新技术、新业态、新产业、新商业模式为特征的新型经济形态。本章研究中不对新经济的具体边界进行考量，而是将研究的重点放在了新经济发展格局研究上，即研判新经济在我国不同空间尺度上的表现，分析新经济在空间发展上的不平衡性及与主要经济社会发展指标的相关性等，目的是为下一步完善区域政策，更好地引导和促进新经济发展提供建议，推动我国经济加快转型升级。

（二）新经济空间格局的研究

创新型产业集群的研究是较早针对特定的新经济业态空间组织模式的研究。第二次世界大战以来，在英国、德国、美国的一些发达地区日渐衰落的同时，一些原本落后的地区却依托高技术产业集群迅速崛起，如美国的产业集群：硅谷、波士顿128公路、得州的奥斯汀，英国的剑桥、印度的班加罗尔和法国的索菲亚等高技术集群。

作为最典型的新经济集聚地区，硅谷一直是过去几十年研究的热点，硅谷在加州1%的土地上汇聚了1/10的人口，聚集了逾16 600家高科技公司，加州将近一半的企业并购发生在硅谷；其专利注册占了整个州的一半；硅谷还吸引了3/4的风险投资和4/5的天使投资，是美国乃至全球知识、技术与资金的集散地①。硅谷由围绕旧金山湾的4个郡、30个社区构成，涵盖了4 801平方千米的土地，硅谷的崛起在空间上的集聚先后呈现出斯坦福大学（Stanford University）、墨菲特联邦机场（Moffett Field）、帕罗奥图市（Palo Alto）和山景城（Mountain View）4个热点地区。其演化的动力来自以下几点：一是研究型大学推动科技创新；二是军用机场催生飞机制造业；三是世界首个高科技园区诞生；四是谷歌、英特尔等创业公司搬到了风景优美的山景城，成为全美第一个免费无线网络全覆盖的城市。在空间演化模式上经历了细胞式生长，圈层式布局，产、学、城紧密结合等几个阶段。

而布鲁金斯学会的最新研究认为②，过去的50多年中，从地域空间上来说，创新地区主要以硅谷之类的为代表（硅谷是空间上被隔离的企业园区的近郊走廊区域）。这些地区过去只能驱车前往，并很少注重创业者的生活质量

① 陈鑫，沈高洁，杜凤姣. 基于科技创新视角的美国硅谷地区空间布局与规划管控研究［J］. 上海城市规划，2015，02：21－27.

② “The Rise of Innovation Districts：A New Geography of Innovation in America”，Brookings Institution，June，2014.

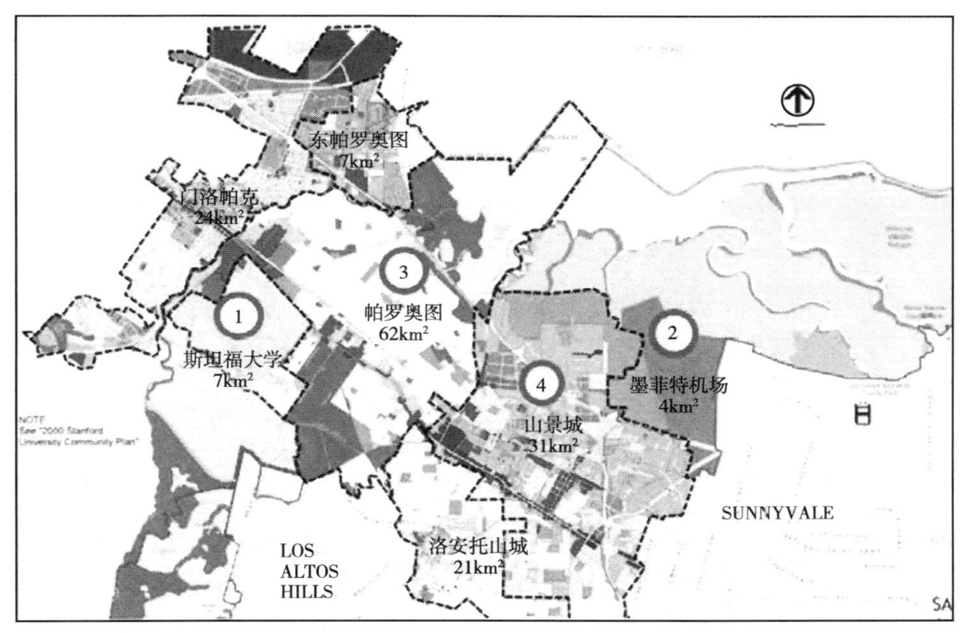

图 5－1　圣克拉拉郡西北角的 4 个地区是硅谷发展的引爆点

及工作、居住和娱乐休闲的一体化。而现在，一种新型互补的城市模式正在兴起：创新型区域（innovation districts），这广泛出现在美国及国外十多个城市和大都市区：除美国城市以外，还有巴塞罗那、柏林、伦敦、麦德林、蒙特利尔、首尔、斯德哥尔摩、多伦多。在美国，创新型区域主要集中在亚特兰大、巴尔的摩、水牛、剑桥、底特律、克利夫兰、休斯顿、费城、匹兹堡、圣路易斯和圣地亚哥等城市闹市区和市中心区附近的科研院所和科研医院周边区域。通过对未充分利用的地方（尤其是老工业园区）进行重新设计和重建，通过对远郊的科技园进行改造，创新型区域能符合人们对工作居住环境的新要求和期待：更加都市化、更具活力。创新型区域“由交通体系连接、由新能源支撑、由数字科技联网、以咖啡作为媒介”充分体现出“城市特质（cityness）”。相比环境优良的绿色区域，知识密集型企业更倾向于将关键部门布局在接近其他企业、研发实验室以及大学的区域内，进而分享创意，形成一种“开放创新”（open innovation）的机制。

美国哈佛大学教授诺顿的新著《新经济地理学》（The Geography of the New Economy）标志着经济地理学家开始系统地思索新经济条件下地理要素的

地域组合及其规律。概述较为系统地分析了新经济的三个基本概念，并对日本、中东、美国、欧洲等地分析了信息技术（IT）所引起的区域变革。

世界银行的《世界发展报告 2016》认为，数字技术在全球大部分地区迅速推广，但是使用这些技术应产生的广泛发展效益，即数字红利，却并未同步实现。数字技术促进经济增长、带来更多机会并改善服务供给的实例很多，但总体影响不足，分布也不均。发展中国家拥有手机的家庭比有电或清洁用水的家庭还多，其中处于收入底层 1/5 人口中有近 70% 拥有手机。从 2005 ~2015 年的 10 年时间，互联网用户增加两倍多：2005 年是 10 亿用户，2015 年年底估计达到 32 亿用户。这意味着企业、个人和政府之间的联系紧密程度前所未有。数字革命已经为个人带来切身好处，包括更容易沟通获取信息，能享受诸多便利条件、免费电子产品以及新休闲方式。数字身份证系统，例如，印度的 Aadhaar 可以解决错综复杂的信息问题，帮助有意愿的政府促进包容性，推动弱势群体的融入。阿里巴巴的企业对企业电子商务平台大幅降低协调成本，提高了中国经济效率，也可以说提高了世界经济效率。M－Pesa 数字支付平台挖掘自动化带来的规模经济效益，极大地推动了金融部门创新，为肯尼亚等国人民带来了很多好处。

但技术对提高全球生产力、为贫困人口和中产阶级创造更多机会以及推动问责治理的影响并未达到预期。企业的连通性前所未有，但全球生产力增长速度却放缓。数字技术正在改变工作格局，而劳动力市场更加趋于两极化，不平等加剧，这些现象在富裕国家尤其凸显，但在发展中国家也日趋显现。这些趋势并肇因于数字技术，只是有了数字技术也不足以扭转（见图 5－2）。

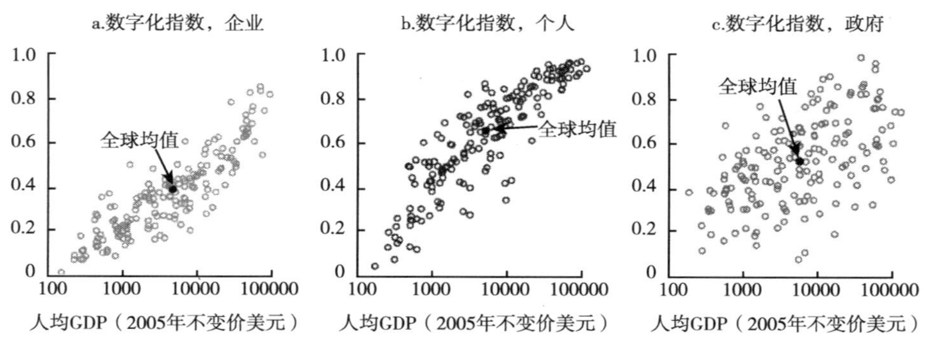

图 5－2　数字技术在全球迅速推广

资料来源：世界银行《世界发展报告 2016》。

各国应用互联网水平差异很大，配套机制水平也参差不齐，但总体而言，国家收入越高，水平也越高。随着数字化转型进入不同阶段，各国政策重点也有所变化。互联网应用水平低的国家应该建设基础，如消除互联网接入与应用的障碍，进行基本数字化知识扫盲，让互联网承担基本政府职能（如提供信息）。应用互联网水平有所提高后，国家需要出台实施有效的竞争法规，包括让企业进入退出更容易；更加重视技术所加强的高级认识、社会情感能力；建立更高效的电子政府交付体系，管理供应商，促进公民参与。处于数字化革新高级阶段的国家需要面对一些最艰巨的挑战：政府需要想方设法促进“新经济”竞争，确保终生学习以应对工作性质的变迁，使用互联网完成大部分政府职能，并进一步推动参与式决策（见图5-3）。

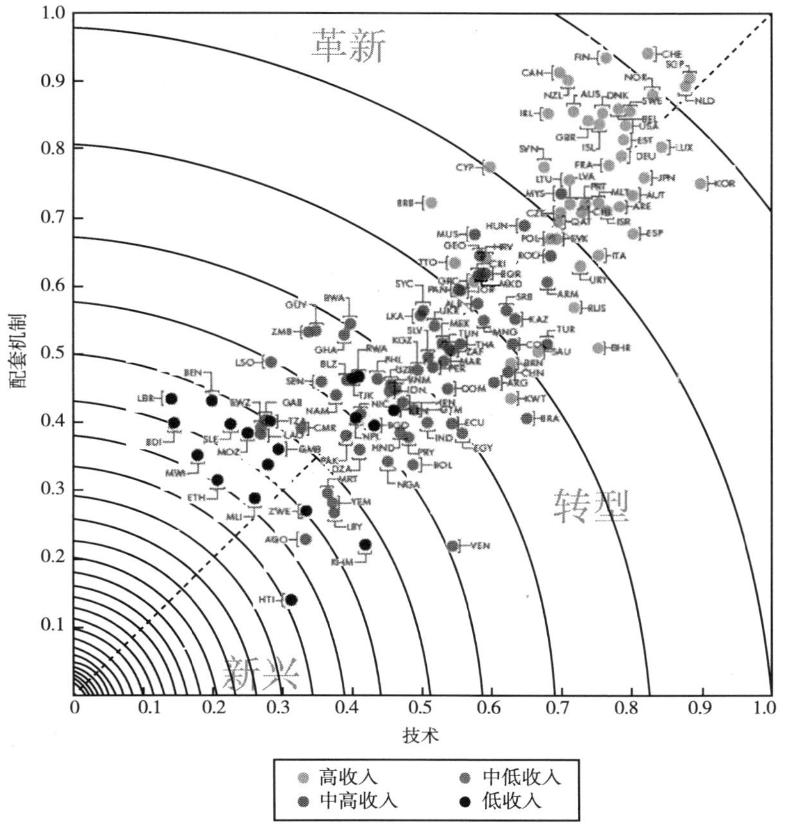

图5-3 全球范围内不同收入国家互联网的配套机制和技术水平

（三）互联网（经济）发展的区域差异

世界上已形成了以美国进步政策研究所、美国缪肯研究所和美国企业发展公司为代表的三种新经济的测度方法（杨开忠，2003）。有学者研究表明，互联网站的数量与城市地区的发展紧密相关 Huberman 和 Adamic（1999）[①]。卢鹤立（2005）运用指数定律分析了中国互联网的域名地区分布、地区人均国内生产总值分布和地区人口分布，得出的结论是：中国互联网分布与区域经济发展基本一致，与一个地区的人均地区生产总值紧密相关；并认为，随着信息化社会逐步走向成熟，互联网的发展最终会像人口数量分布一样趋于稳定[②]。刘文新、张平宇（2003）从网络普及率、网络信息资源丰度及互联网商业应用三个角度初步探讨了中国互联网发展存在的区域差异，并设计了互联网发展指数，他们发现东部地区的发展水平明显高于中部和西部地区，但与传统意义上的经济发展梯度不同的是，西部地区的互联网发展水平稍高于中部地区；将31个省级行政区分为6种类型，进一步研究发现，区域人口素质水平、区域信息和知识生产能力对我国互联网发展区域差异的解释能力最强，区域对外开放程度和区域城市化水平的影响也较显著[③]。

杨开忠（2003）采用了美国进步政策研究所的新经济测度方法研究了全国31个省区市新经济排名[④]。该表结合我国实际，采用了中国新经济指标体系，这个指标体系由5类15个指标组成：第1类是知识工作，它包括办公室工作、专业技术工作和基于较高教育水平的人口；第2类是向数字经济的转型，包括网民占本地人口比重、WWW 域名注册数量占全国比重、信息网络建设指数、信息技术应用指数；第3类是创新能力，包括高科技工作岗位比例、科学家与工程师的比重、已公布的专利数量；第4类是全球化，包括进出口贸易占 GDP 的比重和外国直接投资（FDI）企业就业者占当地从业人员的比重；第5类是经济动态和竞争，包括新生、倒闭企业数占企业总数的比重、公司通过股市筹资数量占 GDP 的比重、产业研发投资指标等。结果发现，各省区市新经

① Huberman, B. A., Adamic, L. A. Growth dynamics of the World - Wide Web [J]. Nature, 1999, 40 (1): 450 - 457.

② 卢鹤立，刘桂芳．中国互联网与区域经济［J］．人文地理，2005，05：101 - 104.

③ 刘文新，张平宇．中国互联网发展的区域差异分析［J］．地理科学，2003，04：398 - 407.

④ 杨开忠．三十一省市区新经济排序如何，经济日报，2003 - 06 - 13

济属性之间有相似性聚集的特征，即新经济发达省区市与发达省区市连成一片，而欠发达省区市与欠发达省区市连成一片，新经济发达地区与落后地区之间的过渡总体上属于渐变式而非跳跃式。具体而言，初步形成了“两极三区一省”的格局。“两极”指的是北京、上海，“三区”是以北京为中心的大首都圈、以上海为中心的上海圈和以大珠三角洲为中心的粤港澳地区，“一省”是地处西部的陕西省。除了紧邻港澳的广东和紧邻北京的天津分值较高以外，同属上海经济圈的浙江、福建和纳入大首都圈内的河北得分均较低。“两极三区”的格局说明新经济的集聚性依然十分明显，但“三区”内存在的地区悬殊又表明新经济的集聚有着自己独特的规律，它并不是现有区域集聚的简单延续或者减弱。这表明，传统经济的集聚是一种单个企业扩大规模、延伸产业链条的集聚，依靠的是自然资源或廉价的劳动力。而在新经济中，由于以知识为基础的创新需要面对面的交流，因此集聚将趋向于大都市。此后，汪明峰、孙中伟、刘卫东、甄锋等人的研究也多有类似以的观点。

（四）地方尺度的新经济发展空间格局研究

地方尺度的新经济发展空间格局研究也是学术界的重点，国内学者分别对上海、广州、西安等不同城市进行了研究。

吕拉昌、魏也华（2004）认为①，综合考虑了全球化和新经济因素、体制因素、城市规划因素、政策因素后，对广州的研究发现，在新经济推动下，建立有效的知识通道将成为我国特大城市空间组织的一个重要原则，在新经济和全球化的共同作用下，城市空间由单中心模式向飞地发展模式迈进，城市空间呈现出更强烈的二元性，不仅是城市形态、经济生活、城市景观，甚至人们的生活方式都有很大不同，与原有的旧城市存在某种“隔离”。王慧等（2006）以西安为案例②，研究了高新技术密集制造业、新技术密集公共服务业、生产者商务服务业为表征的新经济在城市发展中的空间特征，发现：“新经济”增长与发展格局受“路径依赖”及“新区位创生”双重效应影响，“地理靠近”依然是“新经济”活动获取有利区位条件的主要策略。陈果、顾朝林（2000）

---

① 吕拉昌，王建军，魏也华. 全球化与新经济背景下的广州市空间结构［J］. 地理学报，2006，08：798－808.

② 王慧，田萍萍，刘红. 西安城市“新经济”发展的空间特征及其机制［J］. 地理研究，2006，03：539－550.

从人群、建筑群及互动网络三个方面分析了网络时代城市空间组成要素的特点，认为由于网络出入口在空间上的非均匀分布，网络空间的存在仍依赖于特定的场所地点，而不能完全脱离现实空间。

甄峰（2002）认为，信息技术的进步及其应用使得地理学处于不断的变化之中，对信息技术作用下的空间问题研究正成为新的热点[①]，由于研究的空间及其构成要素发生了很大变化，信息时代的空间结构研究在方法与内容上都有着很大的不同，重点有6个方面：①赛伯空间：新的空间逻辑；②区位研究：尤其是生产性服务业研究；③空间的分散与集中、均衡与非均衡发展；④创新网络与区域空间结构；⑤信息发展模式的空间结果；⑥新空间极化现象。

李贵才等（2016）认为，面向创新的产业空间布局规划也面临转型[②]，通过对深圳的微观层面案例研究发现，其创新型产业的空间布局经历了“产业园区—产业带—功能网络”由点及面的演化，空间要素配置逐步从刚性、弹性规划转向韧性规划。通过固化刚性要素为产业发展搭建稳定的空间骨架，同时增加弹性要素为产业发展提供多样化的空间选择，有效提升了整个创新系统的韧性。

国外对新经济等创新空间格局的研究、政策更加重视，如欧盟非常重视创新空间的塑造，在欧盟2020年战略[③]中，专门设置了创新的章节，欧盟将创新指数划分为五大类：即创新驱动力（innovation drivers）、知识创造力（knowledge creation）、企业创新力（innovation & entrepreneurship）、创新绩效（applications）和知识产权（intellectual property）。依此形成综合创新指数将27国划分为几种类型：原始创新地区、应用科学地区、智慧和创意地区、欧洲科学基础地区、智慧技术应用地区。我国尚须结合本轮新经济浪潮，加强有关研究。

二、我国蓬勃发展的新经济

2016年中国以互联网为代表的新经济蓬勃发展，并呈现出前所未有的复

① 甄峰，顾朝林．信息时代空间结构研究新进展［J］．地理研究，2002，02：257－266．

② 张惠璇，刘青，李贵才．“刚性·弹性·韧性”——深圳市创新型产业的空间规划演进阶段与技术提炼［J］．国际城市规划，2016，08

③ 欧盟委员会．欧盟2020年战略——为实现灵巧增长、可持续增长和包容性增长的战略．2010－3．

杂性：传统的电子商务面临转型压力，共享经济快速发展后出现分化，以“内容”为核心的精神文化业态快速成长，智能制造等“互联网+制造业”深入发展，双创大潮不断向纵深推进，互联网基础设施投入加大，依托互联网的农村电商、民宿旅游等成为发展较快。如何在纷繁复杂的现象中辨清新经济的空间演进规律，进而完善区域政策响应机制，对于更好地引导这些新经济形态健康发展至关重要。

（一）电子商务增速放缓，但通过变革避免失速，仍在推动地区发展中扮演重要角色

作为互联网推动地区发展的传统力量，电子商务在经历了前几年的高歌猛进之后，销售额增速有所放缓，2016 年前三季度比 2015 年同期下降 14.2 个百分点，但仍保持在 22.3% 的高位，比同期社会消费品零售总额增速高 11.9 个百分点。这得益于电商行业的新变革，避免传统电商过快失速的同时，也为电商优势地区和电商后发地区带来不同程度的新潜力和新机会。

从网店到“场景”，商业模式的升级，让电商传统优势地区得到新发展。用户从 PC 端转向移动端的趋势，让消费不再是一个独立的行为，而是深度融入人们的阅读、交往、休闲等日常。用场景圈住流量、用情感和价值认同使流量升华，以“场景”为切入的网红经济、社群经济在 2016 年得到爆炸式发展，知乎、豆瓣等社群发展提速，Papi 酱、罗胖、吴晓波、张大奕等各类网红备受资本追捧，IP 的价值得到市场重视，他们从 IP 出发，向上下游延伸出卖货、培训、投资等。从目前掌握的情况看，这些主要出现在知识、资本密集的一线城市，广大中小城市尚不具备足够的条件。

跨境电子商务的探索，同样释放了电商传统优势地区的新潜力。电商最早起步的杭州，近年来把跨境电子商务作为主攻方向，成为国家跨境电子商务试点城市，探索出金融、物流、信用、监管等“六大体系、两大平台”等制度创新，2016 年 1～11 个月跨境电商出口 354.5 亿元人民币，增长 1.9 倍，占杭州全市出口总额的 12.7%，不仅稳定了电子商务发展，还直接和间接带动就业超过 10 万人。在中央政府的推动下，杭州经验在其他电商基础好的城市得到迅速推广，试点扩大到广州、深圳、天津等 12 个城市。2016 年全国跨境电子商务交易额达 6.3 万亿元，增长 23.5%，占进出口总额的 25.9%。

线上线下融合（O2O）的“新零售”，让那些电商起步晚、以线下为主的

地区也得到了新机会。电商巨头纷纷与实体店携手，如阿里入股银泰、苏宁、三江购物，京东入股永辉，线上线下资源全方位叠加，孕育出了新的经济形态——“新零售”，它以实体企业为主导，通过互联网技术手段的数据分析整合，有效对接供需两端，提升生产、仓储、物流等全产业链效率。新零售激活了以线下为主的传统商业城市的活力，例如，受电商冲击较大的万达，2016年开始对传统商业综合体实施数字化改造战略，加强大数据运用，在许多城市都止住了颓势。

（二）共享经济率先在一线城市孕育，目前正逐步向二三线城市扩散，成为这些城市发展的新动力源

共享经济瞄准传统经济“痛点”，通过商业模式创新，打破既有产业链价值链，释放闲置资源，形成新供给、新需求，成为新的经济增长点，自2014年以来得到迅猛发展。从区域上看，无论家政服务、美食团购、交通出行，还是房屋短租、金融理财领域，共享经济都最早孕育在技术和商业模式创新活跃、融资便捷的北、上、深、杭等（准）一线城市。

2016年共享经济从一线向二线、三线城市扩散的趋势比较明显。滴滴出行从北上广深等起步，现已覆盖到全国400个城市。木鸟短租抓住大众旅游的风口，将房屋共享从重点城市拓展到覆盖全国396个城市。家政服务平台阿姨帮，2012～2014年仅围绕京穗深沪蓉5个城市，而在2015年以后一口气上线了南京、青岛等8个城市。摩拜单车更是2016年的一个现象级企业，从京沪两个城市，迅速扩大到广州、深圳、成都、宁波等9个城市，在完成D轮2.15亿美元后，摩拜估值已超过10亿美元，成为共享单车领域的独角兽企业。提供上门美甲服务的河狸家在2015年8月前仅在北上广深杭发展，而此后进一步拓展到南京、武汉、重庆、天津、成都等二线城市。

可见，O2O共享经济企业大多走过了这样“规模扩张和区域扩张”相结合的共同轨迹：在北京、上海起家，经过两三年的发展，扩展到深圳、广州、杭州等（准）一线城市，在引起资本市场关注并获得大规模融资后，拓展到重庆、成都、天津、武汉、南京、厦门、宁波等二线城市，再往后是在其他城市乃至全国铺开。

（三）用户从实物消费进化到时间、效率及精神的消费，“内容”的兴起强化了互联网经济的“中心性”

相比于2015年生活服务类平台滴滴、美大、同程等的快速发展，2016年用户从对实物的消费进化到对时间、效率以及精神的消费，2016年也被称为付费元年，“为好的内容付费”也得到了用户响应。新闻分发平台“今日头条”无疑是年度最成功的企业，用户过6亿人，估值过120亿美元，被捧为挑战BAT的新势力。知乎、豆瓣、猪八戒、猿辅导等知识分享平台，在各自领域发展步伐明显提速，知乎live、在行、分答等知识销售变现模式横空出世，分答上线43天即实现授权用户过1000万，估值过1亿元。网络直播平台无比火爆，斗鱼、花椒、视吧、丫丫、触手、映客等一批估值超过或接近百亿的企业，优酷土豆、爱奇艺等视频分享平台前三季度增速超过30%，以腾讯视频为代表制作的一批网剧、网综红遍大江南北，A站（Acfun）和B站（Bilibili）等亚文化视频平台日渐活跃，B站日活跃用户和播放量超过1亿，一批广播（音频）内容平台进一步扩大，喜马拉雅FM拥有2.5亿用户量、400万有声主播。

内容产业与此前一轮基于实物的电子商务空间规律有很大不同，电子商务依赖于高度发达的物流系统，因此那些交通便捷、人口稠密、经济发达的长三角、珠三角地区率先得到了发展。而内容产业不再遵循既有网络零售平台“制造业指向”或“商业指向”的地理分布，而是与一个地区知识积累量和多元性密切相关。内容产业可以分为泛知识类、泛娱乐类两种，两者的空间表现又有所不同。

在泛知识类内容产业上，北京具有无可比拟的优势。泛知识类内容产业主要是提供专业知识服务的平台，代表性企业如今日头条、知乎、豆瓣、猿辅导等，供需双方均具有一定学历层次，知识在企业创立和壮大中发挥了决定性作用，知乎live、在行、分答以及快速成长的“今日头条”等都诞生在北京。尽管通常认为，沪、深的居民教育水平、创新环境等与北京同属第一方阵，但在“985”大学、国家级科研院所、国家级文化团体、新闻出版机构等数量上远低于作为首都的北京，导致在泛知识类内容产业上的较大差距。

深圳、上海、广州在部分泛知识类内容产业上形成一定特色。深圳在讲求精神、情怀、格调的泛知识类行业与北京存在较大差距，但在商业化、资本化、营利性强的行业则差距不大，互联网装修服务平台土巴兔每天有300万人检索装修、家具、建材相关的信息。上海推动传统官方媒体与新媒体融合发展取得一定成效，培育出了澎湃、界面等具有全国影响力的新闻新媒体，到2016年12月澎湃新闻客户端下载量已超过6000万，估值达34亿元。此外，上海还以其独特的开放特质，引领着二次元文化，涌现出了哔哩哔哩（Bilibili）等代表性企业，日活跃用户和日播放量都超过1亿。广州正在释放微信总部的带动效应，依托微信周边软硬件生态，一批泛知识类内容产业发酵成长，在琶洲逐渐形成了互联网集聚区。

中西部武汉、成都、重庆等在个别泛娱乐类内容产业上也有突破。如武汉的直播、成都的游戏、长沙的视频等，政府在其中扮演了重要角色，通过对创新载体的支持，对龙头企业的倾斜，形成了代表性企业或者产业集群。总部位于武汉的斗鱼TV，2016年月活跃用户1.5亿，累计融资超过20亿元。成都的手游产业已列全国前4，2015年销售收入82.4亿元，增长35.97%，占全国的16%，涌现出尼比鲁、数字天空、梦工厂等知名企业。重庆起家的生产服务咨询平台猪八戒网，2016年营业收入从1.49亿元增至超10亿元，团队规模从500人增至4700人，在23个省建设了线下园区。此外，长沙依托湖南卫视等优质视频资源，衍生出了金鹰网、芒果TV、湖南IPTV等一批知名的视频网站。

较早开启工业化进程的老工业城市在“内容”供给侧的参与程度较高。内容的崛起，除了平台公司所在城市的发展外，带动的就业则分布广泛，弥补了一些地区的人力资本与产业结构的缝隙。老工业城市由于在20世纪八九十年代教育质量高，在知识、才艺、技能等方面具有优势，几乎每家平台排名前20的主播有一半为东北籍，YY live知名主播中有超过2/3来自东北，“闲置”的才华在互联网平台得以展示并且获得不菲收入。而在华中、西南地区，文化的多元性和娱乐精神，也促进了在选秀、真人秀等泛娱乐类内容行业上的广泛参与。

（四）互联网平台与传统制造优势相嫁接的智能制造等，为新、老工业基地转型都提供了现实路径

当前，互联网+制造业日益深化，从原来仅仅利用信息系统优化生产组织，转向依靠云平台和工业大数据，将设计、制造、营销、服务与消费者需求

无缝对接，“生产”正在超越了企业的边界，越来越呈现开放的“平台化”趋势，使实体经济得到全方位提升。从传统制造迈向智能制造的过程，主要有两种模式：

一种是基于企业内部的转型，以行业领军大中企业为主，他们有实力进行较大投入，也容易争取政策支持，多发生在装备制造基础雄厚的老工业基地城市，成为难得的亮点。沈阳大力推动装备制造与互联网的深度融合，对100户规模以上企业开展智能改造，沈阳机床i5智能机床2016年销量1.8万台，实现了从传统制造商向工业服务商的转型，融资租赁、智能工厂、经营性租赁等也得到快速发展。哈尔滨依托军民融合优势，通过打造科技创新城、中国云谷等平台，培育出了航天海鹰3D打印、哈工大机器人等智能制造企业。青岛早在传统动能尚未减弱时，就瞄准互联网机遇，加速传统大型企业的互联网化改造，新老动能转换成效显著。通过大数据与传统制造业的结合，重新构建研发、客服、生产、供应链和物流体系，使一批传统行业的企业重新焕发了活力，涌现出了海尔互联工厂、红领制衣C2M模式等成功经验。

另一种是基于企业外部的转型，以集聚在一起的中小企业为主，通过第三方进行互联网化升级，多发生在粤浙苏等先发地区，促进了这些“世界工厂”的转型。广东佛山把“互联网＋智能制造”摆在政府工作首位，引进华中数控、广东工大等到佛建立研究院，其中，广东工大研究院已培育60多个高端创业团队，孵化了50多家企业，服务地方企业超1000家，有效推动了企业和产业转型。江苏无锡通过培育一批智能制造系统解决方案的专业机构，来为广大企业提供装备改造、设备采购、融资租赁、技术支持、人才培训等服务，还依托引进的院所打造了一批技术研发平台和公共服务平台，带动了制造业的智能化升级。浙江省则采用特色小镇模式在“块状经济”上植入互联网基因，通过平台、产品、技术、管理等创新，加速县域经济转型。

（五）依托互联网的大众创业、万众创新，对先发地区的促进作用更为明显

2016年，在国家多项政策鼓励支持下，双创前所未有活跃，平均每天新增各类市场主体4.5万户，互联网是双创的热点领域和重要工具，9成创业者选择了互联网相关领域。那些互联网发展基础较好的地区如北京、广东、浙江、上海等，依托互联网优势加速知识扩散、集成技术市场、整合金融资源，

处于双创的第一梯队。

互联网巨头通过打造创新平台、导入创业要素、投资创业项目等方式，为创业者提供各种支持，在促进双创中扮演着重要角色。腾讯推出了“双百计划”，3 年内投入价值 100 亿元资源，扶持 100 家创业企业市值过亿，腾讯众创空间已落地全国 19 个城市。百度开发者创业中心在北京、天津、成都、厦门、苏州建立了实体中心，入驻团队超过 100 个，已有 20 余个孵化项目累积获得 1.5 亿元的投资。阿里在杭州打造了云栖小镇，不到 4 平方公里的土地上，集聚了 433 家企业，2016 年前 8 个月财政总收入 2.45 亿元，同比增长 108.18%。这些企业通过创业培训、技术服务、天使投资、资源整合等培育创新创业生态，促进小微创业团队成长，取得积极效果。国有科技型企业也有所尝试，中国航天科工集团公司按照“航天创客创意种子培育期、创新产品孵化期和创业产业加速期”三个阶段，培育了“航天创客”团队 2000 余个。

一些城市的高新区在推动互联网为基础的创业创新中发挥了重要作用，涌现出一批创业街区、创业咖啡。如北京中关村创业大街集聚了 3W 咖啡、IC 咖啡、创业家、车库咖啡、天使汇等众创空间，深圳南山智园集聚了柴火空间、清华 i－space、深圳微纳研究院等众创空间，成都高新区集聚了天府软件园创业场、十分咖啡、蓉创茶馆等众创空间。

基于互联网的本土专业众创空间和服务平台的出现，加速创新要素从北京、深圳等一线城市依托其网络外溢，超越了空间距离，迅速提升了二线甚至三线城市的创新生态。以联合办公为切入的优客工场，2015 年 4 月成立以来，在全球布局 18 个城市 66 个场地，拥有超过 3 万个工位，形成了一整套独创的社群生态运营逻辑。虚拟的创业服务平台也得到长足发展，如以科技、创业资讯起家的的 36 氪，已衍生出以线上为重点的股权众筹、投融资顾问、36 氪研究院、氪空间等服务，地处中小城市的创业者也能够分享创新创业的知识信息服务。

三四线城市的众创空间发展模式单一、定位模糊、服务不足等问题开始显现。政策利好让众创空间热潮从一二线城市快速蔓延至三四线城市，根据科技部火炬中心的统计，全国众创空间数量从 2015 年年初的 70 家迅速增加到 2015 年年底的 2300 家。然而 2016 年发生重大变化，不仅三四线城市众创空间入住率不高，“创业者不够用”，就连深圳也出现了“地库”“孔雀机构”等倒闭。如果仅靠租金和物业收入获利，甚至是举着众创空间的旗帜，只为获取国家政策补贴，却无法提供创业者需要的服务，那么未来还将会有更多的众创空间面临倒闭。

（六）物流仓储、大数据等新老互联网基础设施建设，让大城市周边中小城市、中西部中心城市得到了更多机会

互联网经济不等同于虚拟经济，它需要有强大的基础设施支撑，由此带来巨大的投资需求。在一些地区，移动互联网、数据中心、骨干网、量子通信、物流网络等与互联网经济相关的基础设施建设明显拉动了当地投资。

大城市周边中小城市因其成本低、市场大优势，得到了“菜鸟网络”“京东仓库”物流仓储设施投资的青睐。例如，地处广深之间的东莞麻涌，2015年以来先后引进阿里、京东、DHL 等电商项目 15 个，导入配套企业 500 家，总投资超 500 亿元，促进了“世界工厂”的转型。预计“十三五”期间，中小城市甚至农村地区“最后一公里”、社区配送体系、冷链物流等物流设施投资仍有巨大潜力。

面向 DT 时代的大数据、云计算等新型基础设施在中西部中心城市得到较快发展，有力推动了当地经济。贵阳早在 2013 年就提出发挥气候凉爽、能源成本低的优势发展大数据产业，成为科技部批复的大数据试验区，吸引三大运营商、BAT 及微软、惠普、IBM、甲骨文等企业在贵阳建设数据中心，目前成效已现，2016 年大数据及其关联企业达到 4000 户，产值 1300 亿元，GDP 增长 14.0%，已连续 4 年增速居全国省会城市之首。在重庆两江新区，落户的数据中心项目总投资达 304.7 亿元，2016 年前三季度互联网和相关服务业投资猛增 15 倍，规上互联网技术服务业营业收入增长 76%，这也促进了重庆经济增速（10.7%）领跑全国（6.7%）。

（七）农村电商、互联网旅游改变了农村信息闭塞、城乡信息不对称局面，弥补了偏远农村地区的区位劣势，创造了后发赶超机遇

在政府的引导、电商平台的推动下，近年来农村电商发展迅速，促进了信息下乡和农产品进城，改变了长期以来我国偏远农村由于交通不畅、信息匮乏而缺少发展机会的状况，补上了农村发展短板。根据商务部的统计，2016 年，全国农村网络零售额 8945.4 亿元，约占全国网络零售额的 17.4%，其中东部

地区占63.3%。

尽管农村电商具有一定的遍在性，但在空间指向和动力机制上存在显著的区域差异。东部地区多以生产指向、交通指向为主，市场力量驱动占主导。例如，浙江义乌的青岩刘村依托靠近小商品生产地区位优势，以及农村房租低的成本优势，年销售额过45亿元，日均10万单。浙江遂昌则自下而上发展了遂昌网商协会、赶街网等独特组织，实现“农产品进城”和“消费品下乡”，阿里等市场力量介入进一步促进了遂昌模式的发展。而西部地区则以资源指向为主，政府引导作用占主导。例如，地处秦巴山区的甘肃陇南，盛产茶叶、木耳、花椒、核桃、土蜂蜜等农产品，依托资源优势市里把农特产品电子商务作为发展重点，成为全国首个电商扶贫试点市，政府搭台上线了淘宝网—陇南馆，市县组织干部到阿里、京东等学习培训。到2016年年底，陇南市网店超万家，累计销售额46亿元，15万贫困群众从中受益。

大城市周边、景区周边的欠发达农村地区，通过互联网开展众筹、营销推广，吸引游客的同时，也吸引资本下乡进村参与村庄改造、民宿建设，促进了旅游业的发展。浙江桐庐距杭州市区80公里，通过“桐庐旅游官方微信”等网络渠道推广旅游，把乡村生态优势和毗邻大城市区位优势相结合，乡村旅游发展迅速，2016年全社会接待游客人次、旅游业总收入分别增长14.8%、14.4%，其中乡村休闲游接待人次、乡村旅游收入分别增长22.0%、27.5%。互联网不仅促进了市场推广，还将乡村特色资源与城市投资者对接，促进了资源配置。城市投资者不仅带来资金，更重要的是植入了设计、服务、运营等新理念，变农家乐为高档民宿，提升了乡村旅游的附加值。在大理、乌镇、阳朔等一些知名景区，政府借助互联网技术打造智慧景区、提升景区管理服务水平，村民借助马蜂窝互联网平台开展农家乐、民宿、漂流、地陪等增加了收入，众多互联网旅游企业也以多种形式深入参与景区周边乡村旅游开发。

三、我国新经济的空间表现

蓬勃发展的新经济在我国区域格局上的表现究竟如何，是否存在一些科学规律，有必要进一步研究。互联网新经济涵盖的领域非常多，在数据比较有限的情况下，如何进行科学的衡量？我们按照产业生命周期来看，从萌芽、发展中期、引领性未来的情况等，选择几个代表性的行业，来看其在我国宏观区域上的变化。

根据不同行业在互联网时代下的成长进程，综合考虑，选择了电子商务、众创空间、天使投资、风险投资、大数据等5个行业（见图5－4）。一个区域这五个行业的发展状况，基本能涵盖其互联网新经济的发展进程。

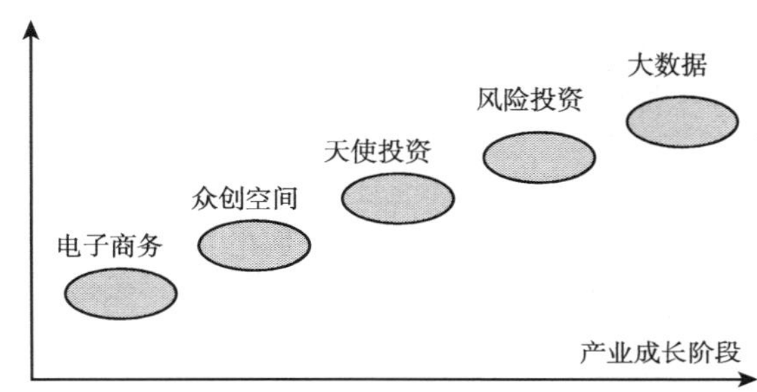

图5－4　基于产业成长阶段的新经济代表性行业

电子商务：表示新经济中的传统力量，零售是最早被互联网化的行业，电子商务在广东、浙江、上海、江苏、北京等一些发达地区得到较早起步，涌现出了阿里巴巴、京东、苏宁等代表性企业，从某种程度上说，电子商务发展的水平能够代表一个地区及一个阶段互联网经济发展的情况。

众创空间：根据互联网及其应用深入发展、知识社会创新2.0环境下的创新创业特点和需求，通过市场化机制、专业化服务和资本化途径构建的低成本、便利化、全要素、开放式的新型创业服务平台的统称。在国外，Fab Lab、Hackspace、TechShop、Makerspace等对科技创新产生了深刻的影响，随着这些理念传入中国，出现了北京创客空间、上海新车间、深圳柴火空间、杭州洋葱胶囊等。众创空间孕育着一些创新型企业，许多知名企业都是源自于众创空间的孵化，因此，众创空间代表了互联网经济中正在发生的活动。

天使投资：是指个人出资协助具有专门技术或独特概念的原创项目或小型初创企业下，由于天使投资只支持初创期的企业，其商业概念具有良好前景，但并没有开始盈利，所以天使投资可以表示市场上创新的活跃程度，某种程度上可以代表新经济未来发展的态势。

风险投资：风险投资是把资本投向蕴藏着失败风险的高新技术及其产品的研究开发领域，旨在促使高新技术成果尽快商品化、产业化，以取得高资本收益的一种投资过程。风险投资不需要抵押，也不需要偿还。代表新经济中已经取得较大进展的行业和领域。

大数据等：大数据作为互联网时代的一种“资源”，也是一种新的基础设施，大数据等产业的布局对该地区未来的新经济发展具有一定的影响，当前我国许多地区都在积极布局大数据产业，可以把大数据等产业发展状况作为表征未来新经济发展状况的先导指标。

（一）电子商务的区域表现

2015 年，广东、浙江、北京、上海、江苏等 5 个省市电子商务发展指数高于 40，具有明显优势，是我国电子商务发展的先导省市；吉林、宁夏、内蒙古、新疆、青海、甘肃等 6 个省区电子商务发展指数在 10 以下，存在很大的提升空间，是我国电子商务发展的潜力省区；其余 20 个省区市电子商务发展指数处于 10 ~ 30 之间，是我国电子商务发展的中坚省区市，表现出我国电商发展的主流态势（见图 5 – 5）。

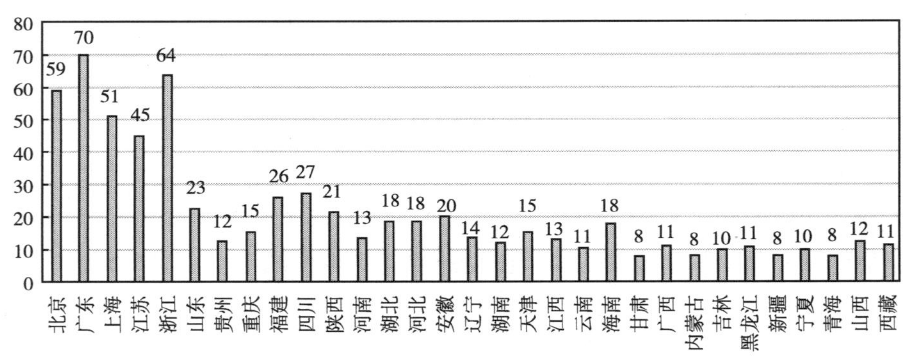

图 5 – 5 2015 年我国各省电子商务发展指数

资料来源：笔者根据阿里研究院数据自绘。

排名前五位的省份电商起步较早，应用不断深化，特色和优势明显。如广东和浙江的 B2B 交易、网络零售、跨境电商和农村电商发展较快；江苏的发展优势集中表现在通过示范城市、示范县、示范基地和示范企业的创建，大力推动本土企业电商化；北京和上海推动电子商务与经济社会各领域加速融合，引领电子商务模式创新。

第一层次：广东、浙江、北京、江苏、上海；

第二层次：山东、福建、安徽、湖北、山西、四川；

第三层次：河北、重庆、海南；

第四层次：辽宁、山西、河南、江西、湖南、贵州；

第五层次：其他。

而从成长性上看，贵州、上海、陕西发展潜力大。2015 年贵州网络零售额增速达到 80%，位居全国第一；上海自贸区有 6 家大宗商品国际交易中心上线运营，线上线下深度融合，垂直电商平台加速发展，本地电商企业间的兼并、收购、投资合作活跃；陕西的电商创业群体快速壮大，电商的本地化品牌孵化作用日益显现，园区集聚发展效果显著。

阿里研究院最早提出“淘宝村”这一概念，特指那些“活跃网店数量达到当地家庭户数 10% 以上、电子商务年交易额达到 1000 万元以上的村庄”，淘宝村反映了农村电子商务发展的情况，根据 2016 年 10 月阿里研究院和阿里新乡村研究中心共同发布的《中国淘宝村研究报告（2016）》，截至 2016 年 8 月底，在全国共有淘宝村 1311 个，广泛分布在 18 个省区市。其中，浙江、广东和江苏的淘宝村数量位居全国前三位（见图 5 –6）。

根据淘宝村的分布情况，可以将全国各省区市分为以下五个层次：

第一层次：广东、浙江、江苏；

第二层次：山东、河北；

第三层次：福建、河南；

第四层次：安徽、江西、湖北、湖南、四川、云南、宁夏、辽宁、吉林；

第五层次：其他。

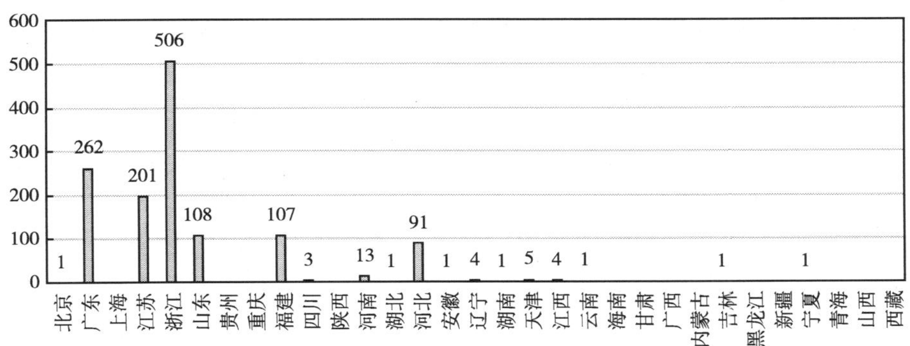

图 5 –6　我国淘宝村的分布（2016 年）

资料来源：笔者根据阿里研究院数据自绘。

（二）众创空间的区域表现

2015 年 3 月，国务院办公厅印发《关于发展众创空间推进大众创新创业的指导意见》（国办发〔2015〕9 号），6 月，国务院出台了《关于大力推进大众创业万众创新若干政策措施的意见》（国发〔2015〕32 号），掀起了“大众创业、万众创新”的浪潮。自 2015 年 11 月开始，科技部陆续出台了三批共 1337 个众创空间纳入国家级科技企业孵化器的管理服务体系（见图 5－7）。根据各省区市众创空间的发展状况，可以划分为以下五个层次：

第一层次：广东、山东、北京；

第二层次：浙江、江苏、河北；

第三层次：湖北、重庆、四川、陕西、内蒙古、辽宁；

第四层次：新疆、甘肃、山西、河南、安徽、江西、福建、湖南、云南、贵州、广西、海南；

第五层次：西藏、青海、宁夏。

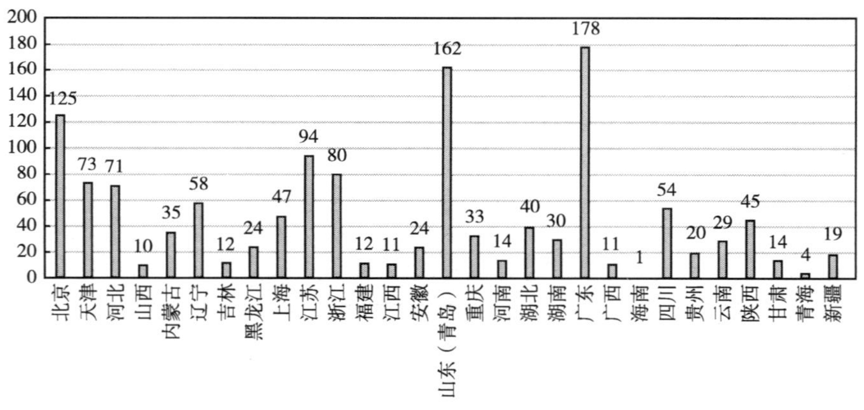

图 5－7　众创空间的区域分布（2016 年）

资料来源：笔者根据科技部火炬中心数据绘制。

值得注意的是，近两年山东的众创空间发展迅速。仅次于广东排在全国第二位。得益于政府强力推动。省政府办公厅 2015 年 8 月出台的《关于加快推进大众创新创业的实施意见》和省委省政府近期印发的《关于深化科技体制改革加快创新发展的实施意见》等政策性文件，都对众创空间的建设发展制定了一系列的扶持措施。

（三）天使投资的区域表现

赢得投资者青睐，及时获得融资支持是新经济发展的重要特征之一，一个新模式新业态，究竟是虚假繁荣还是得到市场的响应，需要通过融资情况来检验，因此融资情况能够较为真实地反映一个地区新经济成长的实际情况。

相比于众创空间的遍地开花，天使投资则显得较为集中，投资案例和金额呈现出较为一致的地理分布。广东、北京处在第一梯队，江苏浙江紧随其后。其余第三梯队的湖北、四川、陕西、福建与前面两个梯队差距明显（见图5－8）。特别是东北地区在融资领域的表现较弱，根据清科研究中心的测算，整个2015年，东北三省仅发生融资案例4项，融资700万元。

第一层次：北京、广东；

第二层次：浙江、江苏；

第三层次：四川、湖北、山西、福建；

第四层次：其他省份。

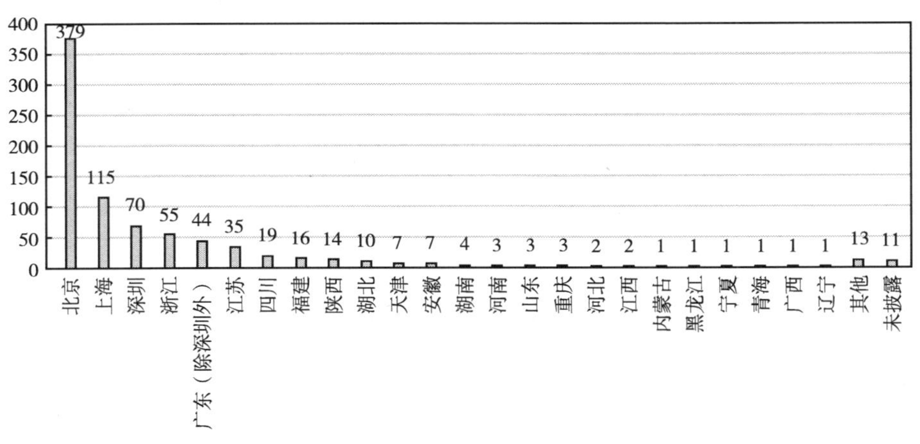

图5－8　天使投资案例的区域表现

资料来源：笔者根据公开数据自绘。

（四）风险投资的区域表现

风险投资相比与天使投资要更靠后，往往在企业表现出较好的成长性时才容易获得风险投资的支持。因此风险投资能更好体现地方新经济企业成长中后期的状况。在风险投资案例方面，北京是当仁不让的中心，风险投资融资案例大约能占到了全国的1/3以上，其次是广东和上海（见图5－9）。

第一层次：北京；

第二层次：广东、上海；

第三层次：浙江、江苏；

第四层次：福建、山东、湖北、四川；

第五层次：其他。

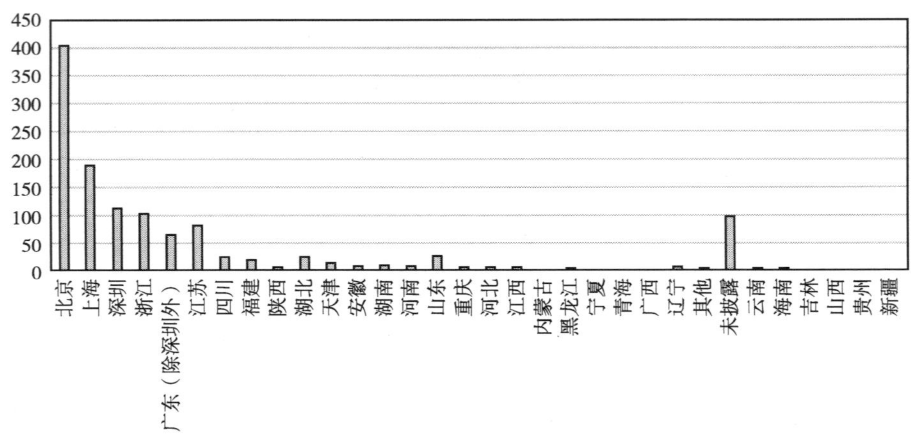

图5－9　风险投资案例的区域表现

资料来源：笔者根据公开数据自绘。

（五）大数据的区域表现

相比于电子商务、融资行为，大数据的分布更为分散，特别是在中部地区和西南地区，也有较好的表现。总体来看，北京、广东、上海、江苏、浙江位列第一梯队。西南地区的四川、重庆、贵州这三个地方异军突起，是大数据发展的第二个增长极。

第一层次：北京、广东、浙江、江苏；

第二层次：重庆、四川、山东、贵州、陕西、湖北、河南、福建；

第三层次：云南、湖南、江西、安徽、河北、辽宁；

第四层次：其他；

第五层次：西藏。

四、新经济格局的不平衡性和相关性分析

以省级行政区为单元，进一步分析新经济在各省级行政区的集聚程度，以及这种集聚与经济社会主要指标之间的相关关系。

（一）新经济的集聚及不平衡程度

为了测算新经济在以省级行政区为单元的区域上的集聚及不平衡程度，选用变异系数（coefficient of variation）对其进行测算。变异系数可以比较两组数据离散程度大小，如果两组数据的测量尺度相差太大，或者数据量纲的不同，直接使用标准差来进行比较不合适，此时就应当消除测量尺度和量纲的影响，而变异系数可以做到这一点，它是标准差与其平均数的比。CV 没有量纲，同时又按照其均数大小进行了标准化，这样就可以进行客观比较。因此，可以认为变异系数和级差、标准差和方差一样，都是反映数据离散程度的绝对值。

从测算结果来看（见表 5 - 1 和图 5 - 10），仅就这五个行业而言，其集聚和扩散规律是有所不同的。天使投资、风险投资的不平衡程度最高，而电子商务、众创空间的不平衡程度较低。表征过去一段时期互联网新经济发展基础的电子商务等指标变异系数比较低，意味着分布较为均衡，而表征新经济未来发展的指标天使投资金额、风险投资案例数等变异系数比较高，意味着分布不够均衡。而大数据由于不前尚处在基础设施建设阶段，多数省份都有相关动作，所以目前为止大数据在空间分布上比其他几个指标均衡一些。

表 5 - 1　　各行业变异系数

类型	电子商务	淘宝村	众创空间	天使投资金额	风险投资案例数	大数据
变异系数	0.81	2.52	1.05	2.76	2.23	0.32

（二）新经济与部分经济社会指标的相关性分析

进一步分析新经济空间格局的影响因素，根据一些学者的研究，一个地区的新经济发展，与整个地区的新基础设施、经济发展水平、研发能力、知识积

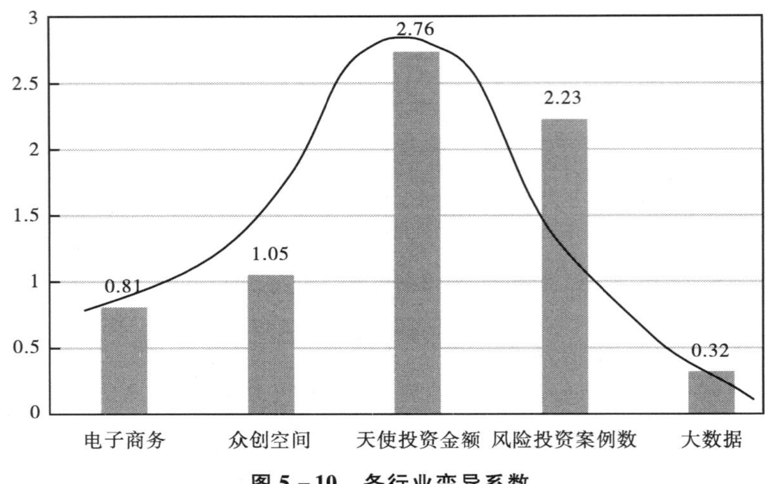

图 5-10　各行业变异系数

累量等有关。为了分析不同类型的新经济与这些因素间的相关性，本章对每个因素选择了主要指标（见图 5-11）。其中，新基础设施方面选择了互联网普及率，经济发展水平方面选择了人均 GDP，研发能力方面选择了 R&D 经费支出及支出强度，知识积累量方面选择了高校在校生比例。

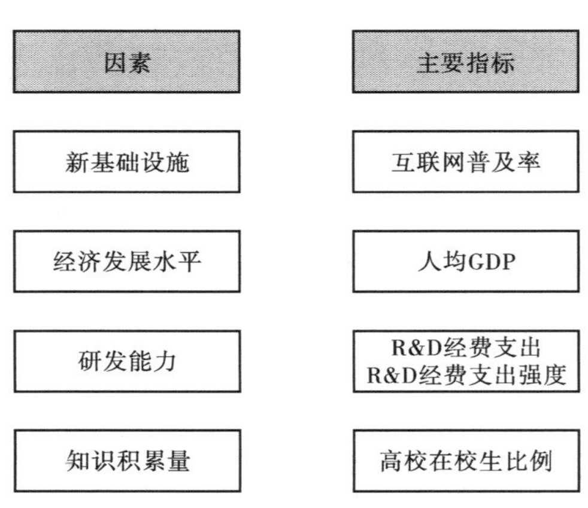

图 5-11　新经济的主要影响因素及指标选择

通过相关性分析，可以发现：(1) 受教育水平与新经济发展的相关性最低；(2) R&D 经费支出（亿元）、R&D 经费支出强度（%）与各行业的发展的区域格局更为接近；(3) 相比于经济发展水平，互联网普及率与新经济的区域格局更为接近。(4) 在这个因变量中，风险投资与各个自变量的相关关系最强，而淘宝村则与各个自变量的相关关系最不强。部分新经济行业与经济、研发等指标的相关性分析，如表5－2所示。

表5－2　部分新经济行业与经济、研发等指标的相关性分析

	人均GDP（元）	R&D经费支出（亿元）	R&D经费支出强度（%）	每十万人口高等学校平均在校学生数（人）	互联网普及率（%）
电子商务	0.674	0.847**	0.738	0.426	0.736
淘宝村	0.343	0.598	0.229	-0.037	0.414
众创空间	0.572	0.892**	0.658	0.409	0.558
天使投资	0.635	0.549	0.859**	0.694	0.663
风险投资	0.690	0.689	0.871**	0.632	0.727
大数据	0.625	0.816**	0.761	0.513	0.555

注：**相关性较强。

（三）小结

1. 我国新经济的格局初步形成

尽管新经济在我国的快速发展还不算太长，但经过几年的发展，在省级行政区层面，我国新经济格局已经已经形成。北京、浙江、广东、上海、江苏第一方阵的地位已经比较稳固。在第二方阵中山东和福建具有一定优势，但也面临四川、湖北、山西、重庆4个省市的冲击。而总体上看，边境地区、衰退地区的新经济发展水平还比较低。

第一层次：北京、广东、浙江、上海、江苏；

第二层次：山东、福建、天津；

第三层次：重庆、四川、陕西、湖北；

第四层次：辽宁、河北、河南、安徽、江西、湖南、贵州；

第五层次：吉林、黑龙江、云南、广西、海南；

第六层次：西藏、青海、新疆、甘肃、宁夏、内蒙古、山西。

2. 新经济企业区域演进的一般轨迹

我们观察到，O2O共享经济企业大多走过了这样“规模扩张和区域扩张”

相结合的共同轨迹：在北京、上海起家，经过两三年的发展，扩展到深圳、广州、杭州等（准）一线城市，在引起资本市场关注并获得大规模融资后，拓展到重庆、成都、天津、武汉、南京、厦门、宁波等二线城市，再往后是在其他城市乃至全国铺开（见图5－12）。

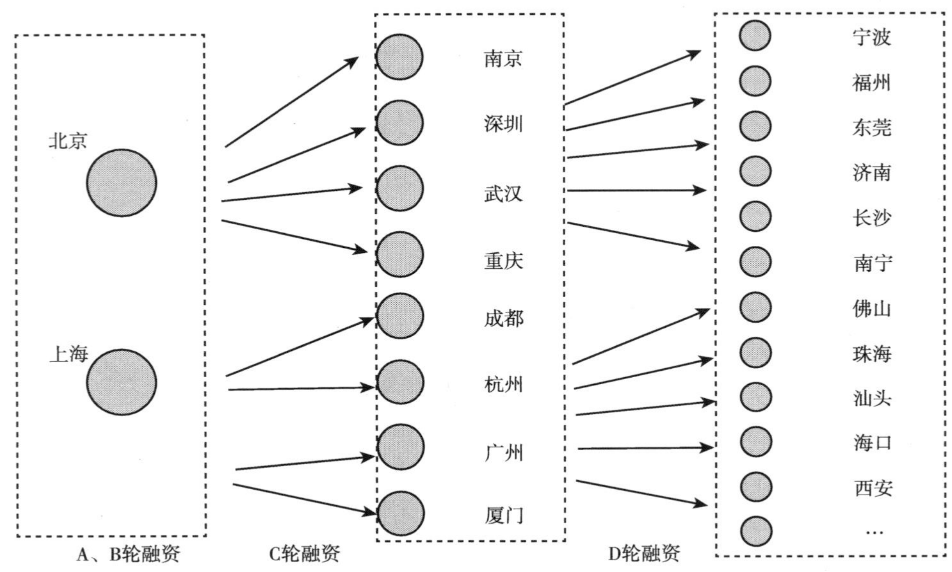

图5－12　摩拜单车的扩张路径

3. 城镇体系视角下中国新经济格局

一些城市在新经济背景下已经出现在城镇体系格局中的地位变化，这些变化将对我国未来的城市体系格局产生一定影响。主要有四个特点：一是北京的优势更加显著，由于在文化、创新等方面的优势，北京在新经济发展上比其他一线城市上海、深圳、广州有着更为突出的优势。二是杭州正在进入一线城市的行列，随着在新经济领域的快速发展，特别是以阿里巴巴为代表的大型平台型企业的孵化带动作用，杭州在新经济领域无疑比其他同类城市要先行一步，正在加快向一线城市迈进。三是西部的成都、重庆表现出较好的发展态势，不仅在手游等一些新经济行业中占据了一席之地，而且在面向未来的大数据、云计算等行业中也布局较早。四是沈阳、西安等城市在新经济格局中的城镇位势有所下降（见图5－13）。

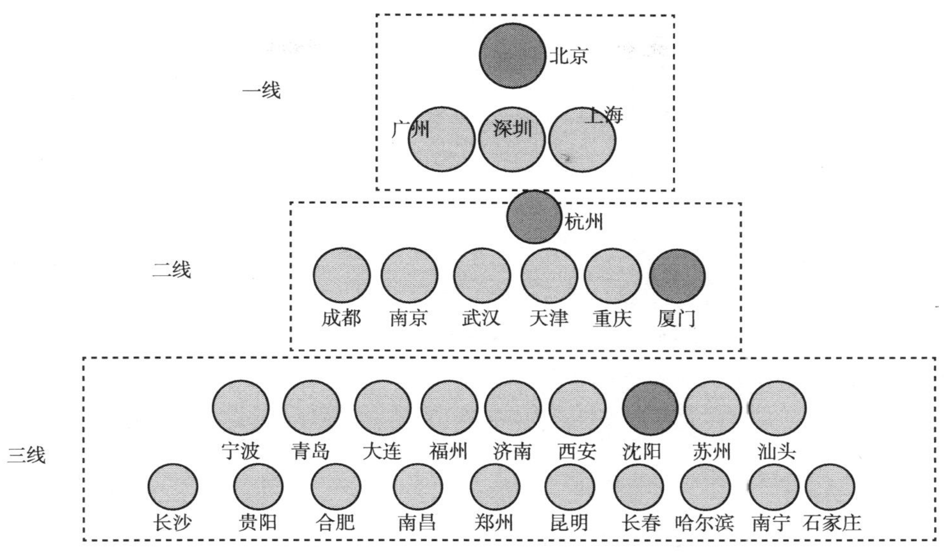

图 5－13 新经济下的我国城镇体系格局

五、促进新经济发展的区域政策建议

（一）把新经济因素纳入区域政策框架

针对当前区域政策中对新经济因素考虑不足的现象，未来应更加注重将新经济因素纳入区域政策框架。一是在地区经济形势分析中要加强对地区新经济发展状况的跟踪分析。二是区域规划中要加强围绕新经济创新生态系统和基础性创新环境建设上的支持。三是在区域规划和政策文件的制定中，要逐步从对传统的工业经济发展规律的把握，转变到更多考虑新经济的发展规律和要求。

（二）重视互联网基础设施的支撑作用

总体上看，目前发达地区的互联网基础设施已经比较完善，但欠发达地区的互联网基础设施条件还有一定差距。从过去几年我国一些地区的实践经验来看，那些提前谋划布置大数据、云计算等互联网基础设施的后发地区，取得了较好的经济增长表现，可以说，互联网为欠发达地区赶超发展提供了一次难得的机遇。因此，在政策上应重视这些经验，注重互联网等信息基础设施在支撑欠发达地区加快发展中的作用。一是加大对欠发达地区互联网设施的投入力度，部分重大互联网基础设施项目考虑在欠发达地区布局。二是加强对欠发达地区互联网基础设施在开发建设、运营管理中的人力支持和金融支持。

（三）中西部部分省份（城市）在新经济上的合作

地处中部的湖北与地处西部的四川、重庆、陕西，地理上邻近，在新经济发展中同处于我国第二方阵，适当加强合作，有助于引领中西部的增长极的塑造。一是要在长江经济带的框架下，搭建这几个省市间新经济合作的政府间机制，把新经济合作纳入政府协商会晤的主要内容。二是加强省市间新经济行业领域的横向交流对接，扩大信息交流。三是发挥科研院所和大型互联网平台企业的作用，加强人才交流和合作。

（四）注重区域金融政策在新经济发展中的作用

新经济与传统经济的一个很大区别就是，金融要素在其成长发展中的作用机制不同，新经济在扩张阶段对金融资本的依赖更为强烈，金融要素的可获得性对新经济发展的作用十分关键。因此，如果希望有一个更加均衡的经济格局，那么推动金融要素相对均衡，可能更有利于促进新经济的区域均衡。一是要支持高等级金融机构和部门在二三线城市设立分支机构；二是支持一些加强二三线城市的创业项目与金融要素的对接。

主要参考文献

[1]［美］罗伯特·D. 阿特金森，美国新经济：联邦与州［M］. 人民出版社，2000.

[2]［美］罗伯特·D. 阿特金森（Robert D. Atkinson），史蒂芬·J. 伊泽尔（Stephen J. Ezell）. 创新经济学：全球优势竞争［M］. 科学技术文献出版社，2014.

[3] “The Rise of Innovation Districts: A New Geography of Innovation in America”, Brookings Institution, June, 2014.

[4] 世界银行. 2016 年世界发展报告——数字红利［R］. www.worldbank.org.

[5] 刘树成，李实. 对美国“新经济”的考察与研究［J］. 经济研究，

2000，08：3－11＋55－79.

［6］宋玉华等．美国新经济研究［M］．人民出版社，2002.

［7］陈鑫，沈高洁，杜凤姣．基于科技创新视角的美国硅谷地区空间布局与规划管控研究［J］．上海城市规划，2015，02：21－27.

［8］卢鹤立，刘桂芳．中国互联网与区域经济［J］．人文地理，2005，05：101－104.

［9］刘保奎．迈向均衡还是加剧分化？——2016年互联网经济的区域表现［J］．中国发展观察，2017（06）：26－30.

［10］刘文新，张平宇．中国互联网发展的区域差异分析［J］．地理科学，2003，04：398－407.

［11］杨开忠．三十一省市区新经济排序如何，经济日报，2003－06－13.

［12］吕拉昌，王建军，魏也华．全球化与新经济背景下的广州市空间结构［J］．地理学报，2006，08：798－808.

［13］王慧，田萍萍，刘红．西安城市“新经济”发展的空间特征及其机制［J］．地理研究，2006，03：539－550.

［14］甄峰，顾朝林．信息时代空间结构研究新进展［J］．地理研究，2002，02：257－266.

［15］褚劲风．上海创意产业园区的空间分异研究［J］．人文地理，2009，02：23－28.

［16］张惠璇，刘青，李贵才．“刚性·弹性·韧性”——深圳市创新型产业的空间规划演进阶段与技术提炼［J］．国际城市规划，2016，08.

第六章　我国产业衰退地区的识别[①]

内容提要： 国家“十三五”规划纲要中将产业衰退地区作为重点扶持的六大特殊类型地区之一。需要对其基本内涵、识别方法、类型划分等加深研究。本章从发展活力、发展动力、资源环境指标和社会发展指标等几方面构建产业衰退地区的指标体系，采用第二产业增加值和地区 GDP 这两个关键指标，用二维象限法来划分产业衰退地区。在计算和比对两个识别方案的基础上，从产业、社会民生、城市空间三个层面探讨对产业衰退地区的政策导向。

关键词： 产业衰退地区；识别；支持政策

随着我国经济多年快速发展，有些地区的产业进入衰退期，影响到了地区经济的持续发展。国家“十三五”规划纲要中将产业衰退地区作为重点扶持的六大特殊类型地区[②]之一。产业衰退地区作为新提出的特殊类型地区，理论界和实践界对其基本内涵、识别方法、类型划分等问题还没有达成一致。不同的产业衰退地区面临的矛盾和问题也不尽相同，需要对其进行类别划分。

一、产业衰退地区的内涵和特征

（一）产业衰退地区的概念和内涵

“产业衰退”是产业从兴盛走向不景气进而走向衰败的过程，是产业经济新陈代谢的表现，是产业发展周期中的正常现象。“产业衰退地区”在国外一

---

① 作者简介：滕飞，山东日照市人，博士，国家发改委国土开发与地区经济研究所助理研究员，主要从事区域经济与空间布局研究。

② “十三五”规划纲中提出要重点扶持革命老区、民族地区、沿边地区、资源枯竭地区、产业衰退地区、生态严重退化地区等六大特殊类型地区。

般被称作“萧条地区”（depressed regions）或者萧条的“老工业区”（old industrial areas），基本上对应于我国的“老工业基地”。国外学者和政府机构对“产业衰退区”并没有严格的概念界定，多是根据传统工业区的发展历史和现状特征，对衰退产业区进行简单的现象描述①。理论界对产业衰退地区（或城市）的理解各有侧重，但都突出了以下两点：一是主导产业衰退；二是社会问题凸显。

综合理论界的研究和前面对衰退产业的界定，本章认为产业衰退地区的内涵为：由于主导产业在较长时期内衰退，经济社会问题都比较突出的地区。在内涵上应把握以下几点：一是地区经济衰退的主要原因是主导产业衰退，而不是自然灾害、战争等其他因素；二是主导产业衰退经历较长时期，而不是主导产业周期性变化引起的增速短暂放缓；三是伴随着经济减速，社会问题开始显现。

（二）产业衰退地区的主要特征

产业发展的路径依赖，形成我国产业衰退地区的地理根植性。我国许多地区因产业衰退引发经济衰退，经济衰退导致社会问题和生态问题相较其他地区更为突出。

1. 经济增长速度缓慢

产业衰退时时刻刻在不同地区发生，只有产业衰退引起经济衰退或者停滞后，才需要上级政府加大支持力度，稳定经济增长，防范经济风险和社会风险。经济增速和人均 GDP 的变化可衡量“产业衰退地区的经济发展特征”，不论处于何种经济周期范围内，产业衰退地区由于主导产业衰退，经济增速普遍较慢，基本都在全国平均水平以下，人均 GDP 的排名也逐步下滑。

2. 产业结构比较单一

这里的产业结构不是指三次产业之间的结构，而是指依托某种产业形成的结构，如底特律依托汽车、白银依托有色金属、攀枝花依托钢铁、平顶山依托

---

① 邬晓霞，魏后凯．国外援助衰退产业区政策措施评介［J］．经济学动态，2009（4）：138－142.

煤炭等。这类地区的特点是工业总产值占本地区工业总产值的比重均高于全国平均水平，第三产业发展普遍较为滞后。总体而言，产业衰退地区产业结构存在的主要问题是：单一产业及相关产业（如煤炭、煤焦油、煤化工、煤电等）所占比重畸高，产业深加工度低，是典型的重化工业型结构；煤炭采选、炼焦、火电、冶金、非金属矿物制品等重化工业在地区经济中的地位进一步强化，第三产业发展缓慢。

3. 社会发展相对滞后

与一些城市的经济高速发展、生活水平普遍提高、社会稳定、生态质量极大改善等形成鲜明对比，产业衰退地区经济发展迟滞，同时出现了生活贫困、失业增加等社会问题。国企改革伴随着出现了大量企业冗员的下岗失业，由于失业人员数量大、文化程度较低，加之地区产业结构不合理，缺乏能大量吸纳劳动力的轻工业、第三产业，城镇登记失业人数占国有单位职工人数的比重升高。庞大的下岗失业人群阻碍了城市经济的发展和居民生活水平的提高①。以辽宁省本溪市为例，本溪市仅2002年全市下岗职工人数达17万人，占当年本溪市职工总数的近1/3。

4. 生态环境问题较突出

生产设备老化、环保设施不足、环境污染严重，成为阻碍产业衰退地区经济发展的重要制约因素。以煤炭产业衰退地区为例，煤炭开采、加工和使用过程中排放了大量的二氧化硫、氮氧化合物、粉尘和PM2.5等颗粒物，全国每年工业固体废弃物排放量的85%来自矿山开采，煤矿排放的废水每年就达26亿吨，废气达1700亿立方米。全国因采空或超采地下水引起地面沉降、塌陷、滑坡、地裂缝、水质变化及泥石流等地质灾害达千余处。例如，山西八大矿务局有40%的矿区严重缺水，60%的矿区水质不佳。山西省孝义市因采煤导致11.4万人饮水困难②。

① 姜四清. 我国中西部老工业基地产业衰退地域评价方法和特征研究. 人文地理，2010（3）：105－108.

② 朱敏. 资源型城市主要生态环境问题及对策建议，国家信息中心，2015－08－20.

二、我国产业衰退地区的识别

国内外许多研究机构和专家学者对产业衰退地域发展进行评价和分析。本章将借鉴理论界研究成果，从产业衰退地区的发展活力、发展动力、资源环境指标和社会发展指标等几方面构建产业衰退地区的指标体系。

（一）指标的选取及权重

1. 指标的选取

产业衰退地区的评价指标体系要充分反映产业衰退地区的特征，根据国内外有关研究，结合我国的实际情况和数据可获取性，本章主要选取以下几个指标来刻画产业衰退地区的特征。

（1）发展活力指标。反映产业衰退地区经济增长情况，主要指标为 GDP 年均增速、人均 GDP、地方财政收入。地区的 GDP 增速是表现发展活力的重要指标，GDP 增速快表明发展活力足，GDP 增速慢表明发展活力受限。但 GDP 也与经济发展水平有关，不能永远保持高速增长。例如，发达国家或地区经济发展、人均 GDP 高，GDP 的增速相应就会放缓。世界银行研究的结果表明，人均 GDP 达到 1 万美元后，GDP 的增速将明显放缓，这是经济发展规律使然。地方财政收入是更准确的经济发展指标。

将 GDP 增速、人均 GDP 和地方财政收入同时选取为产业衰退地区的评价指标，就是既要考虑经济增速，也要考虑经济发展阶段，不同发展阶段经济增速也有差异，不能把经济高度发达的地区的经济减速也认为是衰退地区。

（2）发展动力指标。反映新经济增长情况，主要指标是高技术产业从业人数比重。发展动力指标主要表现新旧动能转换差异。一个地区新动能培育越快，发展动力就越足；相反，新动能培育越慢，发展动力就越弱。

从数据可获得性考虑，选择高技术产业从业人数比重为产业衰退地区的评价指标，可以反映地区科技成果转化，发展动力也会更足；有些城市尽管自身研发实力不强，但通过和地区外的科研机构合作，高技术产业发展迅速，体现为从业人数增加，也能加快本地区经济转型升级，提升地区发展动力。

（3）资源环境指标。地区经济衰退与用电量和污染物排放量有密切关系。

本章选择用电增量和污水排放量作为衡量地区经济衰退的资源环境指标。

资源环境指标涉及方方面面，本章根据“十三五”规划建议绿色发展中“全面节约和高效利用资源”提出的“强化约束性指标管理，实现能源和水资源消耗、建设用地等总量和强度双控行动”的要求，结合产业衰退地区资源环境面临的主要问题，将用电增量和污水排放量作为两个重要的指标。

（4）社会发展指标。社会发展指标涉及面比较广，包括人口结构、人口迁移、人均寿命、失业率、社会保障等方面的内容。一个地区经济衰退必然导致居民收入水平下降，可支配收入降低，主要用城镇居民可支配收入表示，从数据可获得性考虑，用在岗职工平均工资替代。

2. 权重

根据前面选定的 11 项指标，分别赋予不同指标类型和指标体系权值。例如，尽管评价产业衰退地区的指标有 4 大类，但经济指标和社会指标占的权重会更大，因此，发展活力指标总的赋值是 0.4、发展动力指标总的赋值是 0.25、社会发展指标总的赋值是 0.20、资源环境指标总的赋值是 0.15，这基本体现不同指标类型的重要程度。同样，在 4 大类指标类型中再根据各指标的重要程度，结合通常采用的德尔菲法，为 8 个小类指标打分，然后经过综合评判，给予小类指标分别赋值。因此得到如表 6 - 1 所示的评价指标体系及权重。

表 6 - 1　　产业衰退地区评价指标体系及权重

一级指标	权重	二级指标	权重
发展活力	0.4	GDP 年均增速	0.134
		人均 GDP	0.133
		地方财政收入	0.133
发展动力	0.2	高技术产业从业人数比重	0.2
资源环境指标	0.2	用电增量	0.1
		污水排放量	0.1
社会发展指标	0.2	职工平均工资年均增长率	0.2

注：高技术产业从业人数比重：用（信息传输、计算机服务和软件业 + 科学研究．技术服务和地质勘查业）/从业人员期末人数表示。

（二）初步筛选

产业衰退地区首先必须是经济衰退地。本章首先分析 2000 ~ 2010 年、

2010～2014年分两个时间段初步筛选出GDP年均增速低于全国平均水平的城市。得出，2000～2010年是我国经济高速发展时期，各地级市的GDP年均增速普遍较高，而资源型城市、老工业基地等后来普遍出现严重衰退的城市在此短时期能增长迅速。2010年之后，我国经济进入中高速增长，很多地区的问题得以暴露。因为，本章认为选择2010年之后来识别产业衰退地区更合适。考虑到2012年之后部分地区经济下滑更加明显，在本章的下一步分析中将分2010～2014年和2012～2014年两个方案对比分析。

（三）评价模型及步骤

第一步，将数据标准化处理。为了消除各指标之间的差异，先进行指标的标准化处理。本章选择z－score标准化，基于原始数据的均值（mean）和标准差（standard deviation）进行数据的标准化。将原始数据x使用z－score标准化到x′。新数据＝（原数据－均值）/标准差。本章应用Spss软件，默认的标准化方法就是z－score标准化。

第二步，在数据标准化处理的基础上，通过层次分析法等权重赋予方法对各项指标进行权重赋值，计算得到各城市的综合评分值，即衰退系数f，f大于0说明高于平均水平，小于0说明低于平均水平。

$$f = \sum_{k=1}^{n} w_k \times u_i \tag{6-1}$$

其中，f为城市综合评分值；w_1，w_2，…，w_k为各个指标权值，其满足$\sum_{k=1}^{n} w_k = 1$，n为指标个数；u_i为指标数值。

第三步，根据GDP年均增速的初选城市名单和各城市的综合评分值（即衰退系数f）确定候选名单。

1. 方案一（时间段选取2010～2014年）

衰退系数f大于0说明高于平均水平，小于0说明低于平均水平。因此将GDP年均增速小于9.27%（按照欧盟界定经济衰退标准，选取低于全国平均水平的75%作为参照标准），并且衰退系数$f<0$的城市作为全国产业衰退地区的候选名单，衰退系数越小，表示衰退城市越严重，共筛选出42个城市（见表6－2）。

表 6-2　　全国产业衰退地区名单（2010～2014 年）

序号	城市	衰退系数	GDP 增速	序号	城市	衰退系数	GDP 增速
1	七台河市	-2.01	-8.47%	22	河池市	-0.532	0.0643
2	鹤岗市	-1.383	0.83%	23	来宾市	-0.529	0.0802
3	伊春市	-1.172	6.05%	24	盘锦市	-0.523	0.0892
4	双鸭山市	-1.14	2.22%	25	晋中市	-0.513	0.0805
5	鸡西市	-0.917	5.31%	26	葫芦岛市	-0.506	0.0794
6	漯河市	-0.878	8.45%	27	张家口市	-0.477	0.087
7	平顶山市	-0.833	5.71%	28	汕头市	-0.452	0.0916
8	铁岭市	-0.83	4.69%	29	洛阳市	-0.424	0.0908
9	莱芜市	-0.829	5.92%	30	吉林市	-0.415	0.0722
10	安阳市	-0.773	8.03%	31	辽阳市	-0.391	0.0838
11	清远市	-0.738	2.43%	32	沧州市	-0.372	0.0921
12	吕梁市	-0.654	6.83%	33	晋城市	-0.34	0.0912
13	临汾市	-0.649	8.05%	34	江门市	-0.335	0.0731
14	金昌市	-0.615	5.02%	35	台州市	-0.329	0.087
15	鞍山市	-0.595	2.94%	36	秦皇岛市	-0.324	0.0657
16	邢台市	-0.585	7.97%	37	淄博市	-0.302	0.0889
17	南阳市	-0.571	8.18%	38	淮南市	-0.286	0.0694
18	齐齐哈尔市	-0.565	8.26%	39	丹东市	-0.262	0.0883
19	三门峡市	-0.563	9.13%	40	唐山市	-0.146	0.0864
20	邯郸市	-0.539	6.87%	41	烟台市	-0.083	0.0833
21	本溪市	-0.538	8.02%	42	嘉峪关市	-0.078	0.0716

2. 方案二（时间段选取 2012～2014 年）

衰退系数 f 大于 0 说明高于平均水平，小于 0 说明低于平均水平。因此将 GDP 年均增速小于 6.32%（按照欧盟界定经济衰退标准，选取低于全国平均水平的 75% 作为参照标准），并且衰退系数 f<0 的城市作为全国产业衰退地区的候选名单，衰退系数越小，表示衰退城市越严重（见表 6-3）。

表 6－3　全国产业衰退地区名单（2012～2014 年）

序号	城市名单	衰退系数	GDP 增速	序号	城市名单	衰退系数	GDP 增速
1	鹤岗市	－1.814	－14.90%	31	邢台市	－0.495	3.68%
2	七台河市	－1.782	－15.34%	32	晋城市	－0.492	1.13%
3	双鸭山市	－1.482	－12.52%	33	三门峡市	－0.485	4.88%
4	伊春市	－1.205	－0.77%	34	来宾市	－0.457	3.53%
5	鸡西市	－1.181	－5.87%	35	平凉市	－0.456	3.94%
6	铁岭市	－1.039	－5.70%	36	四平市	－0.447	3.82%
7	吕梁市	－1	－5.39%	37	酒泉市	－0.415	3.08%
8	临汾市	－0.811	－0.32%	38	张家口市	－0.409	4.57%
9	松原市	－0.767	－0.28%	39	巴彦淖尔市	－0.403	3.27%
10	阳泉市	－0.734	1.21%	40	丹东市	－0.395	0.36%
11	白银市	－0.726	1.59%	41	鞍山市	－0.385	－0.90%
12	白山市	－0.72	2.48%	42	阜新市	－0.357	4.04%
13	齐齐哈尔市	－0.67	1.40%	43	新余市	－0.352	4.13%
14	长治市	－0.657	0.10%	44	金昌市	－0.347	2.58%
15	葫芦岛市	－0.61	0.15%	45	沧州市	－0.346	5.55%
16	运城市	－0.584	6.04%	46	营口市	－0.328	5.80%
17	朝阳市	－0.577	3.88%	47	通辽市	－0.324	5.60%
18	盘锦市	－0.575	2.34%	48	淮南市	－0.312	0.48%
19	辽阳市	－0.565	0.70%	49	洛阳市	－0.308	4.97%
20	莱芜市	－0.556	4.35%	50	唐山市	－0.261	3.06%
21	吉林市	－0.554	－1.04%	51	白城市	－0.249	5.59%
22	平顶山市	－0.55	4.62%	52	大同市	－0.24	3.71%
23	嘉峪关市	－0.538	－4.97%	53	锦州市	－0.232	4.77%
24	抚顺市	－0.532	1.61%	54	秦皇岛市	－0.212	2.63%
25	忻州市	－0.526	4.67%	55	乌兰察布市	－0.191	5.76%
26	绥化市	－0.524	6.07%	56	延安市	－0.159	4.43%
27	本溪市	－0.523	2.61%	57	江门市	－0.131	5.24%
28	朔州市	－0.52	－0.18%	58	乌海市	－0.062	3.36%
29	邯郸市	－0.513	0.92%	59	包头市	－0.037	3.27%
30	晋中市	－0.505	2.74%	60	保定市	－0.01	5.62%

3. 方案比对选择

通过比较方案一和方案二，以及分析我国宏观经济形势总体态势，研究认为，我国经济发展由高速转换到中高速的拐点是出现在 2012 年，因而以 2012～2014 年的数据进行分析，更能够科学合理地反映出在我国经济进入经济增长新常态后，出现产业衰退的地区。根据计算结果，共筛选出 60 个城市为产业衰退地区，又按照衰退系数变化趋势（拐点出现点分别为 -0.8 和 -0.3），分别识别出产业严重衰退地区 8 个，产业中度衰退地区 41 个，产业轻度衰退地区 11 个（名单见表 6-4）。

表 6-4　全国产业衰退地区分省统计数（2012～2014 年）

省份	衰退地区个数	省份	衰退地区个数
辽宁	12	河南	3
山西	10	山东	1
黑龙江	7	广西	1
河北	7	江西	1
吉林	5	安徽	1
甘肃	5	陕西	1
内蒙古	5	广东	1

这 60 个城市面积 123.15 万平方公里，占全国的 12.82%；总人口 1.9 亿人，占全国的 13.89%。分布在全国 14 个省区，以辽宁、山西、黑龙江和河北居多。

三、我国产业衰退地区的类型划分

本章在识别产业衰退地区之后，一个基本的判断是我国的产业衰退地区主要是制造业产业衰退地区和采掘业产业衰退地区。服务业产业衰退地区和农业产业衰退地区在我国现阶段不典型，本章并不将其作为研究的重点。因此，参考相关研究[①]，采用第二产业增加值和地区 GDP 这两个关键指标，用二维象限

① 王成金，王伟．中国老工业城市的发展状态评价及衰退机制．自然资源学报，2013，28（8）：1275-1288；李国平，玄兆辉，李方．中国夕阳产业地域划分及其类型，地理学报，2002，57（4）：469-478.

法来划分产业衰退地区。

1. 类型划分方法

（1）横轴指标 Index Ⅰ——地区第二产业增加值占全国第二产业增加值比重的变化。

第二产业增加值是反映地区第二产业发展状态的核心指标，而占全国总量的比重则体现了该地区在全国第二产业中的地位。通过该指标可反映产业衰退地区的工业发展趋势，具体通过 2014 年和 2012 年的比重差额进行评价，其差额的“增长”或“降低”反映了地区第二产业“发展”和“衰落”。

（2）纵轴指标 Index Ⅱ——产业衰退地区 GDP 占全国 GDP 比重的变化。

GDP 是综合性指标，反映地区发展的综合效益，也反映地区经济结构转型进程。具体通过 2014 年和 2012 年城市 GDP 占全国 GDP 比重的差额进行评价，其差额的“增长”或“降低”反映了地区经济综合发展效益的“提升”和“滞后”。

2. 产业衰退地区的分类

根据以上方法，可将产业衰退地区的发展划分为 4 种类型：

象限Ⅰ：转型提高类，Index Ⅰ ＞0，Index Ⅱ ＞0。第二产业增加值占全国总量的比重处于增长过程，且 GDP 占全国比重也处于提高过程，说明产业衰退地区的第二产业地位在提高，且城市发展综合效益也在提高，是产业衰退地区处于“转衰为盛”的过程中。目前，我国产业衰退地区中还没有该类地区。

象限Ⅱ：转型发展类，Index Ⅰ ＜0，Index Ⅱ ＞0。第二产业增加值占全国总量的比重处于下降过程，但 GDP 占全国比重不断提高，产业衰退地区的产业升级较慢，还遵循以前的发展惯性，处于相对衰退，而不是绝对衰退，城市综合效益提升。产业衰退地区第二地位在下降，但城市综合效益明显提升，说明其他产业实现了快速发展，从侧面表明了地区产业结构升级，地区经济在向好的方面转型。目前，我国产业衰退地区中还没有该类地区。

象限Ⅲ：衰退滞后类，Index Ⅰ ＜0，Index Ⅱ ＜0。第二产业增加值占全国的比重下降，地区 GDP 占全国的比重也呈现下降趋势，说明产业衰退地区不但第二产业地位在削弱，城市发展的综合效益也在弱化，这类产业衰退地区是转型困难，需要国家重点扶持的地区。目前，我国产业衰退地区中绝大多数属于该类地区，有 48 个地区，占我国产业衰退地区的 80%。

象限Ⅳ：发展滞后类，Index Ⅰ >0，Index Ⅱ <0。第二产业增加值占全国的比重处于上升过程，但 GDP 比重处于下降过程，说明产业衰退地区的第二产业地位虽有所增强，但城市发展的综合效益有所下滑，服务业发展较慢，传统工业驱动作用下降的同时，其他经济方式的驱动作用并未有所增强，是产业转型较慢的地区。目前，我国产业衰退地区中有 12 个地区属于这类地区，占产业衰退地区总量的 20%。

具体如图 6-1～图 6-3 和表 6-5 所示。

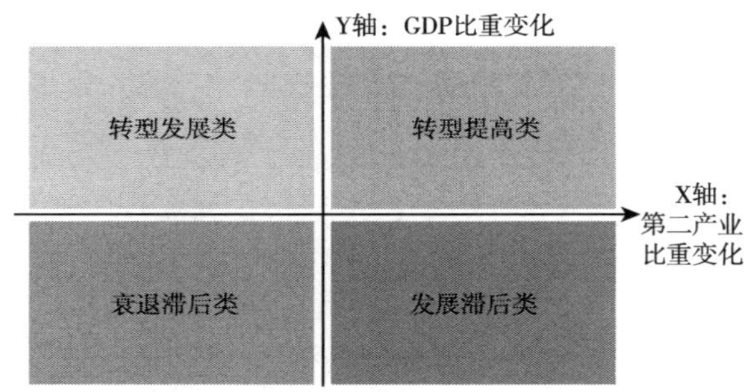

图 6-1　产业衰退地区的二维象限法

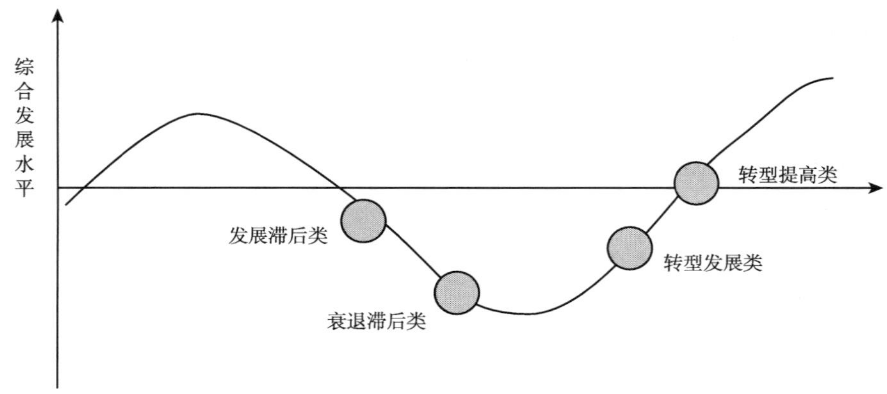

图 6-2　四类产业衰退地区的综合发展特征

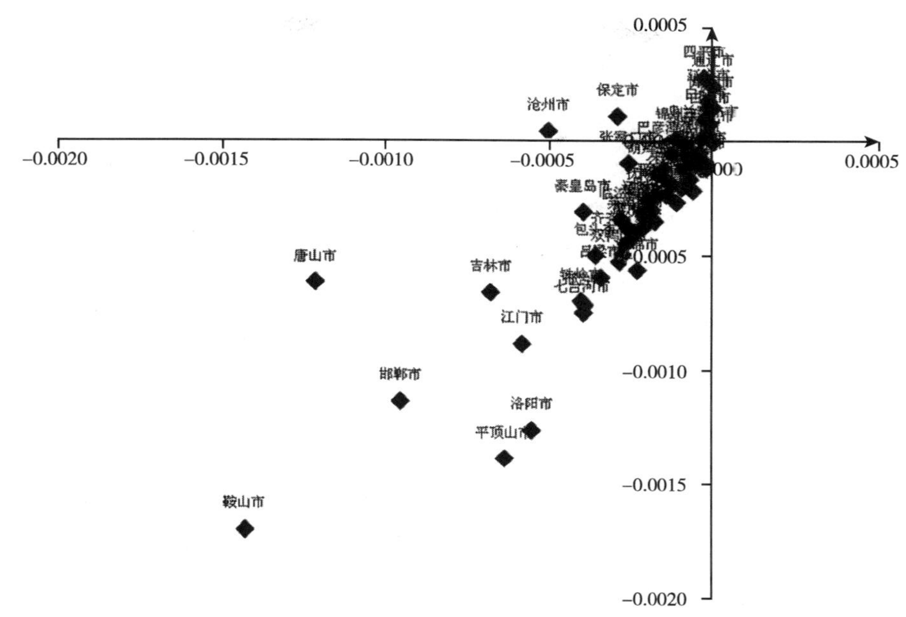

图 6－3 二维象限法来划分我国产业衰退地区

表 6－5 我国产业衰退地区的分类

区域类型	个数	城市
转型提高类	0	
转型发展类	0	
衰退滞后类	48	朔州市、酒泉市、巴彦淖尔市、白银市、乌海市、张家口市、营口市、平凉市、运城市、阳泉市、葫芦岛市、嘉峪关市、大同市、来宾市、伊春市、朝阳市、新余市、晋城市、抚顺市、金昌市、丹东市、秦皇岛市、辽阳市、鹤岗市、松原市、三门峡市、临汾市、长治市、鸡西市、莱芜市、淮南市、晋中市、齐齐哈尔市、本溪市、包头市、双鸭山市、盘锦市、吕梁市、唐山市、吉林市、铁岭市、邢台市、七台河市、江门市、邯郸市、洛阳市、平顶山市、鞍山市
发展滞后类	12	四平市、延安市、忻州市、保定市、白城市、白山市、沧州市、乌兰察布市、锦州市、通辽市、绥化市、阜新市

四、支持我国产业衰退地区的振兴发展的政策导向

援助政策可以包括产业转型、促进就业、提升城市功能、加强生态环境

保护、弥补社会保障短板等多个方面。借鉴国内外的经验，针对我国产业衰退地区的特征，在我国产业衰退地区的援助中产业、社会民生、空间布局问题是转型地区重点难点问题。不同类型的产业衰退地区既有共性，又有特性（见表6－6）。

表6－6　对我国产业衰退地区的支持政策导向

<table>
<tr><th colspan="2"></th><th>特点</th><th>对策</th></tr>
<tr><td rowspan="5">产业</td><td rowspan="2">衰退滞后类</td><td rowspan="2">多数产业都缺乏竞争力，经济发展严重滞后</td><td>提升改造传统产业与淘汰落后产能并举，妥善处理衰退产业</td></tr>
<tr><td>立足地方优势，大力扶植接续替代产业发展</td></tr>
<tr><td rowspan="3">发展滞后类</td><td rowspan="2">第二产业增加值在全国还处于上升地位，但城市发展的综合效益在下滑</td><td>鼓励当地配套接续产业</td></tr>
<tr><td>改造与培育相结合，构建多元化的发展格局</td></tr>
<tr><td>服务业和新兴产业发展较慢，其产业的驱动作用并未有所增强</td><td>壮大新兴产业和现代服务业发展规模</td></tr>
<tr><td colspan="2" rowspan="3">民生</td><td>地方财力匮乏致使城市基本运行举步维艰</td><td>需要国家、所在省份重点扶持</td></tr>
<tr><td rowspan="2">关乎民生的历史遗留问题威胁社会的和谐稳定</td><td>千方百计促进就业和再就业</td></tr>
<tr><td>加大教育培养和人才引进的支持力度</td></tr>
<tr><td colspan="2">空间</td><td>城市集中建设期遗留下来的布局问题，随着经济实力的下滑，空间发展无序、城镇功能不完善的矛盾逐渐显露出来</td><td>化解制约城市发展的历史遗留问题，优化空间布局，推进城市功能的丰富和完善</td></tr>
</table>

（一）产业政策导向

1. 衰退滞后类产业衰退地区

衰退滞后类产业衰退地区多数产业都缺乏竞争力，经济发展严重滞后。因此，其产业支持政策的重点应关注以下方面。

（1）提升改造传统产业与淘汰落后产能并举，妥善处理衰退产业。把传统产业改造提升摆在优先位置，鼓励采用“智能制造”和“互联网＋”，激发传统产业发展活力。同时，落实钢铁、电解铝、水泥、平板玻璃等重点行业淘汰落后产能目标任务，积极有效化解过剩产能；促进优势企业加强跨地区产能合作。例如，积极鼓励东北地区的资源型企业寻求与俄罗斯、蒙古、朝鲜等国的资源开发合作，以补充本地区资源不足的情况。

（2）立足地方优势，大力扶植接续替代产业发展。充分挖掘本地区资源优势和产业优势，培育主导产业，不断延伸和拓展产业链，大力扶持接续替代产业发展。特别是通过产业延伸促进产业能力再造，以已有的核心能力为基础，通过核心能力的进一步提高、强化、扩展和延伸进入新的产业或在原产业内提供新的产品或服务①。

2. 发展滞后类产业衰退地区

发展滞后类产业衰退地区的第二产业增加值在全国还处于上升地位，但城市发展的综合效益在下滑，第二产业的发展已经不能支撑起城市经济的平稳发展。在传统工业驱动作用下降的同时，服务业和新兴产业发展较慢，其产业的驱动作用并未有所增强，急需寻找新的替代产业，支撑整个地区经济的可持续发展。其产业支持政策的重点应关注以下方面。

（1）鼓励当地配套接续产业。发展滞后类产业衰退地区的第二产业仍然是其支柱产业，延伸资源加工产业、制造业的链条、增加产品附加值可以有力地促进当地经济的发展。发展滞后类产业衰退地区要尽可能地围绕支柱产业，努力延伸优势资源产业链，进一步增强产业发展和产业竞争力。

（2）构建多元化产业发展格局。构建发展滞后类产业衰退地区多元化的产业发展格局。不断发展技术、知识密集的高新技术产业，推动产业的升级和跨越。在经济转型中，要把发展高新技术产业摆在突出位置，用高新技术改造传统产业，促进产业结构的优化升级。同时把旅游业、生态农业、物流、环保产业、电子商务等新兴产业或现代服务业作为重要的战略产业和支柱产业，不断壮大新兴产业和现代服务业发展规模。

（二）社会民生政策导向

产业衰退地区自身财政力量较弱，民生的历史遗留问题威胁社会的和谐稳

① 王德鲁，张米尔．城市衰退产业转型的模式选择，《大连理工大学学报（社会科学版）》，2003，24（3）：29－32．

定，需要国家重点扶持，特别是抓住就业和教育这两个重点。

1. 千方百计促进就业和再就业

坚持就业优先原则，努力为新增劳动力和失业人员就业创造条件，做好企业富余职工安置工作。多渠道增加就业岗位，加大政府投资和项目建设，积极开发公益性岗位，优先解决“零就业家庭”就业问题。依托经济转型和产业结构调整推动就业，通过扶持劳动密集型产业、家庭服务业、小型微型企业等进一步增强吸纳就业能力。鼓励企业通过安置、转岗培训等形式稳定就业岗位。支持职工自主创业，适当降低市场准入门槛、放宽资金额限制、创新小额担保贷款管理模式，优化创业环境。建立创业扶持基金，主要用于开展筹资融资、创业培训、技术支持、创业平台建设等。

2. 加大教育培养和人才引进的支持力度

建设一批教育培训基地，重点布局建设一批技工院校、再就业培训基地、职业技能实训基地，引导劳动力知识和技能结构不断优化。加强对培训和教育的支持，鼓励开展多层次、多形式的培训，进一步规范培训内容和形式，提高培训质量和效果。制定更开放、更优惠的人才引进政策，围绕产业衰退地区优先发展的接续产业、替代产业和重大项目择优择需选用人才。创新人才工作机制，实施产业衰退地区人才支持工程，用优越的环境、优惠的政策、有活力的事业平台，吸引人才、留住人才、成就事业。加大各类实用人才的培养力度，加强企业与职业教育培训机构、国内外高校的校校、校企合作力度。

（三）城市空间政策导向

产业衰退地区生产和生活的矛盾日益突出，产业发展与生态环境保护的矛盾逐步激化，应该从以下几个方面优化空间布局。

1. 优化空间布局，化解制约城市发展的历史遗留问题

推进棚户区改造、加快沉陷区治理、独立工矿区改造与搬迁等问题。鼓励市区工业企业向工业集聚区迁移，实现污染集中治理。抓好城市大气环境治理，加大城区污染企业“关停并转迁”力度。

2. 推进城市功能的丰富和完善

促进产业衰退地区转型为综合功能的再生型城市，立足于城市的功能分区与功能整合，加大综合整治力度，不断完善市政设施和基础设施建设，逐步统一规划和建设。特别要注重城市的生活功能和休闲游憩功能，不断增强产业衰退地区的功能空间整合与发展活力。

主要参考文献

[1] 陈宝江. 对衰退产业的思考. 学习与探索，2000（5）：38－43.

[2] 陈刚. 论产业衰退调整的基本模式. 探索，2004（2）：81－83.

[3] 陈一君. 衰退产业的企业创新战略探讨. 商业研究，2006（4）：20－23.

[4] 何燕子. 区域衰退产业的识别和退出，湖南社会科学，2006（5）：97－99.

[5] 黄建康. 区域衰退产业的退出粘性及其突破，中国经济问题，2010（1）：28－32.

[6] 姜四清. 我国中西部老工业基地产业衰退地域评价方法和特征研究. 人文地理，2010（3）：105－108.

[7] 李国平，玄兆辉，李方. 中国夕阳产业地域划分及其类型，地理学报，2002，57（4）：469－478.

[8] 李彤. 辽中地区资源型城市的产业结构调整研究，南京航空航天大学硕士论文，2008.

[9] 李潇，黄翊. 德国“IBA事件”带动衰退城市复兴的战略及启示——一种基于重大公共事件的城市营销工具. 住区，2014（5）：113－121.

[10] 林善波. 关于衰退产业的退出. 福州党校学报，2003（4）：35－38.

[11] 刘通. 产业衰退城市形成及反衰退机制研究. 中国人民大学博士学位论文，2007.

[12] 卢姗. 资源衰退型城市的规划治理指引探索. 中国城市规划年会，2014.

[13] 陆国庆. 论衰退产业的调整模式. 学习与探索，2001（1）：90－93.

[14] 漆旭，张琦. 略论衰退产业调整与升级模式. 当代财经，2007

(6)：83－86.

［15］任红波，李鑫．产业演化逻辑与衰退产业战略选择．科学管理研究，2001，19（5）：46－50.

［16］申玉铭，杨彬彬，张云．资源型城市的生态环境问题与综合整治——以济宁市为例，地理研究，2006，25（3）：430－438.

［17］滕飞．我国产业衰退地区的社会民生支持政策建议，中国经贸导刊，2017（7）：66－68.

［18］王成金，王伟．中国老工业城市的发展状态评价及衰退机制．自然资源学报，2013，28（8）：1275－1288.

［19］王德鲁，张米尔．城市衰退产业转型的模式选择．大连理工大学学报（社会科学版），2003，24（3）：29－32.

［20］王国霞，佟连军，李国平，鲁奇．东北地区夕阳产业地域划分及其振兴对策研究，地理科学，2003，23（6）：649－655.

［21］王青云．我国老工业基地城市界定研究，宏观经济研究，2007（5）：3－7.

［22］邬晓霞，魏后凯．国外援助衰退产业区政策措施评介．经济学动态，2009（4）：138－142.

［23］吴相利．论城市的衰退与复兴．绥化师专学报，2000（3）：18－22.

［24］杨继瑞，黄潇，张松．资源型城市转型：重生、困境与路径，经济理论与经济管理，2011（12）：77－83.

［25］杨伟民．我国老工业基地发展迟滞的原因及改造振兴的思路，经济学家，1993（4）：73－80.

［26］张米尔，孔令伟：资源型城市产业转型的模式选择，西安交通大学学报，2003，23（1）：29－31.

［27］周新生．产业衰退及退出产业援助机制．产业经济研究（双月刊），2003（5）：52－57.

［28］朱敏．资源型城市主要生态环境问题及对策建议，国家信息中心，2015－08－20.

第七章　长江经济带建设对我国区域经济发展格局影响分析①

内容提要： 本项报告回顾了长江经济带在我国区域均衡发展阶段、区域非均衡发展阶段、区域协调发展阶段、区域统筹发展阶段中的地位。当前，长江经济带经济正处于从工业化中期向后期迈进的阶段，社会正处于城镇化中期的后一阶段，对全国区域经济增长具有示范和引领作用，在我国区域经济发展格局中具有重要地位。长江经济带 GDP 增长 1% 会促进全国 GDP 增长 0.996%，人口增长 1% 会使全国人口增长 0.553%。最后，报告对长江经济带和全国的未来发展情况进行预测，到 2020 年，长江经济带 GDP 占全国比重约 42.78%，人口比重约 43.23%。另外，长江经济带经济和人口增长对全国均具有一定程度的带动作用。

关键词： 长江经济带；区域经济发展；经济和人口；格局

长江经济带横跨我国三大阶梯，覆盖上海、江苏、浙江、安徽、江西、湖北、湖南、重庆、四川、云南、贵州等 11 个省市，幅员辽阔、差异巨大。长江经济带总面积 205.08 万平方公里，占全国的 21.0%；2015 年，年末总人口 58766.18 万人，占全国总人口的 42.8%；创造地区生产总值 305200.23 亿元，占全国的 44.5%。本地区在全国区域经济发展格局中占据重要地位。

一、长江经济带的全国区域经济发展格局回顾

一直以来，长江经济带在全国区域经济发展中占据重要地位。图 7－1 反

① 本章作者：王丽，博士，副研究员，湖北襄阳人。研究领域：可持续发展、城市与区域发展。

映出国民经济恢复期后[1]，长江经济带人口和地区生产总值（GDP）占全国的比重。64 年间，长江经济带人口所占比重平均为 44.64%，GDP 所占比重平均为 40.86%，在全国具有举足轻重的地位。数据显示，长江经济带在全国人口所占比重，在 45% 左右水平，近年来略有降低，从 1952 年的 46.55% 下降到 2015 年的 42.75%。长江经济带在全国经济中所占比重具有小幅波动性，近年来，具有上升趋势；1952 年长江经济带 GDP 比重为 39.24%，到 2015 年已经达到 44.52%。接下来，按照我国区域发展战略阶段的划分，分别研究各个阶段下长江经济带的地位格局。

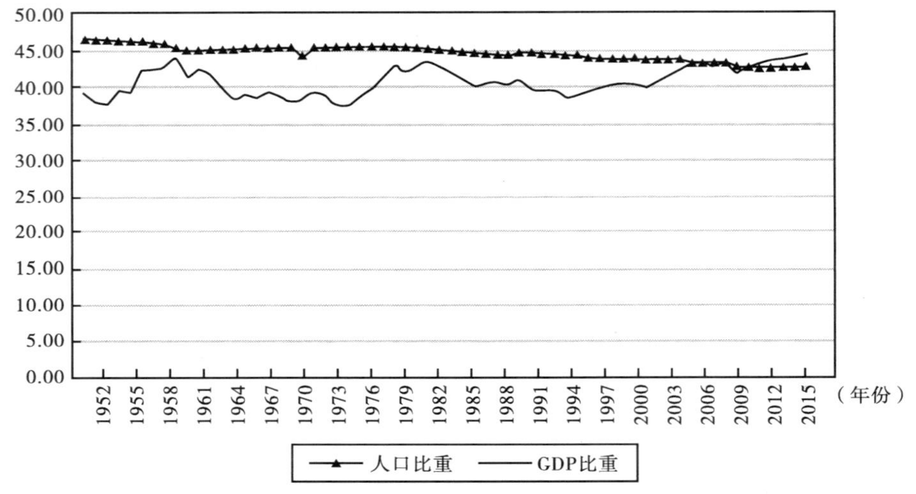

图 7－1 1952 年来长江经济带人口和 GDP 占全国比重

数据来源：2008 年及以前数据来自《新中国六十年统计资料汇编》；其他数据来自《中国统计年鉴 2016》《中国统计年鉴 2011》。

（一）区域均衡发展阶段（1949～1978 年）

在大力加强内地和“大三线”建设的战略指导下，长江经济带人口占全国比重基本稳定在 45% 左右；经济比重呈现小幅波动，最低为 37.47%、最高为 44.16%，相差 6.69 个百分点。

---

① 1949～1952 年是国民经济恢复时期，由于这段时期新中国从社会经济十分落后而且破坏严重的条件下开始恢复，部分省市没有经济社会数据。因此，本报告数据选取 1952 年及以后数据。

经济方面，1954 年，长江经济带比重达到局部低值，为 37.74%；随后，比重开始增加，并于 1960 年达到此阶段最高，为 44.16%；紧接着，比重开始波动性降低，于 1975 年达到此阶段最低点，为 37.47%；随后，开始持续增长，1978 年比重又恢复到 40% 以上。

人口方面，长江经济带人口比重基本不变，应该与限制人口自由流动政策有关。虽然，1954 年《宪法》规定“中华人民共和国公民有居住和迁徙的自由”，但由于多种客观因素，农村人口限制进入城市。早在 1953 年，国务院发出了《劝止农民盲目流入城市的指示》；1956 年和 1957 年，国家颁布《防止人口盲目外流的指示》《关于各单位从农村招用临时工的暂行规定》等 4 个限制和控制农民盲目流入城市的文件；1958 年 1 月，《中华人民共和国户口登记条例》实施，人口自由流动被严格限制住；1959 年，《关于制止农村劳动力盲目外流的紧急通知》下发。数据显示，从 1959 年起，长江经济带人口占全国比重从 46% 左右降为 45% 左右，并基本维持在此水平。

经济方面，长江经济带比重的小幅波动与宏观政策具有一定关联。“一五”计划（1953～1957 年）以苏联帮助中国设计的 156 个建设项目为中心，集中力量进行经济建设，并将重点向中西部倾斜。长江经济带内区域获得较大支持。与之相对应，长江经济带经济占全国比重，在 1955 年达到底部，随即开始增加，并于 1960 年达到此阶段最高值。1965 年，中共中央发出关于加强备战工作的指示，“三五”计划（1966～1970 年）的指导思想从“解决吃穿用”变为“以战备为中心”，立足于战争，从准备大打、早打出发，积极备战，把国防建设放在第一位，加快“三线”建设。随后，“文化大革命”爆发。从事实结果来看，“三五”计划的完成率为 36%。“四五”计划（1971～1975 年）初期仍沿袭以战备为中心的指导思想。与之相对应，长江经济带占全国的比重从 1960 年到达最高点后开始下降，并在 1965～1975 年区间内维持在 40% 以下的水平。值得关注的是，从 1975 年后，长江经济带比重回升，可能与 1973 年“四五”计划修订，开始强调经济效益有关（见图 7－2）。

（二）区域非均衡发展阶段（1979～1995 年）

在率先发展沿海的非均衡发展阶段，长江经济带人口占全国比重从 45.46% 略微降到 44.29%；经济占全国比重从 43.19% 降到 39.07%，降低

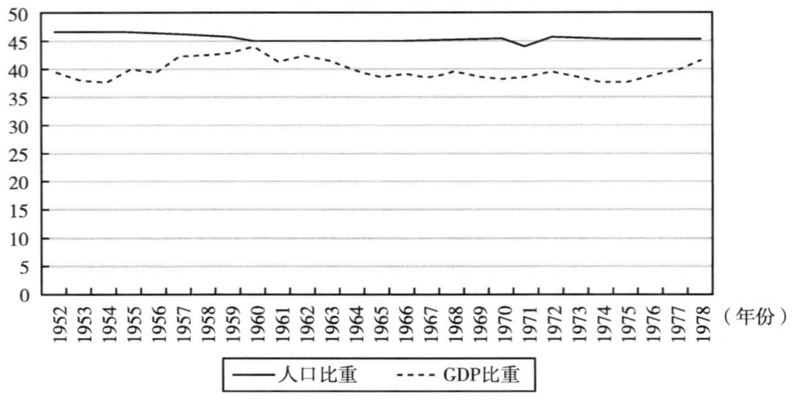

图 7-2　区域均衡发展阶段长江经济带人口和 GDP 占全国比重

4.12 个百分点。值得注意的是长江经济带占全国的经济比重，虽然期间有小幅反弹，但基本呈持续下降态势。

人口方面，长江经济带人口比重略有下降与此阶段限制人口流动政策略有松绑有关。从 1984 年开始，国家对农民自由流动的政策有所松动，允许农民自带干粮入城。从人口流动的经济属性来看，一部分群体应该会向更加富裕的东南沿海流动。可以看到，从 1984 年后，长江经济带人口占全国比重基本降低至 41% 以下，且呈持续降低态势。仅 1991 年人口比重反弹至 41.04%，这可能与这一阶段政策略有收紧有关。1991 年，国务院先后颁布《关于劝阻民工盲目去广东的通知》《关于收容遣送工作改革问题的意见》，一定程度上对农民自由流动开始限制。但受经济发展的需求，总的松绑趋势没有变化。另外，人口的现实属性决定其波动程度会低于经济波动，因此，这一阶段长江经济带人口比重只是略有下降，仅降低 1.17 个百分点。

经济方面，1978 年召开的中国共产党第十一届中央委员会第三次全体会议明确全党的工作重点转移到经济建设上来。具有一定基础和区位优势的沿海地区发展速度必然加快。1988 年，“两个大局”的思想又进一步被提出，东部沿海地区加快对外开放、率先发展的态势进一步被明确。在此政策方向和发展形势下，长江经济带除下游地区外，其余地区的发展速度相对滞后，整体来看，长江经济带经济所占全国的比重持续下降，前后降低 4.12 个百分点（见图 7-3）。

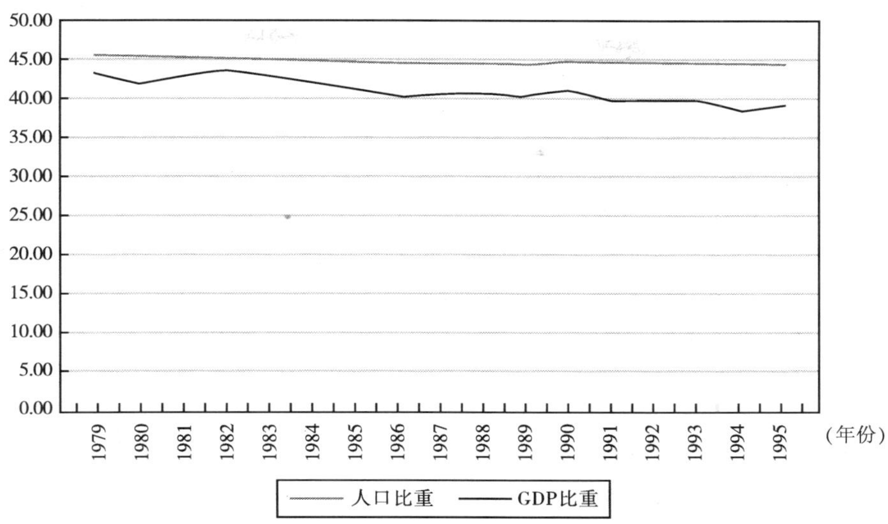

图 7－3　区域非均衡发展阶段长江经济带人口和 GDP 占全国比重

（三）区域协调发展阶段（1995～2012 年）

在西部大开发、中部崛起等区域协调发展战略下，长江经济带占全国人口比重仍然略微降低，经济比重持续攀升。1995 年，长江经济带人口占全国比重 44.29%，2012 年为 42.73%，降低了 1.56 个百分点；1995 年，长江经济带经济占全国比重 39.07%，2012 年为 43.66%，提升了 4.59 个百分点。2005 年，长江经济带占全国经济比重首次超过人口比重。

人口方面，在限制自由流动政策进一步放松的态势下，人口比重的略有降低与客观条件下人口自我选择有关。1992 年以后，我国开始着力建设社会主义市场经济，人口作为重要经济要素，其流动性限制被逐渐减弱，并逐步转向鼓励自由流动。在“十五”计划中，提到“积极有序转移农村富余劳动力，引导农民更多地从事非农产业”“转移农村人口，有利于农民增收致富”。2004 年，中央“一号文件”首次提出“进城就业的农村劳动力已经成为产业工人的重要组成部分”，把农民工正式列入产业工人的队伍。2006 年，《国务院关于解决农民工问题的若干意见》更是开始努力尝试促进人口流动、保障农民工权益。从一系列政策来看，人口流动更加自由，由于区域差距的存在，长江经济带外发展更好的地区更倾向于吸引部分人口。

经济方面，长江经济带比重再次提高与政策拉动有一定关联。2000 年，西部大开发战略开始实施，“长江水道”作为其中重要的依托干线，一批基础设施、重大工程、产业基地在此布局。2006 年，《关于促进中部地区崛起的若干意见》出台，国家大力支持安徽、江西、湖北、湖南等省建设粮食生产基地、能源原材料基地、现代装备制造及高技术产业基地和综合交通运输枢纽。长江经济带的发展得到一定程度的支持。数据反映出，2001 年后的五年内，长江经济带经济占全国比重的增速获得较大增长，随后稳定上涨，一定程度上与上述政策拉动有关（见图 7-4）。

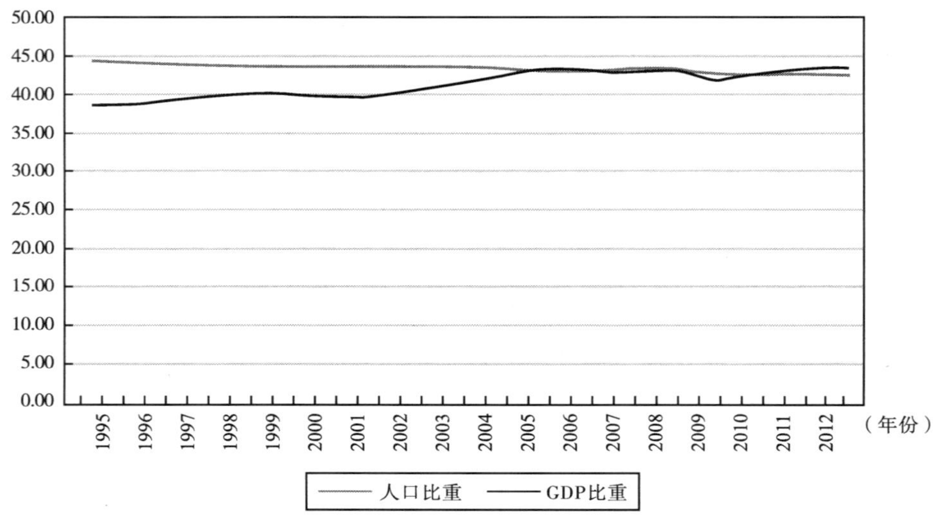

图 7-4 区域协调发展阶段长江经济带人口和 GDP 占全国比重

（四）区域统筹发展阶段（2013 年至今）

2013 年，中国共产党第十八届中央委员会第三次全体会议通过了《中共中央关于全面深化改革若干重大问题的决定》，我国区域发展进入新的篇章，开始进入统筹发展阶段。当前，长江经济带已经上升为三大国家战略之一，其地位和重要性更加凸显。从数据显示，近三年来，长江经济带人口比重基本维持在 42.7% 左右，一改前阶段降低态势。经济比重更是从 2013 年的 43.93%

提升到2015年的44.52%，两年间增长0.59个百分点。随着经济社会进一步发展，可以预见长江经济带在全国中的地位将更加突出（见图7-5）。

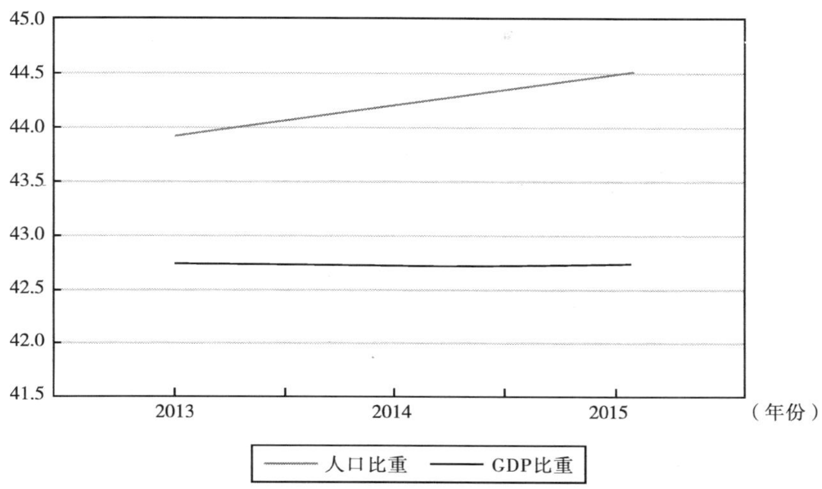

图7-5　区域统筹发展阶段长江经济带人口和GDP占全国比重

二、长江经济带现状及在我国区域格局中地位

长江经济带经济正处于从工业化中期向后期迈进的阶段，社会正处于城镇化中期的后一阶段。经济社会发展基本处于协调区间，不过长江经济带经济发展略高于全国平均水平、社会发展略低于全国平均水平。

（一）长江经济带经济社会发展现状

经济方面，长江经济带正处于从工业化中期向后期迈进的阶段。2015年，长江经济带按年末总人口计算的人均GDP为51934.67元，折算1970年美元为1365.00美元，三次产业结构为8.30∶44.33∶47.37。同期，全国人均GDP为49992元，折算1970年美元为1313.94美元，三次产业结构为8.9∶40.9∶50.2，同样处于工业化中期向后期迈进的阶段，发展程度略低于长江经济带。

社会方面，长江经济带正处于城镇化中期的后一阶段。2015年，长江经济带总人口58766.18万人，城镇人口32592.68万人，城镇化率为55.46%。同期，全国城镇化率为56.10%，高于长江经济带0.64个百分点，亦处于城镇化中期的后一阶段。

长江经济带面积广阔，内部差异巨大。分地区研究经济社会发展现状如表7－1和表7－2所示。

表7－1　　2015年长江经济带11省市经济发展阶段判断

地区	人均GDP		三次产业结构	主导产业	经济发展阶段
	2015年人民币	折1970年美元			
上海	103795.5	2728.06	0.44:31.81:67.76	金融业，电子信息产品、汽车、成套设备等制造业	后工业化
江苏	87995	2312.78	5.68:45.70:48.61	计算机通信和其他电子设备、化学原料和化学制品、电气机械和器材、汽车等制造业，交通运输仓储和邮政业、租赁和商务等服务业	后工业化*
浙江	77643.69	2040.71	4.27:45.96:49.76	电气机械和器材、纺织、化学原料和化学制品、通用设备等制造业，金融业、信息传输软件和信息技术服务业、交通运输仓储和邮政业等服务业	后工业化*
安徽	35996.56	946.1	11.16:49.75:39.09	电气机械和器材、非金属矿物、化学原料和化学制品、黑色金属冶炼和压延加工业、汽车等制造业	工业化中期
江西	36724	965.22	10.60:50.30:39.10	有色金属冶炼和压延加工业、非金属矿物制品业、化学原料和化学制品制造业、电气机械和器材制造业、农副食品加工业等	工业化中期
湖北	50653.85	1331.34	11.20:45.70:43.10	汽车、农副食品加工、化学原料和化学制品、非金属矿物等制造业，金融业等服务业	工业化后期*
湖南	42753.86	1123.7	11.53:44.32:44.15	化学原料和化学制品、有色金属冶炼和压延加工业、农副食品加工业、非金属矿物制品业、专用设备制造业等	工业化中期转向后期阶段

续表

地区	人均 GDP		三次产业结构	主导产业	经济发展阶段
	2015 年人民币	折 1970 年美元			
重庆	52321	1375.16	7.32:45.00:47.70	汽车、通信设备计算机及其他电子设备、铁路船舶航空航天和其他运输设备、非金属矿物制品、电气机械及器材等制造业，金融业等服务业	工业化后期
四川	36775	966.56	12.24:44.08:43.68	计算机通信和其他电子设备制造业、农副食品加工业、非金属矿物制品业、酒饮料和精制茶制造业、黑色金属冶炼和压延加工业、化学原料和化学制品制造业、汽车等	工业化中期
贵州	29847.25	784.48	15.62:39.49:44.89	酒饮料和精制茶制造业、煤炭开采和洗选业、电力热力生产和供应业、烟草制品业等	工业化中期*
云南	28806	757.11	15.09:39.77:45.14	烟草制品业、电力热力的生产和供应业、有色金属冶炼及压延工业、化学原料及化学制品制造业等	工业化中期*

注：标记*为刚进入。

资料来源：《中国统计年鉴 2016》、各省统计年鉴、各省 2015 年国民经济和社会发展统计公报。

表 7-2　　2015 年长江经济带 11 省市社会发展阶段判断

	总人口（万人）	城镇人口（万人）	城镇化率（%）	社会发展进程
上海	2415.27	2115.777	87.60	城镇化后期
江苏	7976.3	5305.835	66.52	城镇化中期转向后期阶段
浙江	5539	3644.662	65.80	城镇化中期转向后期阶段
安徽	6143.6	3102.518	50.50	城镇化中期
江西	4565.63	2356.778	51.62	城镇化中期
湖北	5851.5	3326.578	56.85	城镇化中期后一阶段
湖南	6783.03	3451.884	50.89	城镇化中期

续表

	总人口（万人）	城镇人口（万人）	城镇化率（%）	社会发展进程
重庆	3016.55	1838.286	60.94	城镇化中期后一阶段
四川	8204	3913	47.69	城镇化中期前一阶段
贵州	3529.5	1482.743	42.01	城镇化中期前一阶段
云南	4741.8	2054.622	43.33	城镇化中期前一阶段

经济方面，上海经济发展程度最高，处于后工业化阶段；江苏、浙江刚刚从工业化后期迈入后工业化阶段；重庆、湖北正处于工业化后期；湖南处于工业化中期向后期过渡阶段；四川、江西、安徽正处于工业化中期；贵州、云南亦刚刚从工业化初期迈入工业化中期阶段（见图 7－6）。

贵州 四川
云南 江西
安徽 湖南
湖北 重庆
江苏
浙江 上海

前工业化阶段 | 工业化初期 | 工业化中期工业化阶段 | 工业化后期 | 后工业化阶段

图 7－6　2015 年长江经济带 11 省市经济发展阶段判断

社会方面，上海城镇化率水平最高，处于城镇化后期；江苏、浙江正从城镇化中期向后期阶段过渡；其余地区均处于城镇化中期，其中，重庆、湖北为城镇化中期后一阶段，江西、湖南、安徽城镇化率均在 50% 左右，四川即将迈入 50%，云南、贵州为城镇化中期的前一阶段（见图 7－7）。

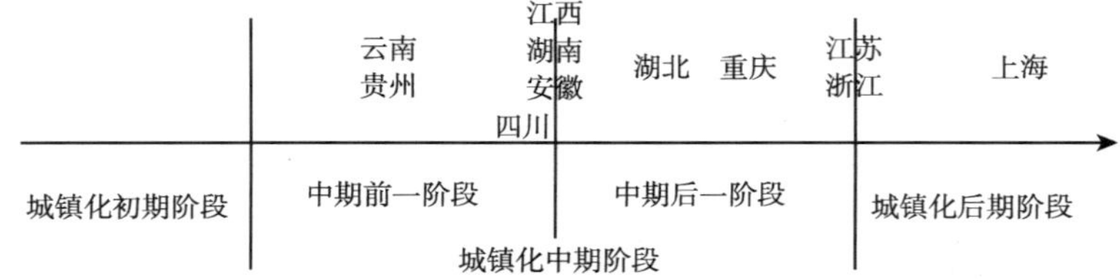

图 7－7　2015 年长江经济带 11 省市社会发展阶段判断

（二）长江经济带经济社会发展问题

经济方面，内部效率有待进一步提高；社会方面，整体略低于全国平均水平；另外，自然环境对经济社会发展产生一定负面作用。

1. 经济发展基本符合规律性特征，但内部效率有待进一步提高

从产品生产来看，长江经济带生产的在全国占有较高比重的工业产品类型，既有化学纤维、硫酸、布、化学农药原药等原材料依赖型或重化工等行业产品，又有家用洗衣机、微型计算机、家用电冰箱、集成电路、金属切削机床等技术含量偏高的行业产品。两类产品皆具有较高比重。长江经济带整体正处于工业化中期向后期迈进的阶段，另外，长江经济带在全国经济发展中占据着重要地位，上述产品特点与其所处的阶段特征和产业地位相符（见图7－8和图7－9）。

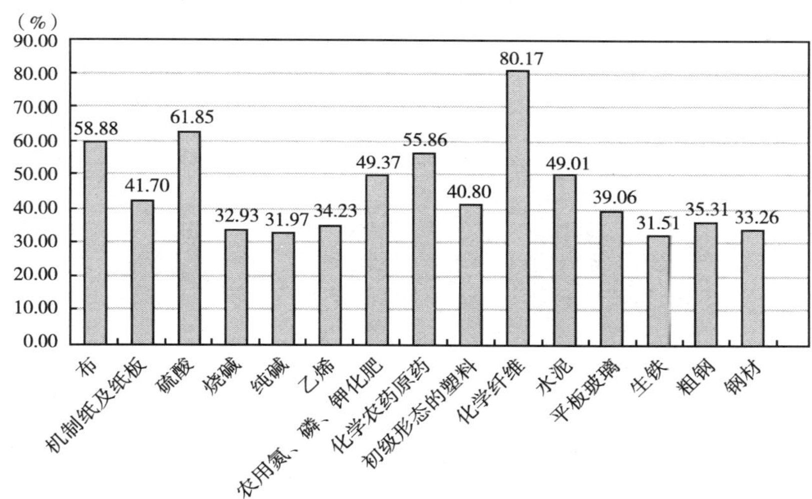

图7－8 长江经济带在全国占有较高生产比重的工业产品（一）

从就业方面来看，长江经济带城镇单位就业人员中制造业就业人数最多。2015年为2048.88万人，占就业总人口比重为27.35%。同样与长江经济带工业化中期向后期迈进的阶段相符（见图7－10）。

从企业机构类型来看，长江经济带经济运行效率还有进一步提升空间。我们将国有控股企业、私营企业、外商投资和港澳台商投资企业的单位资产主营业务收入、单位资产利润总额、单位资产平均用工人数三项指标进行了对比①。发

① 单位资产主营业务收入＝主营业务收入/资产总计，单位资产利润总额＝利润总额/资产总计，单位资产平均用工人数＝平均用工人数/资产总计（人/亿元）。

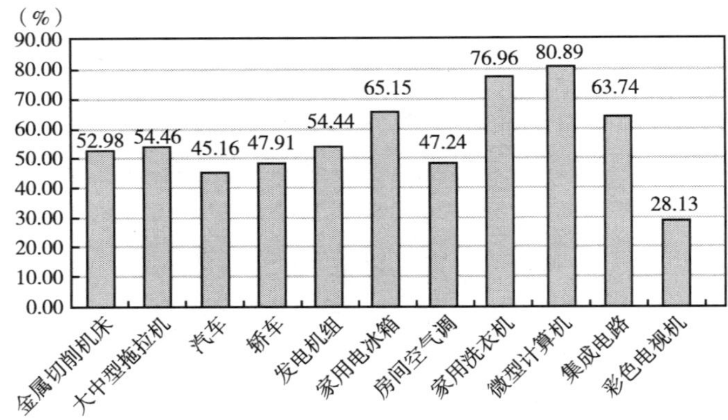

图 7－9　长江经济带在全国占有较高生产比重的工业产品（二）

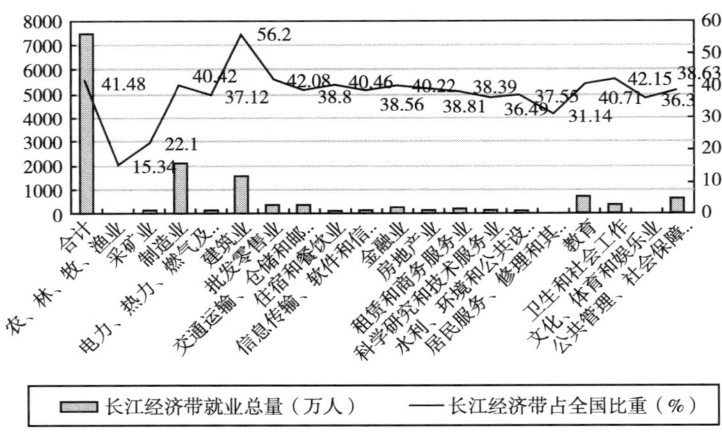

图 7－10　2015 年长江经济带按行业分城镇单位就业人员

现平均而言，私营企业的经济效率和拉动就业能力明显最高，外商投资和港澳台商投资企业与全国平均水平基本持平，国有控股企业的经济效率和拉动就业能力最低。企业主体的机构类型差距，本质上是不同类型企业背后运行机制的不同，其实是可以调整的。当前，全国全面深化改革正广泛推进，如果针对国企在体制机制改革方面能够有效推动，那么其释放和带来的经济活力无疑将大力促进整体经济的高效运转（见图 7－11 ~ 图 7－13）。

2. 社会发展略低于全国平均水平

长江经济带城镇化率略低于全国平均水平。城镇化率是一项综合指标，代

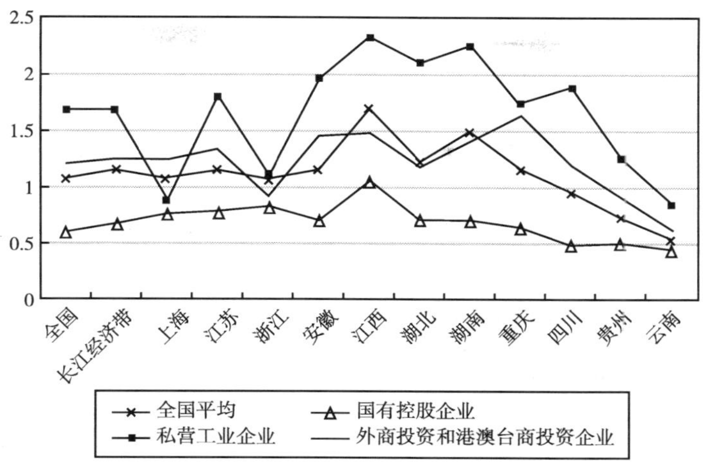

图7-11　不同企业类型单位资产主营业务收入对比

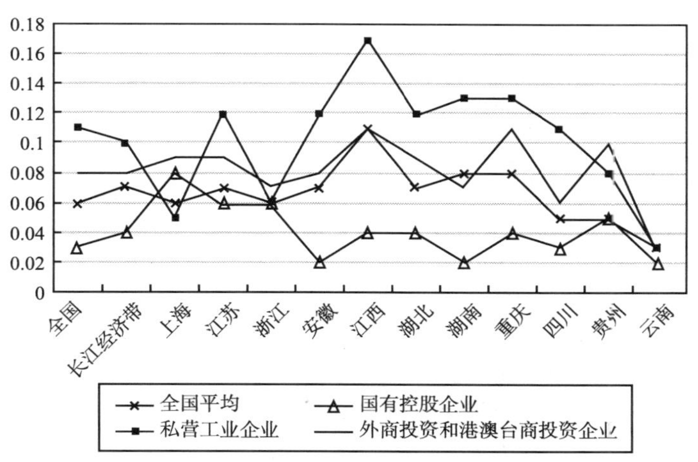

图7-12　不同企业类型单位资产利润总额对比

表着长江经济带社会发展略滞后于全国平均水平。不过，根据上述现状分析，长江经济带工业化、城镇化进程整体仍处于相对协调的区间。

从社会收入来看，除上海、浙江、江苏外，长江经济带其余地区人均可支配收入均低于全国平均水平。长江经济带食品烟酒消费占总消费的比重31.13%，略高于全国平均比重30.64%。由此，反映社会发展程度略低于全国平均水平。另外，各地区食品烟酒所占比重中，除四川、重庆外，安徽、江西、云南、贵州均偏高，分别为34.46%、33.71%、32.6%、32.42%。城乡

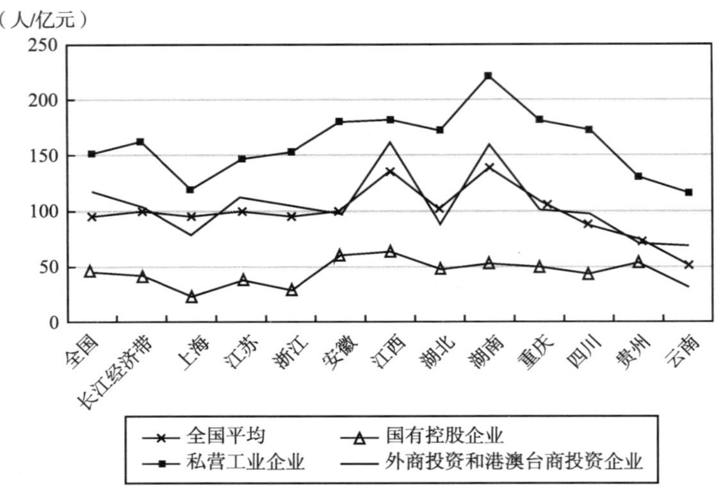

图7－13　不同企业类型单位资产平均用工人数

收入比指标相对较好，大多数地区低于全国平均水平（2.73），但是，贵州和云南偏高，分别为3.33和3.2（见图7－14～图7－16）。

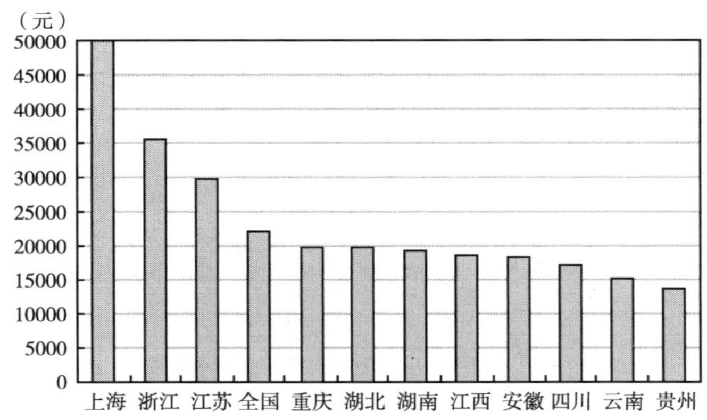

图7－14　长江经济带居民人均可支配收入

从人口结构来看，长江经济带劳动人口比重略低于全国平均水平。按照国际一般标准，15～64岁为劳动年龄人口。根据国家统计局2015年全国1%人口抽样调查样本数据（抽样比为1.55%）显示，按此标准的长江经济带劳动年龄人口比重是72.15%，略低于全国平均的73.01%。而老年人口抚养比15.71%，略高于全国14.33%的平均水平（见图7－17）。

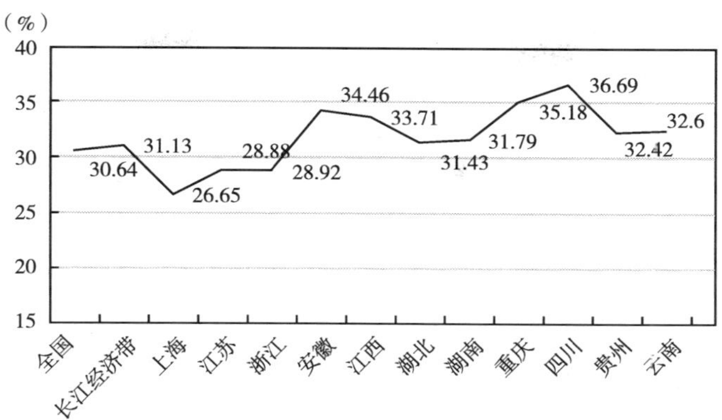

图 7-15　长江经济带各地区食品烟酒消费占总消费的比重

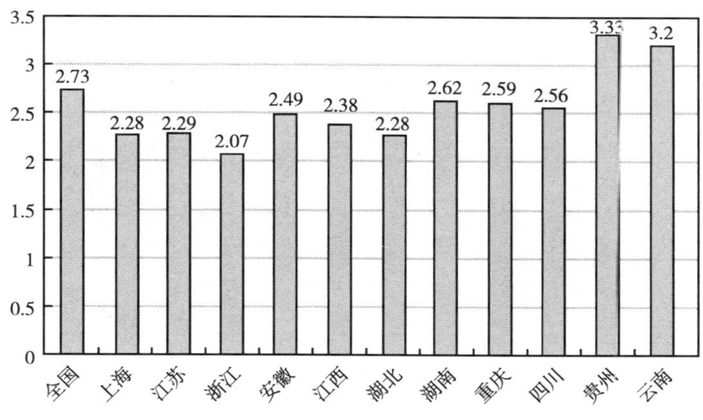

图 7-16　2015 年长江经济带城乡收入比

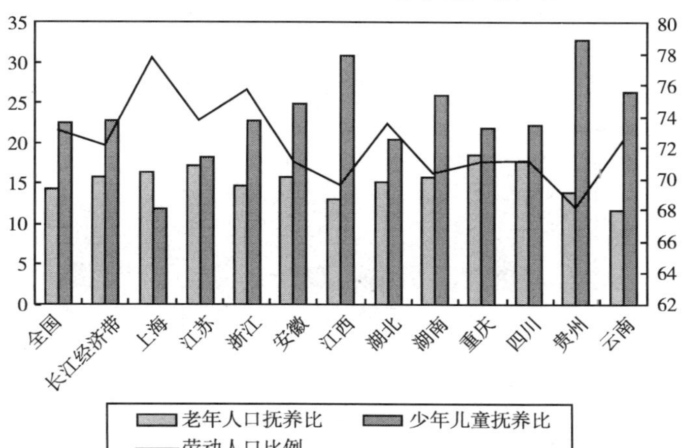

图 7-17　2015 年长江经济带抽样调查劳动人口比重和老年人口抚养比

从人口受教育程度来看，长江经济带也有待于进一步提升。2015 年，长江经济带 6 岁及以上受教育人口占全国比重，除小学水平人口占全国比重（46.7%）高于 6 岁及以上人口比重（42.93%）外，其余均低于人口比重。其中，长江经济带未上过学人口比重高达 49.16%，占全国未上学人口近一半水平。另外，文盲人口占 15 岁及以上人口的比重中，长江经济带为 6%，高于全国的 5.42% 的平均水平。长江经济带文盲比重高的地方主要集中在贵州、云南、四川、安徽等地区，分别为 13.01%、9.53%、8.14%、6.51%。长江经济带文盲占全国的比重高达 50.47%，文盲人口较多的省份为四川、江苏、云南、贵州、安徽，分别占全国的 9.07%、6%、5.9%、5.76%、5.3%（见图 7－18 和图 7－19）。

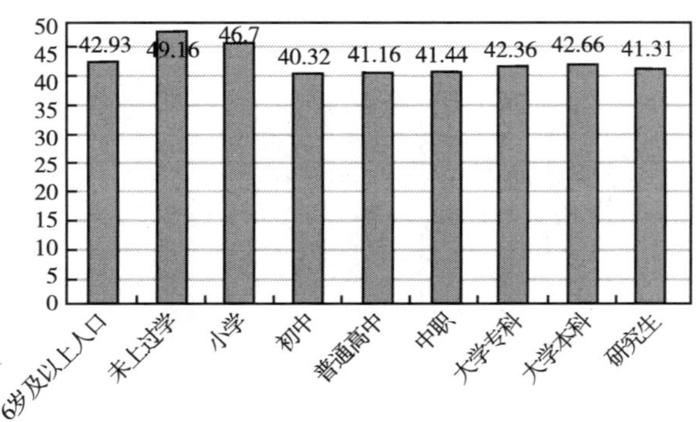

图 7－18　2015 年长江经济带受教育人口比重

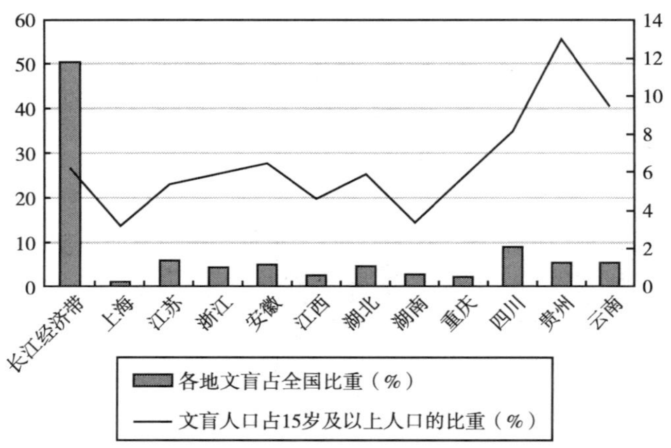

图 7－19　2015 年长江经济带文盲人口比重

3. 生态环境对经济社会发展具有一定负面作用

当前长江经济带正处于工业化中期向后期迈进的阶段，约有54.5%的省市仍处于以工业化中期为主的阶段。这意味着经济发展对于资源环境的负面压力仍然较大。在此，比较2015年单位生产总值的环境指标（废气中的二氧化硫、氮氧化物、烟/粉尘排放，废水及主要污染物排放），以及资源问题指标（总能源消费、煤炭消费、石油消费、电力消耗），测算出超过全国平均水平的地区，如表7－3所示。对于这些地区而言，经济社会发展所引起的污染排放和资源消耗较大。在目前环境保护指标强约束的背景下，这些地区为保护环境必然要付出相对更高的经济社会发展成本。

表7－3　2015年长江经济带GDP均排放/消耗超过全国平均水平地区

类别			地区
GDP均排放/消耗超过全国平均水平	大气	二氧化硫	贵州、云南、江西、重庆
		氮氧化物	贵州、云南、安徽、江西
		烟（粉）尘	江西、贵州、安徽、云南
	废水总量排放		江西、安徽、云南、四川、湖南、贵州
	能源消耗		贵州、云南、四川
	煤炭消耗		贵州、安徽
	石油消耗		上海、四川、湖北、云南
	电力消耗		贵州、云南

另外，受全球气候变化、各类工程设施修建等影响，长江经济带生态环境自身对于经济社会发展的负面影响已经开始显现。例如，洞庭湖地区、三峡水库及长江上游水库群建成后，其江湖关系发生重大改变。目前，湖泊丰水期水域面积由新中国成立初期的4350平方千米锐减至2625平方千米；低枯期水域面积仅500平方千米左右。湖南省的安乡、华容、南县，湖北省松滋、公安、石首等县市“守着水窝子没水吃”。从产业发展来看，农林渔牧业，以及依赖农业的加工业等都一定程度上受到影响。再如，受南水北调工程影响，长江最长支流汉江水位下降，中下游干流通航能力、供水区内灌区绝大多数闸站取水能力等均大幅降低。沿江各水厂的功能受到影响，平均供水保证率下降34.7%。除此之外，汉江流域农业、渔业、工业，以及新型城镇化建设，随着

水位降低受到了较大冲击。

三、当前长江经济带发展对我国区域格局影响

当前，长江经济带在全国区域经济发展格局中已具有举足轻重的地位，对全国区域经济增长具有示范和引领作用。

（一）长江经济带发展现状对我国区域经济发展格局总体分析

1. 长江经济带在我国区域经济发展格局中占据重要地位

从人口和GDP两大综合指标来看，长江经济带在全国经济社会中的地位举足轻重。2015年，长江经济带人口占全国总人口的42.8%、GDP占全国总量的44.5%，均超过全国总量的2/5。从其他主要指标来看，长江经济带地方一般公共预算收入和支出分别占全国的45.0%和42.6%、全社会固定资产投资额占42.3%、社会消费品零售总额占41.7%、货物进出口总额占42.2%、客运量占50.5%、货运量占42.4%、本专科在校学生数占42.5%、执业（助理）医师占43.7%。在我国区域经济发展格局中占据重要的地位（见图7－20和图7－21）。

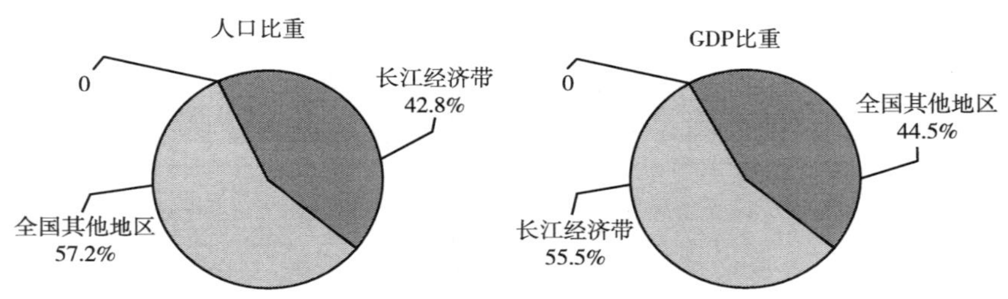

图7－20　2015年长江经济带人口经济在全国比重

注：长江经济带占全国比重中的分母选用全国总量数据，而不是全国各地区合计数。

2. 长江经济带对全国区域经济增长具有示范和引领作用

首先，长江经济带沿线分布了重要城市群，是我国区域经济发展的增长极。从学术研究视角，长江经济带沿线分布着长三角城市群、成渝城市群、武汉城市群、长株潭城市群、南昌城市群等五大城市群，以及昆明集聚区、温州集聚区、台州集聚区、徐州集聚区、宜荆集聚区等五大城市集聚区。从规模来

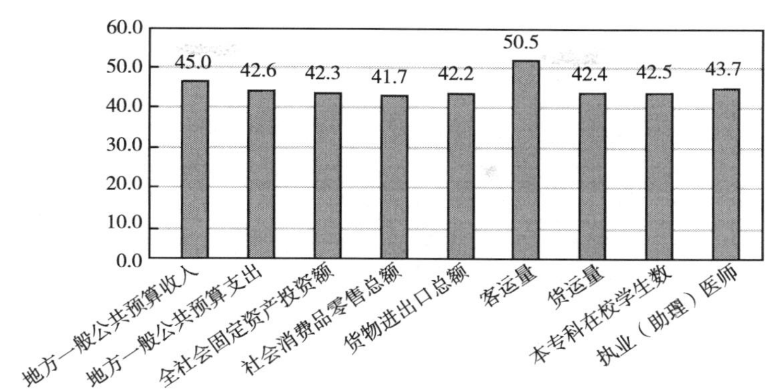

图 7－21　2015 年长江经济带其他主要指标在全国比重

看，全国十二大城市群中，长江经济带所占比重为 41.67%，数量较多。从内涵来看，长江经济带有全国发育最成熟的长三角城市群，以及处于中期阶段但具有较快增长潜力的武汉城市群、长株潭城市群、成渝城市群。由于城市群是参与全球未来合作与竞争的重要载体，是组成国家经济社会发展的核心单元，因此在上述城市群的带动下，长江经济带具有较大发展潜力，是我国区域经济发展重要的增长极。

其次，长江经济带的新型城镇化、黄金水道、创新驱动建设分别对全国投资和消费、进出口、潜在 GDP 增长产生带动作用。新型城镇化建设方面，2015 年，长江经济带年末总人口 58766.18 万人，占全国总人口的 42.8%；城镇人口 32592.68 万人，城镇化率为 55.46%。长江经济带城镇化率略低于全国平均水平也略低于此阶段的经济发展水平。相对一般地区而言，长江经济带新型城镇化的快速推动更有潜力。大规模人口城镇化带动的投资拉动、农村型消费向城市型消费升级拉动，对全国的投资和消费增长具有促进作用。黄金水道建设方面，长江经济带横跨我国东、中、西三大区域。西南通过云南与缅甸相连后进入印度洋，西北通过“渝新欧”和“蓉新欧”等运输线路连接中亚西亚乃至东欧地区，东端为我国传统对外开放前沿的沿海地区。通过长江黄金水道的连接有助于实现我国东西双向开放。创新驱动建设方面，长江经济带集中了全国 43% 的普通高等学校数，拥有全国一半左右的两院院士和科技人员，各类国家级创新平台超过 500 家，有效发明专利数和新产品销售收入占全国比重分别为 44.3% 和 50%。通过长江经济带的创新拉动，对于提升全国范围内科技促进经济发展能力，拉动潜在 GDP 增长具有重要促进作用。

（二）长江经济带发展现状对我国区域经济发展格局实证分析

1. 长江经济带 GDP 对全国 GDP 的影响分析

为分析长江经济带 GDP 对全国 GDP 的影响情况，以全国 GDP 为因变量，长江经济带 GDP 为自变量，利用收集整理到的 1952～2016 年两个变量数据，通过建立线性回归模型来进行估计分析。

为消除异方差等因素的影响，首先对两个变量数据进行取自然对数处理，分别得到全国 GDP 变量 LNGDP、长江经济带 GDP 变量 LNCGDP，由此建立的线性回归模型如下所示：

模型：$$LNGDP_t = \alpha + \beta LNCGDP_t + \varepsilon_t \quad (7-1)$$

其中，α 为常数项，β 为长江经济带 GDP 对全国 GDP 的影响系数，ε 为随机误差项。以下将运用 Eviews 软件对该模型进行估计分析。

（1）平稳性检验。

对于时间序列数据，先进行平稳性检验，以选择合适的分析方法，若数据是平稳的，则可以直接进行回归分析，若数据非平稳但满足同阶单整，则进行协整检验。

常用的平稳性检验方法为 ADF 单位根检验法，本章也采用此方法进行检验，利用 Eviews 软件对 LNGDP 平稳性进行检验的结果如表 7－4 所示。

表 7－4　LNGDP 的平稳性检验结果

Null Hypothesis：LNGDP has a unit root
Exogenous：Constant，Linear Trend
Lag Length：2（Automatic－based on SIC，maxlag＝10）

			t－Statistic	Prob. *
Augmented Dickey－Fuller test statistic			－1.613474	0.7762
Test critical values：	1% level		－4.115684	
	5% level		－3.485218	
	10% level		－3.170793	

注：＊MacKinnon（1996）one－sided p－values.

从表 7－5 检验结果看出，对于 LNGDP 存在单位根假设的检验，其 ADF 统计量相应的 P 值为 0.7762，大于 0.05，故应该接受 LNGDP 存在单位根的假设，这说明 LNGDP 是非平稳的时间序列。对于一阶差分 DLNGDP 存在单位根假设的检验，其 ADF 统计量相应的 P 值为 0.0018，小于 0.05，故在 5% 显著水平下可以拒绝 DLNGDP 存在单位根的假设，这说明 DLNGDP 是平稳的时间序列。因此，LNGDP 属于一阶单整时间序列。

表 7－5　　DLNGDP 平稳性检验结果

Null Hypothesis：D（LNGDP）has a unit root
Exogenous：Constant，Linear Trend
Lag Length：1（Automatic－based on SIC，maxlag＝10）

			t－Statistic	Prob.*
Augmented Dickey－Fuller test statistic			－4.700127	0.0018
Test critical values：	1% level		－4.115684	
	5% level		－3.485218	
	10% level		－3.170793	

注：＊MacKinnon（1996）one－sided p－values.

同时，对 LNCGDP 平稳性进行检验的结果如表 7－6 所示。

表 7－6　　LNCGDP 的平稳性检验结果

Null Hypothesis：LNCGDP has a unit root
Exogenous：Constant，Linear Trend
Lag Length：2（Automatic－based on SIC，maxlag＝10）

			t－Statistic	Prob.*
Augmented Dickey－Fuller test statistic			－1.523549	0.8106
Test critical values：	1% level		－4.115684	
	5% level		－3.485218	
	10% level		－3.170793	

注：＊MacKinnon（1996）one－sided p－values.

从表 7－7 检验结果看出，对于 LNCGDP 存在单位根假设的检验，其 ADF 统计量相应的 P 值为 0.8106，大于 0.05，故应该接受 LNCGDP 存在单位根的假设，这说明 LNCGDP 是非平稳的时间序列。对于一阶差分 DLNCGDP 存在单位根假设的检验，其 ADF 统计量相应的 P 值为 0.0051，小于 0.05，故在 5% 显著水平下可以拒绝 DLNCGDP 存在单位根的假设，这说明 DLNCGDP 是平稳的时间序列。因此，LNCGDP 也属于一阶单整时间序列。

表 7－7　　DLNCGDP 平稳性检验结果

Null Hypothesis: D (LNCGDP) has a unit root
Exogenous: Constant, Linear Trend
Lag Length: 1 (Automatic－based on SIC, maxlag＝10)

			t－Statistic	Prob. *
Augmented Dickey－Fuller test statistic			－4.355698	0.0051
Test critical values:	1% level		－4.115684	
	5% level		－3.485218	
	10% level		－3.170793	

注：＊MacKinnon (1996) one－sided p－values.

经过以上检验可知，LNGDP 和 LNCGDP 都是一阶单整时间序列，属于同阶单整，故接下来进行协整检验分析。

（2）协整检验。

协整检验能够对非平稳变量之间的稳定关系进行检验分析，以探究变量之间所表现出来的关系。本章采用 EG 两步法进行协整检验，其思路是先进行回归分析，然后再检验残差序列的平稳性，如果残差是平稳的序列，那么就说明存在协整关系，否则说明不存在协整关系。

运用 Eviews 软件，采用最小二乘法 OLS 对以上模型进行估计，得到的估计结果如表 7－8 所示。

表 7－8　　模型回归结果

Variable	Coefficient	Std. Error	t－Statistic	Prob.
LNCGDP	0.989364	0.002366	418.1457	0.0000
C	0.987277	0.020939	47.14970	0.0000
R－squared	0.999646	Mean dependent var		9.470999
Adjusted R－squared	0.999640	S.D. dependent var		2.182593
S.E. of regression	0.041423	Akaike info criterion		－3.499224
Sum squared resid	0.106382	Schwarz criterion		－3.431759
Log likelihood	113.9752	Hannan－Quinn criter.		－3.472646
F－statistic	174845.8	Durbin－Watson stat		0.336142
Prob (F－statistic)	0.000000			

从以上估计结果可以看出，该模型估计的拟合优度指标 R^2 为 0.999646，接近于 1，说明模型的拟合优度很好。F 统计量值为 174845.8，相应的伴随概率 P 值为 0，小于 0.05，说明模型估计整体是显著的。同时，DW 值为 0.336142，说明模型存在自相关，故需要进行修正。

在模型中加入 LNGDP、LNCGDP 的滞后 1 期，再次进行回归的结果如表 7－9 所示。

表 7－9　　模型自相关修正估计结果

Variable	Coefficient	Std. Error	t－Statistic	Prob.
LNCGDP	0.969847	0.040121	24.17280	0.0000
LNGDP（－1）	0.845762	0.074295	11.38387	0.0000
LNCGDP（－1）	－0.817537	0.077040	－10.61178	0.0000
C	0.156193	0.073968	2.111617	0.0390
R－squared	0.999888	Mean dependent var		9.517831
Adjusted R－squared	0.999882	S. D. dependent var		2.167468
S. E. of regression	0.023566	Akaike info criterion		－4.596606
Sum squared resid	0.032767	Schwarz criterion		－4.460534
Log likelihood	148.7931	Hannan－Quinn criter.		－4.543088
F－statistic	174800.2	Durbin－Watson stat		1.827571
Prob（F－statistic）	0.000000			

可以看出，此时模型估计的 DW 值为 1.827571，接近于 2，说明模型已经不存在自相关现象。进一步采用 White 检验法对模型是否存在异方差进行检验，检验结果如表 7－10 所示。

表 7－10　　模型的异方差 White 检验结果

Heteroskedasticity Test：White			
F－statistic	4.443214	Prob. F（3，59）	0.0070
Obs × R－squared	11.61028	Prob. Chi－Square（3）	0.0088

表 7－10 结果表明，White 检验的 Obs × R－squared 统计量相应的 P 值小于 0.05，故在 5% 显著水平下应该拒绝模型不存在异方差的假设，这说明模型

存在异方差现象，需要进行修正。

采用广义最小二乘法对模型进行异方差的修正，以残差绝对值的倒数为权重，再次进行回归的结果如表 7－11 所示。

表 7－11　　模型异方差修正估计结果

Variable	Coefficient	Std. Error	t－Statistic	Prob.
LNCGDP	0.996163	0.013635	73.06164	0.0000
LNGDP（－1）	1.005181	0.006019	166.9987	0.0000
LNCGDP（－1）	－1.002406	0.011354	－88.28762	0.0000
C	0.175548	0.170609	1.028951	0.3077
R－squared	1.000000	Mean dependent var		1423.903
Adjusted R－squared	1.000000	S.D. dependent var		3263.060
S.E. of regression	1.162513	Akaike info criterion		3.200431
Sum squared resid	79.73468	Schwarz criterion		3.336503
Log likelihood	－96.81358	Hannan－Quinn criter.		3.253949
F－statistic	1.63E＋08	Durbin－Watson stat		1.918269
Prob（F－statistic）	0.000000			

再次进行 White 异方差检验的结果如表 7－12 所示。

表 7－12　　模型异方差修正模型的 White 检验结果

Heteroskedasticity Test：White			
F－statistic	1.163549	Prob. F（3，59）	0.3313
Obs×R－squared	3.519098	Prob. Chi－Square（3）	0.3183

表 7－12 结果表明，White 检验的 Obs×R－squared 统计量相应的 P 值大于0.05，故在 5% 显著水平下应该接受模型不存在异方差的假设，这说明异方差现象已经消除。

经过以上的检验修正后，模型的估计结果是理想的，在回归的基础上，可进一步计算得到残差序列 E1，采用 ADF 单位根检验法对残差序列 E1 进行平稳性检验结果如表 7－13 所示。

表 7-13　　残差 E1 的平稳性检验结果

Null Hypothesis: E1 has a unit root
Exogenous: Constant
Lag Length: 0 (Automatic - based on SIC, maxlag = 10)

			t - Statistic	Prob. *
Augmented Dickey - Fuller test statistic			-7.491210	0.0000
Test critical values:	1% level		-3.540198	
	5% level		-2.909206	
	10% level		-2.592215	

注：* MacKinnon (1996) one - sided p - values.

可以看出，残差序列 ADF 检验的统计量相应的 P 值为 0.0000，小于 0.05，故可以认为残差序列 E1 是平稳的，这说明全国 GDP 与长江经济带 GDP 之间在长期存在协整关系。

由此得到的长江经济带 GDP 对全国 GDP 影响模型的估计方程为：

$$LNGDP_t = 0.175548 + 0.996163 \times LNCGDP_t + 1.005181 LNGDP_{t-1} - 1.002406 LNCGDP_{t-1} \quad (7-2)$$

从估计方程可以看出，LNCGDP 的估计系数为 0.996163，显著大于 0，这说明当期 LNCGDP 对当期 LNGDP 存在显著的正向影响，且其影响程度为 0.996163，因此，长江经济带 GDP 对全国 GDP 有显著的正向促进作用，长江经济带 GDP 的增长能够带动全国 GDP 的增长，当长江经济带 GDP 增长 1% 时，能够促进全国 GDP 相应增长 0.996163%。

2. 长江经济带人口对全国人口的影响分析

为分析长江经济带人口对全国人口的影响情况，以全国人口为因变量，长江经济带人口为自变量，利用收集整理到的 1952～2016 年两个变量数据，通过建立线性回归模型来进行估计分析。

为消除异方差等因素的影响，首先也对两个变量数据进行取自然对数处理，分别得到全国人口变量 LNP、长江经济带人口变量 LNCP，由此建立的线性回归模型如下所示：

模型：

$$LNP_t = \alpha + \beta LNCP_t + \varepsilon_t \quad (7-3)$$

其中，α 为常数项，β 为长江经济带人口对全国人口的影响系数，ε 为随机误差项。以下将运用 Eviews 软件对该模型进行估计分析。

（1）平稳性检验。

利用 Eviews 软件对 LNP 平稳性进行检验的结果如表 7－14 所示。

表 7－14　　LNP 的平稳性检验结果

Null Hypothesis：LNP has a unit root
Exogenous：Constant，Linear Trend
Lag Length：10（Automatic－based on SIC，maxlag＝10）

			t－Statistic	Prob. *
Augmented Dickey－Fuller test statistic			－1.581554	0.7871
Test critical values：	1% level		－4.140858	
	5% level		－3.496960	
	10% level		－3.177579	

注：＊MacKinnon（1996）one－sided p－values.

从表 7－15 检验结果看出，LNP 是非平稳的，而 DLNP 是平稳的时间序列。因此，LNP 属于一阶单整时间序列。

表 7－15　　DLNP 平稳性检验结果

Null Hypothesis：D（LNP）has a unit root
Exogenous：Constant，Linear Trend
Lag Length：9（Automatic－based on SIC，maxlag＝10）

			t－Statistic	Prob. *
Augmented Dickey－Fuller test statistic			－7.171631	0.0000
Test critical values：	1% level		－4.140858	
	5% level		－3.496960	
	10% level		－3.177579	

注：＊MacKinnon（1996）one－sided p－values.

同时，对 LNCP 平稳性进行检验的结果如表 7－16 所示。

表 7-16　　LNCP 的平稳性检验结果

Null Hypothesis: LNCP has a unit root
Exogenous: Constant, Linear Trend
Lag Length: 0 (Automatic - based on SIC, maxlag = 10)

			t - Statistic	Prob. *
Augmented Dickey - Fuller test statistic			0.260774	0.9980
Test critical values:	1% level		-4.110440	
	5% level		-3.482763	
	10% level		-3.169372	

注：* MacKinnon (1996) one - sided p - values.

从表 7-17 检验结果看出，LNCP 是非平稳的，而 DLNCP 是平稳的时间序列。因此，LNCP 属于一阶单整时间序列。

表 7-17　　DLNCP 平稳性检验结果

Null Hypothesis: D (LNCP) has a unit root
Exogenous: Constant, Linear Trend
Lag Length: 0 (Automatic - based on SIC, maxlag = 10)

			t - Statistic	Prob. *
Augmented Dickey - Fuller test statistic			-5.760042	0.0001
Test critical values:	1% level		-4.113017	
	5% level		-3.483970	
	10% level		-3.170071	

注：* MacKinnon (1996) one - sided p - values.

经过以上检验可知，LNP 和 LNCP 都是一阶单整时间序列，属于同阶单整，故接下来进行协整检验分析。

(2) 协整检验。

运用 Eviews 软件，采用最小二乘法 OLS 对以上模型进行估计，得到的估计结果如表 7-18 所示。

表 7-18　　模型回归结果

Variable	Coefficient	Std. Error	t - Statistic	Prob.
LNCP	1.079943	0.006583	164.0411	0.0000
C	-0.047570	0.070379	-0.675911	0.5016

续表

Variable	Coefficient	Std. Error	t - Statistic	Prob.
R - squared	0.997701	Mean dependent var		11.49438
Adjusted R - squared	0.997664	S. D. dependent var		0.273033
S. E. of regression	0.013196	Akaike info criterion		-5.787095
Sum squared resid	0.010796	Schwarz criterion		-5.719629
Log likelihood	187.1870	Hannan - Quinn criter.		-5.760517
F - statistic	26909.47	Durbin - Watson stat		0.266316
Prob（F - statistic）	0.000000			

从以上估计结果可以看出，该模型估计的拟合优度指标 R^2 为 0.997701，接近于 1，说明模型的拟合优度很好。F 统计量值为 26909.47，相应的伴随概率 P 值为 0，小于 0.05，说明模型估计整体是显著的。同时，DW 值为 0.266316，说明模型存在自相关，故需要进行修正。

在模型中加入 LNP、LNCP 的滞后 1 期，再次进行回归的结果如表 7 - 19 所示。

表 7 - 19　　模型自相关修正估计结果

Variable	Coefficient	Std. Error	t - Statistic	Prob.
LNCP	0.553295	0.047339	11.68792	0.0000
LNP（-1）	0.894087	0.037743	23.68877	0.0000
LNCP（-1）	-0.448339	0.060771	-7.377492	0.0000
C	0.102537	0.023703	4.325967	0.0001
R - squared	0.999802	Mean dependent var		11.50287
Adjusted R - squared	0.999792	S. D. dependent var		0.266565
S. E. of regression	0.003848	Akaike info criterion		-8.221291
Sum squared resid	0.000873	Schwarz criterion		-8.085219
Log likelihood	262.9707	Hannan - Quinn criter.		-8.167773
F - statistic	99171.63	Durbin - Watson stat		2.080233
Prob（F - statistic）	0.000000			

可以看出，此时模型估计的 DW 值为 2.080233，略高于 2，说明模型已经不存在自相关现象。进一步采用 White 检验法对模型是否存在异方差进行检验，利用 Eviews 软件得到的检验结果如表 7 - 20 所示。

表 7－20　　模型的异方差 White 检验结果

Heteroskedasticity Test：White			
F－statistic	1.838188	Prob. F（3，59）	0.1501
Obs×R－squared	5.385103	Prob. Chi－Square（3）	0.1457

表 7－20 结果表明，White 检验的 Obs×R－squared 统计量相应的 P 值大于 0.05，故在 5% 显著水平下应该接受模型不存在异方差的假设，这说明模型不存在异方差现象。

经过以上的检验修正后，模型的估计结果是理想的，在回归的基础上，可进一步计算得到残差序列 E2，采用 ADF 单位根检验法对残差序列 E2 进行平稳性检验结果如表 7－21 所示。

表 7－21　　残差 E2 的平稳性检验结果

Null Hypothesis：E2 has a unit root
Exogenous：Constant
Lag Length：0（Automatic－based on SIC，maxlag＝10）

			t－Statistic	Prob. *
Augmented Dickey－Fuller test statistic			－8.068791	0.0000
Test critical values：	1% level		－3.540198	
	5% level		－2.909206	
	10% level		－2.592215	

注：＊MacKinnon（1996）one－sided p－values.

可以看出，残差序列 ADF 检验的统计量相应的 P 值为 0.0000，小于 0.05，故可以认为残差序列 E2 是平稳的，这说明全国人口与长江经济带人口之间在长期存在协整关系。

由此得到的长江经济带人口对全国人口影响模型的估计方程为：

$$LNP_t = 0.102537 + 0.553295 \times LNCP_t + 0.894087LNP_{t-1} - 0.448339LNCP_{t-1} \tag{7-4}$$

从估计方程可以看出，LNCP 的估计系数为 0.553295，显著大于 0，这说明当期 LNCP 对 LNP 存在显著的正向影响，且其影响程度为 0.553295，因此，长江经济带人口对全国人口也有显著的正向促进作用，长江经济带人口的增长能够带动全国人口的增长，当长江经济带人口增长1%时，能够使全国人口相应增长0.553295%。

四、长江经济带和我国区域经济未来发展预判

采用自回归移动平均模型（ARMA模型），利用上述1952～2015年数据对长江经济带和全国2016～2020年经济和人口规模进行预测（具体数据检验、处理过程见附件）。ARMA模型是一种确定型时间序列模型预测方法，适于短期预测，其预测精度高于简单模型，其理论在平稳时间序列分析中已经较为成熟，同时在各个领域的应用也十分广泛。建立ARMA模型需要找出它的线性模型，它有以下三种形式：

（1）自回归AR（p）模型。

p阶自回归AR（p）模型的数学方程为：

$$y_t = c + \phi_1 y_{t-1} + \phi_2 y_{t-2} + L + \phi_p y_{t-p} + \varepsilon_t \tag{7-5}$$

其中，c为常数，p为自回归模型的阶数，ϕ_1，ϕ_2，L，ϕ_p为自回归模型的系数，ε_t为均值为0，方差是σ^2的白噪声。AR(p)模型主要是通过时间序列变量的自身历史数据观测值和当前随机扰动项来反映预测目标的影响作用。

（2）移动平均MA（q）模型。

q阶移动平均MA（q）模型的数学方程为：

$$y_t = \mu + \varepsilon_t + \theta_1 \varepsilon_{t-1} + \theta_2 \varepsilon_{t-2} + L + \theta_q \varepsilon_{t-q} \tag{7-6}$$

其中，μ为常数，q为移动平均模型的阶数，θ_1，θ_2，L，θ_q为移动平均模型的系数。MA（q）模型主要是用各个时期的随机扰动项的线性组合进行预测。

（3）自回归移动平均ARMA（p，q）模型。

将自回归模型与移动平均模型相结合，可以得到自回归移动平均ARMA（p，q）模型，其数学方程如下：

$$y_t = c + \phi_1 y_{t-1} + \phi_2 y_{t-2} + L + \phi_p y_{t-p} + \varepsilon_t + \theta_1 \varepsilon_{t-1} + \theta_2 \varepsilon_{t-2} + L + \theta_q \varepsilon_{t-q} \tag{7-7}$$

（一）长江经济带发展预判

1. GDP 预测

对 2016～2020 年长江经济带 GDP 进行预测。首先，为消除异方差等因素的影响，对长江经济带 GDP 数据进行自然对数处理，得到变量 LNCGDP。采用 ADF 单位根检验方法对 LNCGDP 的平稳性情况进行判断，其 ADF 统计量的检验值为 -1.523549，该值的绝对值小于其在各显著性水平下的相应临界值绝对值，说明 LNCGDP 是非平稳的时间序列。继续对其一阶差分序列进行检验，DLNCGDP 的 ADF 统计量的检验值为 -4.355698。该值的绝对值大于其在 1% 显著性水平下的相应临界值绝对值，故在 1% 显著水平下可以拒绝 DLNCGDP 存在单位根的假设，这说明 DLNCGDP 是平稳的时间序列。接下来，利用 DLNCGDP 这一平稳数据进行相应的建模分析。

其次，通过建立 AR（1）、MA（1）、ARMA（1，1）三个模型，分别对三个模型进行估计发现，AR（1）模型估计的 AIC 值和 SC 值都是最小的，且该模型估计的变量系数在 1% 水平下都是显著的，这说明 AR（1）模型最优。另外，AR（1）模型残差序列的自相关和偏相关系数基本都没有显著超过 95% 的置信区间，选择该模型是合适的。

（1）平稳性检验。

利用 Eviews 软件对 LNCGDP 平稳性进行检验的结果如表 7-22 所示。

表 7-22　　LNCGDP 的平稳性检验结果

Null Hypothesis: LNCGDP has a unit root
Exogenous: Constant, Linear Trend
Lag Length: 2 (Automatic - based on SIC, maxlag = 10)

			t - Statistic	Prob. *
Augmented Dickey - Fuller test statistic			-1.523549	0.8106
Test critical values:	1% level		-4.115684	
	5% level		-3.485218	
	10% level		-3.170793	

注：* MacKinnon (1996) one - sided p - values.

从以上检验结果看出，对于 LNCGDP 存在单位根假设的检验，其 ADF 统

计量的检验值为 -1.523549，该值的绝对值小于其在各显著性水平下的相应临界值绝对值，故应该接受 LNCGDP 存在单位根的假设，这说明 LNCGDP 是非平稳的时间序列。

继续对其一阶差分序列进行检验，进行一阶差分处理后得到 DLNCGDP，再次进行检验的结果如表 7-23 所示。

表 7-23　DLNCGDP 平稳性检验结果

Null Hypothesis: D (LNCGDP) has a unit root
Exogenous: Constant, Linear Trend
Lag Length: 1 (Automatic - based on SIC, maxlag = 10)

			t - Statistic	Prob. *
Augmented Dickey - Fuller test statistic			-4.355698	0.0051
Test critical values:	1% level		-4.115684	
	5% level		-3.485218	
	10% level		-3.170793	

注：* MacKinnon (1996) one - sided p - values.

从以上检验结果看出，对于 DLNCGDP 存在单位根假设的检验，其 ADF 统计量的检验值为 -4.355698，该值的绝对值大于其在 1% 显著性水平下的相应临界值绝对值，故在 1% 显著水平下可以拒绝 DLNCGDP 存在单位根的假设，这说明 DLNCGDP 是平稳的时间序列。

经过以上检验可知，LNCGDP 是非平稳，而 DLNCGDP 是平稳的，故在以下的分析中，应该利用 DLNCGDP 这一平稳数据进行相应的建模分析。

(2) ARMA 模型的识别与定阶。

本章通过建立 ARMA 模型来对长江经济带 GDP 进行预测，利用 Eviews 软件，绘制 DLNCGDP 的自相关图和偏自相关图如图 7-22 所示。

由图 7-22 可以看出，DLNCGDP 的自相关系数和偏自相关系数都是在 1 阶时最大，且显著超出了 95% 的置信区间，故初步判定 p、q 值可取为 1，由此可建立 AR (1)、MA (1)、ARMA (1, 1) 三个模型，分别对三个模型进行估计，所得到的结果分别如表 7-24 ~ 表 7-26 所示。

Autocorrelation	Partial Correlation		AC	PAC	Q-Stat	Prob.
		1	0.574	0.574	21.761	0.000
		2	0.251	−0.116	26.004	0.000
		3	0.022	−0.110	26.036	0.000
		4	0.013	0.114	26.048	0.000
		5	0.127	0.154	27.184	0.000
		6	0.313	0.231	34.213	0.000
		7	0.333	0.029	42.308	0.000
		8	0.120	−0.204	43.387	0.000
		9	0.071	0.184	43.770	0.000
		10	0.057	0.054	44.018	0.000
		11	0.049	−0.106	44.209	0.000
		12	0.088	0.009	44.825	0.000
		13	0.192	0.150	47.859	0.000
		14	0.122	−0.073	49.095	0.000
		15	0.160	0.184	51.267	0.000
		16	0.037	−0.269	51.388	0.000
		17	−0.056	−0.046	51.662	0.000
		18	−0.096	0.089	52.496	0.000
		19	−0.060	−0.136	52.835	0.000
		20	−0.099	−0.228	53.759	0.000
		21	−0.148	−0.044	55.897	0.000
		22	−0.051	0.127	56.158	0.000
		23	−0.077	−0.002	56.770	0.000
		24	−0.124	−0.226	58.386	0.000
		25	−0.109	−0.007	59.657	0.000
		26	−0.152	0.030	62.207	0.000
		27	−0.205	0.034	66.978	0.000
		28	−0.109	−0.053	68.372	0.000

图 7－22　DLNCGDP 的自相关和偏自相关图

表 7－24　　　DLNCGDP 的 AR（1）模型估计结果

Variable	Coefficient	Std. Error	t－Statistic	Prob.
C	0. 108933	0. 020020	5. 441092	0. 0000
AR（1）	0. 576682	0. 105308	5. 476163	0. 0000
R－squared	0. 333247	Mean dependent var		0. 110980
Adjusted R－squared	0. 322135	S. D. dependent var		0. 080973

续表

Variable	Coefficient	Std. Error	t - Statistic	Prob.
S. E. of regression	0.066667	Akaike info criterion		-2.546486
Sum squared resid	0.266670	Schwarz criterion		-2.477868
Log likelihood	80.94105	Hannan - Quinn criter.		-2.519545
F - statistic	29.98837	Durbin - Watson stat		1.778292
Prob (F - statistic)	0.000001			

表 7 - 25　　DLNCGDP 的 MA (1) 模型估计结果

Variable	Coefficient	Std. Error	t - Statistic	Prob.
C	0.111745	0.012972	8.614354	0.0000
MA (1)	0.502756	0.109059	4.609937	0.0000
R - squared	0.284129	Mean dependent var		0.111801
Adjusted R - squared	0.272394	S. D. dependent var		0.080581
S. E. of regression	0.068736	Akaike info criterion		-2.485862
Sum squared resid	0.288201	Schwarz criterion		-2.417826
Log likelihood	80.30465	Hannan - Quinn criter.		-2.459103
F - statistic	24.21092	Durbin - Watson stat		1.718225
Prob (F - statistic)	0.000007			

表 7 - 26　　DLNCGDP 的 ARMA (1, 1) 模型估计结果

Variable	Coefficient	Std. Error	t - Statistic	Prob.
C	0.109207	0.018112	6.029425	0.0000
AR (1)	0.433654	0.191431	2.265321	0.0272
MA (1)	0.213790	0.208136	1.027165	0.3085
R - squared	0.346458	Mean dependent var		0.110980
Adjusted R - squared	0.324304	S. D. dependent var		0.080973
S. E. of regression	0.066560	Akaike info criterion		-2.534240
Sum squared resid	0.261386	Schwarz criterion		-2.431315
Log likelihood	81.56145	Hannan - Quinn criter.		-2.493829
F - statistic	15.63865	Durbin - Watson stat		1.952494
Prob (F - statistic)	0.000004			

比较以上三个模型的估计结果可以看出，AR（1）模型估计的 AIC 值和 SC 值都是最小的，且该模型估计的变量系数在 1% 水平下都是显著的，这说明 AR（1）模型最优。

（3）ARMA 模型的检验。

在以上 AR（1）模型估计的基础上，可得到其残差序列，绘制残差序列的自相关和偏自相关图如图 7-23 所示。

Autocorrelation	Partial Correlation		AC	PAC	Q-Stat	Prob.
		1	0.088	0.088	0.5093	
		2	-0.019	-0.027	0.5324	0.466
		3	-0.187	-0.184	2.8810	0.237
		4	-0.098	-0.068	3.5321	0.317
		5	-0.049	-0.043	3.6992	0.448
		6	0.234	0.215	7.5801	0.181
		7	0.307	0.267	14.363	0.026
		8	-0.049	-0.115	14.537	0.042
		9	-0.027	0.048	14.590	0.068
		10	0.005	0.140	14.592	0.103
		11	-0.035	-0.011	14.685	0.144
		12	-0.041	-0.078	14.819	0.191
		13	0.206	0.128	18.257	0.108
		14	-0.029	-0.107	18.328	0.145
		15	0.188	0.276	21.325	0.094
		16	-0.027	-0.078	21.387	0.125
		17	-0.063	-0.151	21.738	0.152
		18	-0.080	0.099	22.313	0.173
		19	-0.059	-0.042	22.632	0.205
		20	-0.010	-0.163	22.642	0.254
		21	-0.151	-0.221	24.836	0.208
		22	0.082	0.012	25.504	0.226
		23	0.002	0.095	25.504	0.274
		24	-0.105	-0.157	26.664	0.271
		25	0.011	-0.105	26.677	0.320
		26	-0.034	-0.080	26.801	0.366
		27	-0.169	0.029	30.044	0.266
		28	-0.006	0.016	30.047	0.312

图 7-23　DLNCGDP 的 AR（1）模型残差序列的自相关和偏自相关图

通过观察图 7－23 可以看出，AR（1）模型残差序列的自相关和偏相关系数基本都没有显著超过 95% 的置信区间，表明该残差序列不存在显著的自相关现象，因此，AR（1）模型消除了自相关，该模型是合适的。

最后，确定 DLNCGDP 的 AR（1）模型方程为：

$$DLNCGDP = 0.108933 + 0.576682 \times AR(1) \qquad (7-8)$$

利用上述方程，对未来 5 年的长江经济带 GDP 进行预测，结果如表 7－27 所示。

表 7－27　　长江经济带 GDP 预测

年份	2016 年	2017 年	2018 年	2019 年	2020 年
GDP（亿元）	332686.6	366879.0	408104.2	456143.8	509992.6

2. 人口预测

首先，对自然对数处理后的长江经济带人口 LNCP 数据进行平稳性检验。ADF 统计量的检验值为 0.260774，该值小于其在各显著性水平下的相应临界值绝对值，说明 LNCP 是非平稳的时间序列。继续进行一阶差分处理，得到 DLNCP。其 ADF 统计量的检验值为－5.760042，该值的绝对值大于其在 1% 显著性水平下的相应临界值绝对值，故在 1% 显著水平下可以拒绝 DLNCP 存在单位根的假设，这说明 DLNCP 是平稳的时间序列。在此，选用 DLNCP 这一平稳数据进行相应的建模分析。

其次，建立 AR（1）、MA（1）、ARMA（1，1）三个模型，分别对其进行估计。ARMA（1，1）模型估计的 AIC 值最小，而 AR（1）模型的 SC 值最小，同时，ARMA（1，1）模型的拟合优度 R^2 高于 AR（1）模型的 R^2，因此，ARMA（1，1）模型较优。另外，ARMA（1，1）模型残差序列的自相关和偏相关系数都没有显著超过 95% 的置信区间，消除了自相关，本模型是合适的。

（1）平稳性检验。

利用 Eviews 软件对长江经济带人口 LNCP 平稳性进行检验的结果如表 7－28所示。

表 7-28　　LNCP 的平稳性检验结果

Null Hypothesis: LNCP has a unit root
Exogenous: Constant, Linear Trend
Lag Length: 0 (Automatic - based on SIC, maxlag = 10)

			t - Statistic	Prob. *
Augmented Dickey - Fuller test statistic			0.260774	0.9980
Test critical values:	1% level		-4.110440	
	5% level		-3.482763	
	10% level		-3.169372	

注：* MacKinnon (1996) one - sided p - values.

从以上检验结果看出，对于 LNCP 存在单位根假设的检验，其 ADF 统计量的检验值为 0.260774，该值小于其在各显著性水平下的相应临界值绝对值，故应该接受 LNCP 存在单位根的假设，这说明 LNCP 是非平稳的时间序列。

继续对其一阶差分序列进行检验，进行一阶差分处理后得到 DLNCP，再次进行检验的结果如表 7-29 所示。

表 7-29　　DLNCP 平稳性检验结果

Null Hypothesis: D (LNCP) has a unit root
Exogenous: Constant, Linear Trend
Lag Length: 0 (Automatic - based on SIC, maxlag = 10)

			t - Statistic	Prob. *
Augmented Dickey - Fuller test statistic			-5.760042	0.0001
Test critical values:	1% level		-4.113017	
	5% level		-3.483970	
	10% level		-3.170071	

注：* MacKinnon (1996) one - sided p - values.

从以上检验结果看出，对于 DLNCP 存在单位根假设的检验，其 ADF 统计量的检验值为 -5.760042，该值的绝对值大于其在 1% 显著性水平下的相应临界值绝对值，故在 1% 显著水平下可以拒绝 DLNCP 存在单位根的假设，这说明 DLNCP 是平稳的时间序列。

经过以上检验可知，LNCP 是非平稳，而 DLNCP 是平稳的，故在以下的分析中，应该利用 DLNCP 这一平稳数据进行相应的建模分析。

（2）ARMA 模型的建立。

本章通过建立 ARMA 模型来对长江经济带人口进行预测，利用 Eviews 软件，绘制 DLNCP 的自相关图和偏自相关图如图 7-24 所示。

Autocorrelation	Partial Correlation		AC	PAC	Q-Stat	Prob.
		1	0.440	0.440	12.787	0.000
		2	0.318	0.155	19.584	0.000
		3	0.228	0.053	23.139	0.000
		4	0.213	0.082	26.298	0.000
		5	0.145	-0.004	27.780	0.000
		6	0.112	0.004	28.677	0.000
		7	0.114	0.041	29.621	0.000
		8	0.082	-0.007	30.122	0.000
		9	0.153	0.114	31.898	0.000
		10	0.201	0.115	35.030	0.000
		11	0.139	-0.028	36.556	0.000
		12	-0.059	-0.230	36.832	0.000
		13	0.086	0.148	37.435	0.000
		14	0.055	-0.004	37.686	0.001
		15	0.088	0.054	38.351	0.001
		16	0.114	0.093	39.489	0.001
		17	0.063	-0.067	39.837	0.001
		18	0.107	0.061	40.888	0.002
		19	0.038	-0.077	41.026	0.002
		20	0.039	-0.057	41.173	0.004
		21	0.006	0.027	41.177	0.005
		22	0.001	0.037	41.178	0.008
		23	0.001	-0.011	41.178	0.011
		24	-0.017	-0.091	41.209	0.016
		25	-0.017	0.016	41.239	0.022
		26	-0.072	-0.127	41.807	0.026
		27	-0.089	-0.031	42.701	0.028
		28	-0.095	0.005	43.747	0.029

图 7-24　DLNCP 的自相关和偏自相关图

由图 7-24 可以看出，DLNCP 的自相关系数和偏自相关系数都是在 1 阶时最大，且显著超出了 95% 的置信区间，故初步判定 p、q 值可取为 1，由此可建立 AR（1）、MA（1）、ARMA（1，1）三个模型，分别对三个模型进行估计，所得到的结果分别如表 7-30 ~ 表 7-32 所示。

表 7－30　　DLNCP 的 AR（1）模型估计结果

Variable	Coefficient	Std. Error	t－Statistic	Prob.
C	0. 012158	0. 002407	5. 050438	0. 0000
AR（1）	0. 442497	0. 115539	3. 829851	0. 0003
R－squared	0. 196440	Mean dependent var		0. 012351
Adjusted R－squared	0. 183048	S. D. dependent var		0. 011683
S. E. of regression	0. 010560	Akaike info criterion		－6. 231755
Sum squared resid	0. 006691	Schwarz criterion		－6. 163138
Log likelihood	195. 1844	Hannan－Quinn criter.		－6. 204814
F－statistic	14. 66775	Durbin－Watson stat		2. 150272
Prob（F－statistic）	0. 000309			

表 7－31　　DLNCP 的 MA（1）模型估计结果

Variable	Coefficient	Std. Error	t－Statistic	Prob.
C	0. 012479	0. 001815	6. 873443	0. 0000
MA（1）	0. 328808	0. 120945	2. 718662	0. 0085
R－squared	0. 140733	Mean dependent var		0. 012487
Adjusted R－squared	0. 126646	S. D. dependent var		0. 011639
S. E. of regression	0. 010877	Akaike info criterion		－6. 173098
Sum squared resid	0. 007217	Schwarz criterion		－6. 105062
Log likelihood	196. 4526	Hannan－Quinn criter.		－6. 146339
F－statistic	9. 990701	Durbin－Watson stat		1. 821977
Prob（F－statistic）	0. 002450			

表 7－32　　DLNCP 的 ARMA（1，1）模型估计结果

Variable	Coefficient	Std. Error	t－Statistic	Prob.
C	0. 011273	0. 003511	3. 210507	0. 0021
AR（1）	0. 792436	0. 148843	5. 323982	0. 0000
MA（1）	－0. 475139	0. 216164	－2. 198044	0. 0319
R－squared	0. 231138	Mean dependent var		0. 012351
Adjusted R－squared	0. 205075	S. D. dependent var		0. 011683
S. E. of regression	0. 010417	Akaike info criterion		－6. 243638
Sum squared resid	0. 006402	Schwarz criterion		－6. 140712
Log likelihood	196. 5528	Hannan－Quinn criter.		－6. 203226
F－statistic	8. 868412	Durbin－Watson stat		1. 951143
Prob（F－statistic）	0. 000429			

比较以上三个模型的估计结果可以看出，ARMA（1，1）模型估计的 AIC 值最小，而 AR（1）模型的 SC 值最小，同时，ARMA（1，1）模型的拟合优度 R^2 高于 AR（1）模型的 R^2，这说明 ARMA（1，1）模型较优。

（3）ARMA 模型的检验。

在以上 ARMA（1，1）模型估计的基础上，可得到其残差序列，绘制残差序列的自相关和偏自相关图如图 7－25 所示。

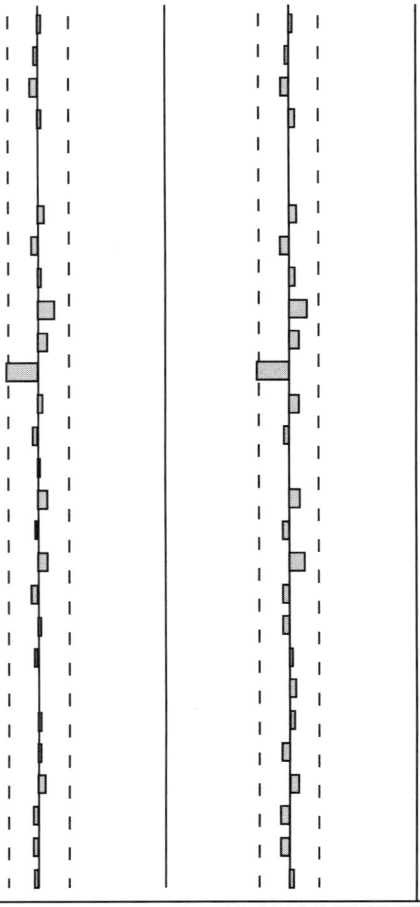

Autocorrelation	Partial Correlation		AC	PAC	Q-Stat	Prob.
		1	0.023	0.023	0.0350	
		2	−0.022	−0.022	0.0665	
		3	−0.059	−0.058	0.2978	0.585
		4	0.024	0.027	0.3388	0.844
		5	−0.004	−0.008	0.3399	0.952
		6	0.001	−0.001	0.3400	0.987
		7	0.065	0.068	0.6464	0.986
		8	−0.063	−0.068	0.9387	0.988
		9	0.024	0.031	0.9836	0.995
		10	0.132	0.137	2.3074	0.970
		11	0.084	0.068	2.8564	0.970
		12	−0.259	−0.259	8.1645	0.613
		13	0.038	0.076	8.2796	0.688
		14	−0.031	−0.042	8.3579	0.757
		15	0.023	−0.000	8.4035	0.816
		16	0.069	0.090	8.8189	0.842
		17	−0.016	−0.051	8.8422	0.886
		18	0.096	0.116	9.6702	0.883
		19	−0.064	−0.028	10.047	0.902
		20	0.026	−0.044	10.108	0.928
		21	−0.011	0.009	10.121	0.950
		22	−0.001	0.049	10.121	0.966
		23	0.022	0.041	10.171	0.977
		24	0.010	−0.053	10.182	0.985
		25	0.043	0.071	10.380	0.989
		26	−0.035	−0.077	10.511	0.992
		27	−0.029	−0.029	10.609	0.995
		28	−0.012	0.019	10.626	0.977

图 7－25　DLNCP 的 ARMA（1，1）模型残差序列的自相关和偏自相关图

通过观察图 7 - 25 可以看出，ARMA（1，1）模型残差序列的自相关和偏相关系数都没有显著超过 95% 的置信区间，表明该残差序列不存在显著的自相关现象，因此，ARMA（1，1）模型消除了自相关，该模型是合适的。

最后，确定 DLNCP 的 ARMA（1，1）模型方程为：

$$DLNCP = 0.011273 + 0.792436 \times AR(1) - 0.475139 \times MA(1) \quad (7-9)$$

利用上述方程，对未来 5 年的长江经济带人口进行预测，结果如表 7 - 33 所示。

表 7 - 33　　长江经济带人口预测

年份	2016 年	2017 年	2018 年	2019 年	2020 年
人口（万人）	59215.2	59719.1	60100.7	60687.5	61346.0

（二）我国区域经济发展预判

同样使用 1952 ~ 2015 年数据，利用 ARMA 模型对全国未来五年 GDP 和人口规模进行预测。

1. GDP 预测

首先，对自然对数处理后的全国 GDP 数据进行平稳性检验。其 ADF 统计量的检验值为 - 1.613474，该值的绝对值小于其在各显著性水平下的相应临界值绝对值，说明 LNGDP 是非平稳的时间序列。继续对其一阶差分序列 DLNGDP 进行检验，其 ADF 统计量的检验值为 - 4.700127，该值的绝对值大于其在 1% 显著性水平下的相应临界值绝对值，故在 1% 显著水平下可以拒绝 DLNGDP 存在单位根的假设，DLNGDP 是平稳的时间序列。

其次，建立 AR（1）、MA（1）、ARMA（1，1）三个模型，分别对三个模型进行估计后发现，ARMA（1，1）模型估计的 AIC 值和 SC 值都是最小的，且该模型估计的变量系数在 10% 水平下都是显著的，为最优模型。另外，ARMA（1，1）模型消除了自相关，模型是合适的。

（1）平稳性检验。

为消除异方差等因素的影响，首先对全国 GDP 数据进行自然对数处理，得到变量 LNGDP；同时，对于时间序列数据的建模分析，若是平稳的则可以直接进行分析，若是非平稳的则需要转化为平稳的再建模分析，故采用 ADF 单位根检验方法对 LNGDP 的平稳性情况进行判断。

利用 Eviews 软件对 LNGDP 平稳性进行检验的结果如表 7－34 所示。

表 7－34　　　　LNGDP 的平稳性检验结果

Null Hypothesis：LNGDP has a unit root

Exogenous：Constant，Linear Trend

Lag Length：2（Automatic－based on SIC，maxlag＝10）

			t－Statistic	Prob. *
Augmented Dickey－Fuller test statistic			－1.613474	0.7762
Test critical values：	1% level		－4.115684	
	5% level		－3.485218	
	10% level		－3.170793	

注：＊MacKinnon（1996）one－sided p－values.

从以上检验结果看出，对于 LNGDP 存在单位根假设的检验，其 ADF 统计量的检验值为－1.613474，该值的绝对值小于其在各显著性水平下的相应临界值绝对值，故应该接受 LNGDP 存在单位根的假设，这说明 LNGDP 是非平稳的时间序列。

继续对其一阶差分序列进行检验，进行一阶差分处理后得到 DLNGDP，再次进行检验的结果如表 7－35 所示。

表 7－35　　　　DLNGDP 平稳性检验结果

Null Hypothesis：D（LNGDP）has a unit root

Exogenous：Constant，Linear Trend

Lag Length：1（Automatic－based on SIC，maxlag＝10）

			t－Statistic	Prob. *
Augmented Dickey－Fuller test statistic			－4.700127	0.0018
Test critical values：	1% level		－4.115684	
	5% level		－3.485218	
	10% level		－3.170793	

注：＊MacKinnon（1996）one－sided p－values.

从以上检验结果看出，对于 DLNGDP 存在单位根假设的检验，其 ADF 统计量的检验值为－4.700127，该值的绝对值大于其在 1% 显著性水平下的相应临界值绝对值，故在 1% 显著水平下可以拒绝 DLNGDP 存在单位根的假设，这说明 DLNGDP 是平稳的时间序列。

经过以上检验可知，LNGDP 是非平稳，而 DLNGDP 是平稳的，故在以下的分析中，应该利用 DLNGDP 这一平稳数据进行相应的建模分析。

（2）ARMA 模型的建立。

本章通过建立 ARMA 模型来对全国 GDP 进行预测，对于 ARMA 模型，可以利用其样本的自相关和偏自相关图来判定模型的阶数 p 和 q。

利用 Eviews 软件，绘制 DLNGDP 的自相关图和偏自相关图如图 7－26 所示。

Autocorrelation	Partial Correlation		AC	PAC	Q-Stat	Prob.
		1	0.599	0.599	23.675	0.000
		2	0.219	-0.217	26.900	0.000
		3	0.006	-0.039	26.902	0.000
		4	0.033	0.153	26.978	0.000
		5	0.203	-0.203	29.890	0.000
		6	0.315	-0.098	37.006	0.000
		7	0.270	-0.002	42.325	0.000
		8	0.072	-0.124	42.710	0.000
		9	0.026	0.151	42.761	0.000
		10	0.063	0.021	43.063	0.000
		11	0.062	-0.132	43.362	0.000
		12	0.059	-0.007	43.644	0.000
		13	0.122	0.185	44.863	0.000
		14	0.129	-0.002	46.245	0.000
		15	0.149	0.060	48.144	0.000
		16	0.044	-0.194	48.314	0.000
		17	0.052	0.009	48.558	0.000
		18	0.120	-0.034	49.859	0.000
		19	-0.051	0.022	50.104	0.000
		20	-0.075	-0.308	50.642	0.000
		21	-0.095	0.045	51.529	0.000
		22	-0.035	0.175	51.654	0.000
		23	-0.097	-0.160	52.627	0.000
		24	-0.117	-0.105	54.053	0.000
		25	-0.123	0.023	55.678	0.000
		26	-0.173	-0.091	59.000	0.000
		27	-0.190	0.065	63.090	0.000
		28	-0.126	-0.104	64.945	0.000

图 7－26　DLNGDP 的自相关和偏自相关图

由图 7 - 26 可以看出，DLNGDP 的自相关系数和偏自相关系数都是在 1 阶时最大，且显著超出了 95% 的置信区间，故初步判定 p、q 值可取为 1，由此可建立 AR（1）、MA（1）、ARMA（1，1）三个模型，分别对三个模型进行估计，所得到的结果分别如表 7 - 36 ~ 表 7 - 38 所示。

表 7 - 36　　DLNGDP 的 AR（1）模型估计结果

Variable	Coefficient	Std. Error	t - Statistic	Prob.
C	0.105237	0.020608	5.106526	0.0000
AR（1）	0.602280	0.102059	5.901268	0.0000
R - squared	0.367255	Mean dependent var		0.108444
Adjusted R - squared	0.356709	S. D. dependent var		0.080289
S. E. of regression	0.064396	Akaike info criterion		-2.615796
Sum squared resid	0.248813	Schwarz criterion		-2.547179
Log likelihood	83.08968	Hannan - Quinn criter.		-2.588855
F - statistic	34.82496	Durbin - Watson stat		1.592711
Prob（F - statistic）	0.000000			

表 7 - 37　　DLNGDP 的 MA（1）模型估计结果

Variable	Coefficient	Std. Error	t - Statistic	Prob.
C	0.109621	0.012967	8.453859	0.0000
MA（1）	0.576616	0.103868	5.551428	0.0000
R - squared	0.346623	Mean dependent var		0.109798
Adjusted R - squared	0.335912	S. D. dependent var		0.080362
S. E. of regression	0.065488	Akaike info criterion		-2.582673
Sum squared resid	0.261608	Schwarz criterion		-2.514637
Log likelihood	83.35419	Hannan - Quinn criter.		-2.555914
F - statistic	32.36113	Durbin - Watson stat		1.667872
Prob（F - statistic）	0.000000			

表 7 - 38　　DLNGDP 的 ARMA（1，1）模型估计结果

Variable	Coefficient	Std. Error	t - Statistic	Prob.
C	0.106302	0.018041	5.892136	0.0000
AR（1）	0.413267	0.172494	2.395829	0.0198
MA（1）	0.328703	0.181054	1.815500	0.0745

续表

Variable	Coefficient	Std. Error	t - Statistic	Prob.
R - squared	0.409338	Mean dependent var		0.108444
Adjusted R - squared	0.389315	S. D. dependent var		0.080289
S. E. of regression	0.062743	Akaike info criterion		-2.652361
Sum squared resid	0.232265	Schwarz criterion		-2.549435
Log likelihood	85.22318	Hannan - Quinn criter.		-2.611949
F - statistic	20.44393	Durbin - Watson stat		1.909532
Prob (F - statistic)	0.000000			

比较以上三个模型的估计结果可以看出，ARMA（1，1）模型估计的 AIC 值和 SC 值都是最小的，且该模型估计的变量系数在 10% 水平下都是显著的，这说明 ARMA（1，1）模型最优。

（3）ARMA 模型的检验。

在以上 ARMA（1，1）模型估计的基础上，可得到其残差序列，绘制残差序列的自相关和偏自相关图如图 7-27 所示。

通过观察图 7-28 可以看出，ARMA（1，1）模型残差序列的自相关和偏相关系数都没有显著超过 95% 的置信区间，表明该残差序列不存在显著的自相关现象，因此，ARMA（1，1）模型消除了自相关，该模型是合适的。

最后，确定 DLNGDP 的 ARMA（1，1）模型方程为：

$$DLNGDP = 0.106302 + 0.413267 \times AR(1) + 0.328703 \times MA(1) \quad (7-10)$$

利用上述方程，对未来 5 年的全国 GDP 进行预测，结果如表 7-39 所示。

表 7-39　全国 GDP 预测

年份	2016 年	2017 年	2018 年	2019 年	2020 年
GDP（亿元）	742864.8	819797.7	940967.2	1067326.9	1192039.12

2. 人口预测

首先，对自然对数处理后的全国人口 LNP 平稳性进行检验。其 ADF 统计量的检验值为 -1.581554，该值的绝对值小于其在各显著性水平下的相应临界值绝对值，是非平稳的时间序列。继续对其一阶差分 DLNP 序列进行检验。其 ADF

Autocorrelation	Partial Correlation		AC	PAC	Q-Stat	Prob.
		1	0.026	0.026	0.0435	
		2	0.070	0.069	0.3654	
		3	−0.185	−0.190	2.6697	0.102
		4	0.003	0.010	2.6703	0.263
		5	0.040	0.069	2.7795	0.427
		6	0.204	0.172	5.7261	0.221
		7	0.211	0.208	8.9467	0.111
		8	−0.032	−0.054	9.0233	0.172
		9	−0.034	−0.002	9.1085	0.245
		10	0.053	0.140	9.3267	0.315
		11	0.018	−0.017	9.3525	0.405
		12	−0.071	−0.163	9.7491	0.463
		13	0.128	0.102	11.066	0.438
		14	0.011	0.002	11.076	0.522
		15	0.206	0.196	14.656	0.329
		16	−0.066	−0.078	15.306	0.376
		17	0.014	−0.071	15.053	0.448
		18	−0.169	−0.056	17.644	0.345
		19	0.121	0.152	18.987	0.329
		20	−0.049	−0.163	19.217	0.379
		21	−0.093	−0.283	20.054	0.391
		22	0.090	0.180	20.856	0.406
		23	−0.061	0.014	21.229	0.445
		24	−0.065	−0.170	21.677	0.479
		25	−0.009	0.005	21.685	0.539
		26	−0.074	−0.110	22.293	0.562
		27	−0.108	0.040	23.626	0.541
		28	−0.068	−0.028	24.164	0.567

图 7-27 DLNGDP 的 ARMA（1，1）模型残差序列的自相关和偏自相关图

统计量的检验值为 -7.171631，该值的绝对值大于其在 1% 显著性水平下的相应临界值绝对值，故在 1% 显著水平下可以拒绝 DLNP 存在单位根的假设，这说明 DLNP 是平稳的时间序列。选用 DLNP 这一平稳数据进行相应的建模分析。

其次，建立 AR(1)、MA(1)、ARMA(1，1）三个模型，分别对三个模型进行估计。ARMA(1，1）模型估计的 AIC 值最小，而 AR(1）模型的 SC 值最小，同时，ARMA(1，1）模型的拟合优度 R^2 高于 AR(1）模型的 R^2，说明 ARMA(1，1）模型较优。另外，ARMA(1，1）模型残差序列的自相关和偏相关系数都没有显著超过95%的置信区间，消除了自相关，模型是合适的。

（1）平稳性检验。

利用Eviews软件对全国人口LNP平稳性进行检验的结果如表7-40所示。

表7-40　　　LNP的平稳性检验结果

Null Hypothesis：LNP has a unit root
Exogenous：Constant，Linear Trend
Lag Length：10（Automatic - based on SIC，maxlag = 10）

			t - Statistic	Prob. *
Augmented Dickey - Fuller test statistic			-1.581554	0.7871
Test critical values：	1% level		-4.140858	
	5% level		-3.496960	
	10% level		-3.177579	

注：* MacKinnon（1996）one - sided p - values.

从以上检验结果看出，对于LNP存在单位根假设的检验，其ADF统计量的检验值为-1.581554，该值的绝对值小于其在各显著性水平下的相应临界值绝对值，故应该接受LNP存在单位根的假设，这说明LNP是非平稳的时间序列。

继续对其一阶差分序列进行检验，进行一阶差分处理后得到DLNP，再次进行检验的结果如表7-41所示。

表7-41　　　DLNP平稳性检验结果

Null Hypothesis：D（LNP）has a unit root
Exogenous：Constant，Linear Trend
Lag Length：9（Automatic - based on SIC，maxlag = 10）

			t - Statistic	Prob. *
Augmented Dickey - Fuller test statistic			-7.171631	0.0000
Test critical values：	1% level		-4.140858	
	5% level		-3.496960	
	10% level		-3.177579	

注：* MacKinnon（1996）one - sided p - values.

从以上检验结果看出，对于DLNP存在单位根假设的检验，其ADF统计量的检验值为-7.171631，该值的绝对值大于其在1%显著性水平下的相应临界值绝对值，故在1%显著水平下可以拒绝 DLNP 存在单位根的假设，这说明 DLNP 是平稳的时间序列。

经过以上检验可知，LNP 是非平稳，而 DLNP 是平稳的，故在以下的分析中，应该利用 DLNP 这一平稳数据进行相应的建模分析。

（2） ARMA 模型的建立。

本章通过建立 ARMA 模型来对全国人口进行预测，利用 Eviews 软件，绘制 DLNP 的自相关图和偏自相关图如图 7－28 所示。

Autocorrelation	Partial Correlation		AC	PAC	Q-Stat	Prob.
		1	0.732	0.732	35.408	0.000
		2	0.462	−0.159	49.757	0.000
		3	0.373	0.215	59.256	0.000
		4	0.336	0.017	67.106	0.000
		5	0.279	0.008	72.593	0.000
		6	0.237	0.044	76.618	0.000
		7	0.180	−0.060	78.997	0.000
		8	0.213	0.202	82.386	0.000
		9	0.223	−0.070	86.152	0.000
		10	0.176	0.003	88.557	0.000
		11	0.178	0.106	91.058	0.000
		12	0.188	−0.042	93.889	0.000
		13	0.174	0.052	96.370	0.000
		14	0.185	0.044	99.244	0.000
		15	0.183	0.002	102.09	0.000
		16	0.187	0.074	105.13	0.000
		17	0.154	−0.124	107.24	0.000
		18	0.113	0.052	108.40	0.000
		19	0.090	−0.034	109.16	0.000
		20	0.058	−0.090	109.47	0.000
		21	0.003	−0.009	109.47	0.000
		22	−0.023	−0.058	109.53	0.000
		23	−0.029	0.012	109.62	0.000
		24	−0.046	−0.069	109.84	0.000
		25	−0.075	−0.057	110.44	0.000
		26	−0.111	−0.032	111.81	0.000
		27	−0.129	−0.066	113.70	0.000
		28	−0.125	−0.003	115.53	0.000

图 7－28　DLNP 的自相关和偏自相关图

由图7－29可以看出，DLNP的自相关系数和偏自相关系数都是在1阶时最大，且显著超出了95%的置信区间，故初步判定p、q值可取为1，由此可建立AR（1）、MA（1）、ARMA（1，1）三个模型，分别对三个模型进行估计，所得到的结果分别如表7－42～表7－44所示。

表7－42　　DLNP的AR（1）模型估计结果

Variable	Coefficient	Std. Error	t－Statistic	Prob.
C	0.012866	0.002950	4.360760	0.0001
AR（1）	0.745071	0.086151	8.648392	0.0000
R－squared	0.554879	Mean dependent var		0.013698
Adjusted R－squared	0.547460	S. D. dependent var		0.008732
S. E. of regression	0.005874	Akaike info criterion		－7.404862
Sum squared resid	0.002070	Schwarz criterion		－7.336245
Log likelihood	231.5507	Hannan－Quinn criter.		－7.377921
F－statistic	74.79469	Durbin－Watson stat		1.788469
Prob（F－statistic）	0.000000			

表7－43　　DLNP的MA（1）模型估计结果

Variable	Coefficient	Std. Error	t－Statistic	Prob.
C	0.013769	0.001367	10.07154	0.0000
MA（1）	0.695006	0.088673	7.837852	0.0000
R－squared	0.468854	Mean dependent var		0.013839
Adjusted R－squared	0.460147	S. D. dependent var		0.008733
S. E. of regression	0.006417	Akaike info criterion		－7.228560
Sum squared resid	0.002512	Schwarz criterion		－7.160524
Log likelihood	229.6997	Hannan－Quinn criter.		－7.201802
F－statistic	53.84612	Durbin－Watson stat		1.412800
Prob（F－statistic）	0.000000			

表7－44　　DLNP的ARMA（1，1）模型估计结果

Variable	Coefficient	Std. Error	t－Statistic	Prob.
C	0.013273	0.002471	5.371247	0.0000

续表

Variable	Coefficient	Std. Error	t - Statistic	Prob.
AR (1)	0.604551	0.134207	4.504624	0.0000
MA (1)	0.322239	0.158822	2.028928	0.0470
R - squared	0.571038	Mean dependent var		0.013698
Adjusted R - squared	0.556497	S. D. dependent var		0.008732
S. E. of regression	0.005815	Akaike info criterion		-7.409582
Sum squared resid	0.001995	Schwarz criterion		-7.306656
Log likelihood	232.6970	Hannan - Quinn criter.		-7.369171
F - statistic	39.27061	Durbin - Watson stat		2.054962
Prob (F - statistic)	0.000000			

比较以上三个模型的估计结果可以看出，ARMA（1，1）模型估计的 AIC 值最小，而 AR（1）模型的 SC 值最小，同时，ARMA（1，1）模型的拟合优度 R^2 高于 AR（1）模型的 R^2，这说明 ARMA（1，1）模型较优。

（3）ARMA 模型的检验。

在以上 ARMA（1，1）模型估计的基础上，可得到其残差序列，绘制残差序列的自相关和偏自相关图如图 7-30 所示。

通过观察图 7-29 可以看出，ARMA（1，1）模型残差序列的自相关和偏相关系数都没有显著超过 95% 的置信区间，表明该残差序列不存在显著的自相关现象，因此，ARMA（1，1）模型消除了自相关，该模型是合适的。

最后，确定 DLNP 的 ARMA（1，1）模型方程为：

$$DLNP = 0.013273 + 0.604551 \times AR(1) + 0.322239 \times MA(1) \quad (7-11)$$

利用上述方程，对未来 5 年的全国人口进行预测，结果如表 7-45 所示。

表 7-45　　全国人口预测

年份	2016 年	2017 年	2018 年	2019 年	2020 年
人口（万人）	138478.5	139098.6	139691.8	140261.2	141893.9

Autocorrelation	Partial Correlation		AC	PAC	Q-Stat	Prob.
		1	-0.036	-0.036	0.0845	
		2	-0.071	-0.073	0.4199	
		3	0.040	0.035	0.5300	0.467
		4	0.085	0.084	1.0295	0.598
		5	0.038	0.051	1.1318	0.769
		6	0.094	0.110	1.7642	0.779
		7	0.031	0.041	1.8330	0.872
		8	0.085	0.095	2.3680	0.883
		9	0.076	0.078	2.7948	0.903
		10	-0.072	-0.075	3.1897	0.922
		11	0.079	0.064	3.6716	0.932
		12	0.039	0.000	3.7922	0.956
		13	-0.022	-0.034	3.8306	0.975
		14	0.094	0.080	4.5561	0.971
		15	-0.029	-0.059	4.6273	0.983
		16	0.103	0.115	5.5467	0.977
		17	0.014	-0.007	5.5651	0.986
		18	-0.011	-0.008	5.5768	0.992
		19	0.036	0.040	5.6966	0.995
		20	0.033	-0.022	5.8012	0.997
		21	-0.029	-0.015	5.8822	0.998
		22	-0.031	-0.070	5.9802	0.999
		23	0.024	-0.015	6.0385	0.999
		24	-0.002	-0.004	6.0391	1.000
		25	0.004	-0.037	6.0406	1.000
		26	-0.047	-0.024	6.2846	1.000
		27	-0.048	-0.064	6.5407	1.000
		28	-0.012	-0.036	6.5583	1.000

图 7－29 DLNP 的 ARMA（1，1）模型残差序列的自相关和偏自相关图

五、长江经济带对我国区域经济格局影响预判

本部分分别预测未来一段时间长江经济带在我国区域经济发展格局中的地位，以及长江经济带经济社会发展对全国的带动作用。

（一）未来长江经济带在我国区域经济发展格局中的地位

利用 ARMA 模型对长江经济带和全国 GDP、人口规模分别测算后，得出

2016～2020 年长江经济带相应指标占全国比重，如表 7－46 所示。

表 7－46　ARMA 模型预测长江经济带 GDP 和人口占全国比重

年份	GDP（亿元）			人口（万人）		
	全国	长江经济带	长江经济带/全国	全国	长江经济带	长江经济带/全国
2016 年	742864.8	332686.6	44.78%	138478.5	59215.2	42.76%
2017 年	819797.7	366879	44.75%	139098.6	59719.1	42.93%
2018 年	940967.2	408104.2	43.37%	139691.8	60100.7	43.02%
2019 年	1067326.9	456143.8	42.74%	140261.2	60687.5	43.27%
2020 年	1192039.1	509992.6	42.78%	141893.9	61346	43.23%

未来 5 年，长江经济带 GDP 占全国比重整体呈下降态势，从 2015 年的 44.52% 下降至 2020 年的 42.78%。前后降低 1.74 个百分点，整体下降幅度不大。以上变化可以通过目前经济发展阶段进行解释。当前，长江经济带正处于从工业化中期向后期迈进的阶段，全国同样处于此阶段，但发展程度略低于长江经济带。从经济增长速度来看，工业化初期和中期的增速最高，到达工业化后期后，经济总量规模较大，但经济增速开始放缓。因此，当长江经济带先行跨入工业化后期后，全国整体的经济增速应略高于长江经济带；但当全国同样也跨入了工业化后期后，在新的格局下，又会有新的调整。另外，两者整体阶段差距不大，因此，比重的变化也有限。观察未来 5 年的长江经济带占全国比重：2016 年仍较 2015 年略有增长；从 2017 年开始，比重略微降低；2018 年和 2019 年两年持续降低；但到 2020 年，比重又开始略有反弹。

未来 5 年，长江经济带人口占全国比重整体呈上升态势，2019 年人口比重较 2015 年上升 0.52 个百分点。可见，区域统筹发展阶段，伴随着人口自由流动性增加，长江经济带相对较高的经济实力吸引人口的集聚。但从 2020 年开始，长江经济带人口比重开始略有回落，较前一年下降 0.04 个百分点。总体而言，随着经济的稳定发展和人口流动更为自由，长江经济带人口比重将会稳定在一定区间内。

指数平滑法的基本公式为：

$$S_t = \alpha \times y_t + (1-\alpha) \times S_{t-1} \tag{7-12}$$

其中，S_t 为时间 t 的平滑值，S_{t-1} 为时间 t－1 的平滑值，y_t 为时间 t 的实际值，α为平滑常数，其取值范围为［0，1］。

由于α的判断较为关键，通常进行一次平滑预测的精度不够高，经过发展，现在应用比较广泛的为三次平滑指数法，因此，为了提高预测的精度，本报告采用Eviews软件指数平滑法中的Holt-Winters方法进行预测。

ARMA模型适用于短期预测，在此，我们利用适用于长期预测的指数平滑法，对2030~2040年长江经济带GDP、人口比重情况初步预判，如表7-47所示。可以看到，这一时期，长江经济带占全国经济、人口比重基本维持在47%、42%左右。经济比重较2020年获得较大程度增长，人口比重基本变化不大。

表7-47　　指数平滑法预测长江经济带GDP和人口占全国比重

年份	GDP（亿元）			人口（万人）		
	全国	长江经济带	比重	全国	长江经济带	比重
2030年	1308483	617729.5	47.21%	147666.4	62593.38	42.39%
2031年	1350015	638564.8	47.30%	148346.7	62848.53	42.37%
2032年	1391546	659400.1	47.39%	149027	63103.68	42.34%
2033年	1433078	680235.4	47.47%	149707.3	63358.82	42.32%
2034年	1474610	701070.7	47.54%	150387.6	63613.97	42.30%
2035年	1516142	721906	47.61%	151067.9	63869.12	42.28%
2036年	1557674	742741.2	47.68%	151748.2	64124.27	42.26%
2037年	1599205	763576.5	47.75%	152428.5	64379.41	42.24%
2038年	1640737	784411.8	47.81%	153108.8	64634.56	42.21%
2039年	1682269	805247.1	47.87%	153789	64889.71	42.19%
2040年	1723801	826082.4	47.92%	154469.3	65144.85	42.17%

（二）未来长江经济带建设对我国区域经济发展的影响

本部分分别研究2016~2020年，长江经济带经济和人口增长对全国区域经济增长的带动。

1. 经济影响

为分析长江经济带GDP对全国GDP的未来影响情况，以全国GDP为因变量，长江经济带 GDP 为自变量，利用预测得到的 2016 ~ 2020 年两个变量数据，通过建立线性回归模型来进行估计分析。

为消除异方差等因素的影响，首先对两个变量数据进行取自然对数处理，分别得到全国 GDP 变量 LNGDP、长江经济带 GDP 变量 LNCGDP，由此建立的线性回归模型如下：

$$LNGDP_t = \alpha + \beta LNCGDP_t + \varepsilon_t \quad (7-13)$$

其中，α 为常数项，β 为长江经济带 GDP 对全国 GDP 的影响系数，ε 为随机误差项。运用 Eviews 软件对该模型进行估计分析，得到的估计结果如表 7 – 48所示。

表 7 – 48　　长江经济带 GDP 对全国 GDP 影响模型的估计结果

Variable	Coefficient	Std. Error	t – Statistic	Prob.
LNCGDP	1. 128083	0. 028561	39. 49747	0. 0000
C	– 0. 826972	0. 369145	– 2. 240236	0. 1109
R – squared	0. 998081	Mean dependent var		13. 75232
Adjusted R – squared	0. 997441	S. D. dependent var		0. 191489
S. E. of regression	0. 009687	Akaike info criterion		– 6. 146894
Sum squared resid	0. 000282	Schwarz criterion		– 6. 303119
Log likelihood	17. 36724	Hannan – Quinn criter.		– 6. 566186
F – statistic	1560. 050	Durbin – Watson stat		2. 451835
Prob （F – statistic）	0. 000036			

从以上估计结果可以看出，该模型估计的拟合优度指标 R^2 为 0. 998081，调整 R^2 为 0. 997441，都非常接近于 1，说明模型的拟合优度很好。F 统计量值为 1560. 05，相应的伴随概率 P 值为 0. 000036，小于 0. 05，说明模型估计整体是显著的。同时，变量 LNCGDP 的估计系数为 1. 128083，其显著性检验的 P 值为 0. 0000，小于 0. 05，说明该系数也是显著的。

进一步对模型进行自相关和异方差检验。首先，绘制该模型残差序列的自相关和偏自相关图如图 7 – 30 所示。

可以看出，残差序列的自相关系数和偏自相关系数都没有显著超过虚线区

Autocorrelation	Partial Correlation		AC	PAC	Q-Stat	Prob.
		1	-0.326	-0.326	0.9278	0.335
		2	-0.441	-0.612	3.1971	0.202
		3	-0.311	-0.214	4.8897	0.180
		4	-0.044	-0.430	4.9585	0.292

图 7－30　估计残差的自相关和偏自相关图

域，初步判断残差序列不存在自相关现象。继续利用 LM 法进行自相关检验，得到的结果如表 7－49 所示。

表 7－49　自相关 LM 检验结果

Breusch – Godfrey Serial Correlation LM Test：			
F – statistic	1. 197377	Prob. F（2，1）	0. 5427
Obs × R – squared	3. 527139	Prob. Chi – Square（2）	0. 1714

表 7－49 结果表明，LM 检验的两个统计量相应的 P 值分别为 0. 5427、0. 1714，都大于 0. 05，故在 5% 显著水平下应该接受模型不存在自相关的假设。

进一步采用 White 检验法对模型是否存在异方差进行检验，利用 Eviews 软件得到的检验结果如表 7－50 所示。

表 7－50　异方差 White 检验结果

Heteroskedasticity Test：White			
F – statistic	0. 217062	Prob. F（1，3）	0. 6730
Obs × R – squared	0. 337360	Prob. Chi – Square（1）	0. 5614
Scaled explained SS	0. 019326	Prob. Chi – Square（1）	0. 8894

表 7－50 结果表明，White 检验的三个统计量相应的 P 值分别为 0. 6730、0. 5614、0. 8894，都大于 0. 05，故在 5% 显著水平下应该接受模型不存在异方差的假设。

经过以上各检验结果可知，模型的估计结果是理想的。由此得到的长江经济带 GDP 对全国 GDP 影响模型的估计方程为：

$$LNGDP = -0.826972 + 1.128083 \times LNCGDP \qquad (7-14)$$

从估计方程可以看出，由于 LNCGDP 的估计系数大于 0，这说明 LNCGDP 对 LNGDP 存在显著的正向影响，且其影响程度为 1.13。因此，未来 5 年，长江经济带 GDP 对全国 GDP 有显著的正向促进作用。当长江经济带 GDP 增长 1% 时，能够促进全国 GDP 相应增长 1.13%。

2. 人口影响

与经济类似，利用预测得到的 2016～2020 年两个变量数据，通过建立线性回归模型来进行估计，分析长江经济带人口对全国人口的未来影响情况。

为消除异方差等因素的影响，首先也对两个变量数据进行取自然对数处理，分别得到全国人口变量 LNP、长江经济带人口变量 LNCP，由此建立的线性回归模型如下：

$$LNP_t = \alpha + \beta LNCP_t + \varepsilon_t \tag{7-15}$$

其中，α 为常数项，β 为长江经济带人口对全国人口的影响系数，ε 为随机误差项。以下将运用 Eviews 软件对该模型进行估计分析。

利用 EViews 软件，采用最小二乘法 OLS 对以上模型进行估计，得到的估计结果如表 7－51 所示。

表 7－51　长江经济带人口对全国人口影响模型的估计结果

Variable	Coefficient	Std. Error	t－Statistic	Prob.
LNCP	0.664459	0.069311	9.586677	0.0024
C	4.535781	0.762805	5.946187	0.0095
R－squared	0.968389	Mean dependent var		11.84854
Adjusted R－squared	0.957852	S.D. dependent var		0.009305
S.E. of regression	0.001910	Akaike info criterion		－9.393909
Sum squared resid	1.09E－05	Schwarz criterion		－9.550134
Log likelihood	25.48477	Hannan－Quinn criter.		－9.813201
F－statistic	91.90437	Durbin－Watson stat		2.414565
Prob（F－statistic）	0.002408			

从以上估计结果可以看出，该模型估计的拟合优度指标 R^2 为 0.968389，调整 R^2 为 0.957852，也都接近于 1，说明模型的拟合优度很好。F 统计量值为 91.90437，相应的伴随概率 P 值为 0.002408，小于 0.05，说明模型估计整

体是显著的。同时，变量 LNCP 的估计系数为 0.664459，其显著性检验的 P 值为 0.0024，小于 0.05，说明该系数也是显著的。

进一步对模型进行自相关和异方差检验。首先，绘制该模型残差序列的自相关和偏自相关图如图 7－31 所示。

Autocorrelation	Partial Correlation		AC	PAC	Q-Stat	Prob.
		1	-0.411	-0.411	1.4786	0.224
		2	0.001	-0.202	1.4786	0.477
		3	0.259	-0.428	2.6509	0.449
		4	0.169	-0.241	3.6487	0.456

图 7－31　模型二估计残差的自相关和偏自相关图

可以看出，模型二估计残差序列的自相关系数和偏自相关系数都没有显著超过虚线区域，初步判断残差序列不存在自相关现象。继续利用 LM 法进行自相关检验，得到的结果如表 7－52 所示。

表 7－52　自相关 LM 检验结果

Breusch－Godfrey Serial Correlation LM Test：			
F－statistic	1.268028	Prob. F (2, 1)	0.5318
Obs × R－squared	3.585995	Prob. Chi－Square (2)	0.1665

表 7－52 结果表明，LM 检验的两个统计量相应的 P 值分别为 0.5318、0.1665，都大于 0.05，故在 5% 显著水平下应该接受模型不存在自相关的假设，这说明模型不存在自相关现象。

进一步采用 White 检验法对模型是否存在异方差进行检验，利用 Eviews 软件得到的检验结果如表 7－53 所示。

表 7－53　异方差 White 检验结果

Heteroskedasticity Test：White			
F－statistic	2.229841	Prob. F (1, 3)	0.2322
Obs × R－squared	2.131844	Prob. Chi－Square (1)	0.1443
Scaled explained SS	0.488341	Prob. Chi－Square (1)	0.4847

表7－53结果表明，White检验的三个统计量相应的P值分别为0.2322、0.1443、0.4847，都大于0.05，故在5%显著水平下应该接受模型不存在异方差的假设，这说明上述模型也不存在异方差现象。

经过以上各检验结果可知，模型的估计结果也是理想的，由此得到的长江经济带人口对全国人口影响模型的估计方程为：

$$LNP = 4.535781 + 0.664459 \times LNCP \qquad (7-16)$$

从估计方程可以看出，由于LNCP的估计系数大于0，这说明LNCP对LNP存在显著的正向影响，且其影响程度为0.66；因此，未来5年，长江经济带人口对全国人口也有显著的正向促进作用，长江经济带人口的增长能够带动全国人口的增长，当长江经济带人口增长1%时，能够使全国人口相应增长0.66%。

本章依次从区域均衡发展、区域非均衡发展、区域协调发展、区域统筹发展四个阶段，回顾了长江经济带在我国区域发展中的地位。随后，分析长江经济带发展现状。目前，长江经济带经济正处于从工业化中期向后期迈进的阶段，社会正处于城镇化中期的后一阶段，对全国区域经济增长具有示范和引领作用，在我国区域经济发展格局中具有重要地位。随后，本章测算了当前长江经济带对我国区域经济的影响，长江经济带GDP增长1%会促进全国GDP增长0.996%，人口增长1%会使全国人口增长0.553%。最后，报告对长江经济带和全国的未来发展情况进行预测，到2020年，长江经济带GDP占全国比重约42.78%，人口比重约43.23%。并且，未来长江经济带经济和人口增长对全国均具有一定程度的带动作用。

参考文献

［1］国家统计局国民经济综合统计司．新中国六十年统计资料汇编．中国统计出版社，2010.

［2］国家统计局．中国统计年鉴2016．中国统计出版社，2016.

［3］国家统计局．中国统计年鉴2011．中国统计出版社，2011.

第八章　“一带一路”建设对区域经济格局的影响及区域响应[①]

内容摘要：“一带一路”倡议提出四年多来，我国各省（市、自治区）通过发展中欧班列、开展贸易和双向投资、设立地方基金等措施参与“一带一路”建设。四年多来，这些措施正从缩短距离、提高密度、减少分割三个维度悄然改变我国区域经济发展格局。但是，我国不同区域在参与“一带一路”建设中仍存在竞相补贴开行中欧班列、开放型经济支撑能力不足、软硬件设施建设滞后、贸易层次和结构不合理等问题。下一步，应立足不同区域优势、扬长补短，协同互促参与“一带一路”建设。

关键词：“一带一路”建设；区域经济格局；“3D”分析框架

“一带一路”建设是新时期党中央和国务院统筹国内外形势变化提出的具有深远国际、国内影响的长远重大战略，是为推动经济全球化深入发展而倡导的包容性全球化倡议，是国际区域经济合作的新模式，也是我国实施全方位对外开放、实现“中国梦”的重大举措。从已有研究看，国内外学者对“一带一路”建设的定位存在两种不同的理解。一种观点认为“一带一路”是新的国际区域经济合作模式，是我国为推动经济全球化深入发展而提出的包容性全球化倡议，尽管有显著的区域影响，但它不能被视为区域战略。另一种观点认为“一带一路”建设的基本定位仍然是区域战略而非全球战略，特别是针对中国西部沿边省份的区域战略。不论“一带一路”的定位究竟如何，在其提出的近五年来，我国各省（市、自治区）立足自身优势，在不同领域以不同

---

① 作者简介：卢伟，博士研究生，国家发展和改革委员会国土开发与地区经济研究所区域战略室副主任，副研究员，贵州纳雍人，研究领域为区域战略、“一带一路”建设等。

方式、不同程度地参与了“一带一路”建设，在这一参与过程中，我国的区域发展格局正在悄然发生变化。由于“一带一路”倡议提出的时间不到五年，目前这种变化仍主要集中在一些“点”上，并有向“线”上扩散的趋势。下一步，我国应顺应这种趋势和变化，推动不同区域扬长补短、协同互促，在“一带一路”建设中更好地发挥自身优势，从而推动实现区域协调开放和发展。

一、当前我国不同区域参与“一带一路”建设进展

自2013年“一带一路”倡议提出以来，我国各省（市、自治区）分别出台相应的参与“一带一路”建设的实施方案或行动计划，新疆、青海、甘肃、陕西、宁夏、内蒙古、黑龙江、福建、广东、湖南和江西等省区出台参与“一带一路”建设的总体规划、实施方案、建设方案或行动计划等，甘肃、重庆、广西、上海、广东、浙江和海南等省区市将参与“一带一路”建设列入其“十三五”经济社会发展规划予以重点推进。总体来看，我国不同区域参与“一带一路”建设的领域和进展主要体现在以下方面。

（一）在明确参与“一带一路”建设的战略重点上，重庆、宁夏、浙江等省区市已确定了重点合作地区和国家并构建了合作平台

随着“一带一路”建设的深入推进，重庆、宁夏、浙江、广西等省区市逐渐明确了“一带一路”沿线的重点合作地区和国家并构建了合作主平台。如2015年11月，重庆开始实施中新两国第三个政府间合作项目——中新（重庆）战略性互联互通示范项目，由此确定了以新加坡为重点合作国家。围绕中新（重庆）战略性互联互通示范项目建设，重庆开通了“渝黔桂新”南向铁海联运通道，建设多样化跨境融资通道，搭建中新双方金融机构合作平台，组建中新互联互通股权投资基金及中外合资、外商独资金融机构等。宁夏则明确了以阿拉伯国家作为合作重点，2010年以来，宁夏举办了多届中阿经贸论坛和中阿博览会，在国际、国内产生了深远影响，中阿博览会已成为中阿共建“一带一路”的重要平台。随后，宁夏相继建立了阿盟、沙特、约旦、阿曼、阿联酋（迪拜）、埃及、苏丹、摩洛哥8个双边技术转移中心，通过整合双边国家科技资源，联合共建研发平台、技术转移示范基

地、开展技术交流培训等，推动中阿技术合作。浙江则以中东欧作为重点合作地区，通过举办历届中国—中东欧博览会，形成了一批国字号的平台和实实在在的合作成果，宁波更在全国率先成立了中东欧合作促进领导小组、宁波中东欧国家合作研究院并推出一系列相关政策措施。表 8－1 总结了 2017 年各省（市、自治区）政府工作报告中参与“一带一路”建设的重点领域。

表 8－1　2017 年各省（市、自治区）政府工作报告“一带一路”建设领域总结

省区市	政策沟通	设施联通		贸易畅通				资金融通	民心相通	
		交通设施建设	通信设施建设	经济走廊	自贸区	跨境电子商务	境外经贸合作区		文化活动	旅游
黑龙江		√√		√		√			√√	
吉林		√					√			
辽宁		√								
广西		√√√	√	√			√			
云南				√√						
西藏		√√						√		
新疆		√√				√	√		√	√
甘肃									√	√
宁夏						√	√		√	
青海		√√√√								
内蒙古				√			√			
福建		√						√		
广东		√√			√√		√√			
浙江		√								
江苏		√√		√		√			√√	
北京				√						
河南		√								
湖南	√						√			
江西							√			

资料来源：2017 年各省市政府工作报告。

（二）在培育发展中欧班列上，西南地区的班列开行密度最高

目前，中欧班列已逐渐形成了以“渝新欧”“蓉欧快铁”“郑欧班列”“汉新欧”和“长安号”为主体的五大班列运输系统。2017 年，成都、重庆、郑州、武汉、西安中欧班列开行数量占到我国中欧班列开行总数量的 75.6%。从已经开行中欧班列的国内 38 个城市分布上看，华东地区有 9 个，西北地区有 8 个，东北地区有 7 个，华北地区有 5 个，华中、华南、西南地区各有 3 个①。截至 2017 年年底，成都国际班列②和“渝新欧”累计开行数量分别占到中欧班列开行总量③的 26.1% 和 24.1%，合计占比超过 50%。2017 年，成都国际班列开行规模达到 1012 列，开行班列数量连续两年位居全国第一。从中欧班列运输货值上看，2016 年，“渝新欧”的货值为 25.7 亿美元，在各地开行班列中处于领先水平（见图 8－1 和表 8－2）。

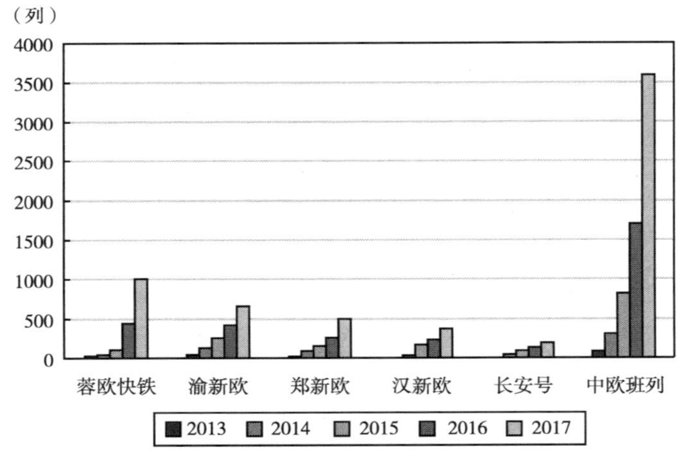

图 8－1　中欧班列主要开行城市开行数量变化

① 截至 2017 年年底，已建立由国内 38 个城市通往欧洲 13 个国家 36 个城市的 61 条中欧班列运行线路。根据本研究统计整理，国内开行城市包括：重庆、成都、郑州、武汉、苏州、义乌、合肥、沈阳、长沙、广州、东莞、西安、天津、哈尔滨、赤峰、大连、营口、南京、大庆（19 个，此之前为常态化运行），北京、兰州、昆明、长春、南昌、西宁、石河子、库尔勒、太原、赣州、厦门、深圳、临汾、格尔木、威海、乌兰察布、喀什、上海、阿克苏。

② 包括中亚班列和蓉欧快铁。

③ 截至 2017 年年底中欧班列累计开行总量为 6235 列。

表 8－2　　2016 年国内主要中欧班列货值和货运量

	货值（亿美元）	集装箱（标箱）	货量（万吨）
渝新欧	25.7	42000	—
蓉欧班列	12.94	37722	7.09
郑新欧	12.67	23000	12.86
苏满欧	9.77	10142	5.93
汉新欧	8.59	21630	13.2

数据来源：研究整理。

（三）在与“一带一路”沿线国家的贸易上，华东、华南、华北地区是与沿线国家开展贸易合作的重要地区，华东、华南地区贸易额占比持续提升

2016 年，我国与“一带一路”沿线国家贸易额有所减少，由 2014 年的 11204.6 亿美元降至 9539.9 亿美元，2017 年有所回升。2016 年，广东、江苏、浙江、北京、上海与“一带一路”沿线国家贸易额位居前五，华东地区（37.9%）、华南地区（29.8%）和华北地区（14.8%）合计占比达 82.5%。在进出口贸易额占比上，华东地区由 2014 年的 34.1% 提升至 2016 年的 37.9%，提高 3.8 个百分点；华南地区由 25.7% 提升至 29.8%，提高 4.1 个百分点；华北、西南、西北、东北地区占比都有着不同程度的下降（见图 8－2）。

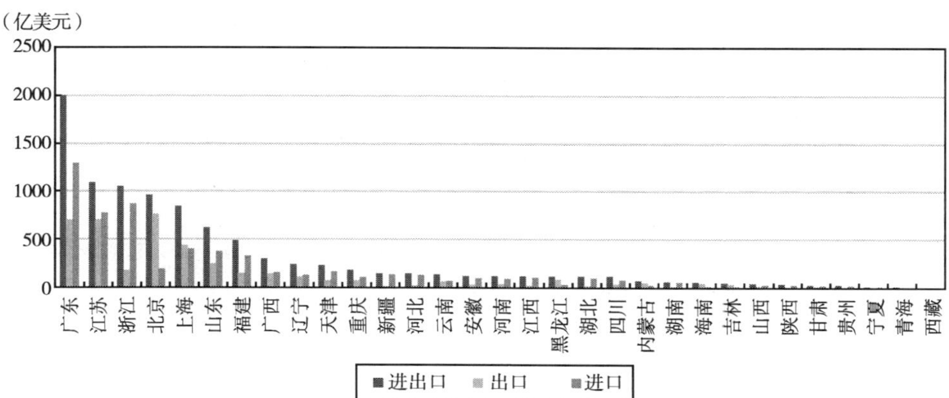

图 8－2　2016 年我国各省（市、自治区）对“一带一路”沿线国家进出口情况

数据来源：国家信息中心“一带一路”大数据中心等．“一带一路”贸易合作大数据报告（2017）．2017 年 3 月。

（四）在对“一带一路”沿线国家的投资上，东部沿海省市在沿线国家投资占比达70%，西部省市在沿线国家投资水平和能力不断提升

2016 年，东部沿海地区 10 省（市）对“一带一路”沿线国家非金融类直接投资额占我国对沿线国家非金融类直接投资额的占比达到 70%，西部地区 12 省（市、自治区）所占比重为 18.7%（见图 8-3）。同时，西部许多省（市、自治区）在沿线国家投资增长较快，例如，截至 2016 年，陕西已在“一带一路”沿线 26 个国家累计投资 12.8 亿美元，占全省对外投资总额的 34%。宁夏在 28 个国家和地区设立了 95 家境外企业。仅 2016 年，宁夏新增境外投资企业 21 家，境外直接投资额达 9.5 亿美元。同时，西部地区在“一带一路”沿线国家对外承包工程完成营业额和新增营业额占各省区市对外承包工程比重也在不断提升。

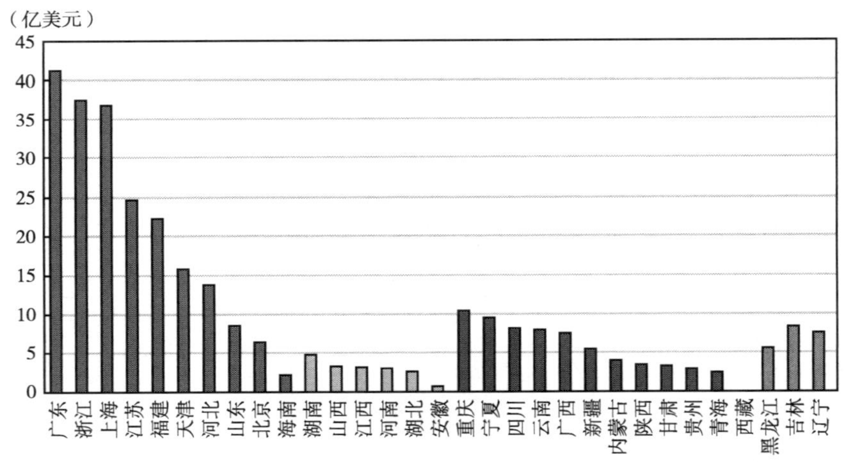

图 8-3　2016 年我国各省（市、自治区）对“一带一路”沿线国家投资情况

数据来源：根据公开资料及各地方发改委提供数据整理。

（五）在构建参与“一带一路”建设融资平台上，沿海省份设立地方级“一带一路”建设投资基金规模较大且对境外项目支持的比重较高

2014 年 12 月以来，随着国家丝路基金的注册成立和正式运行，陕西、福

建、江苏、广西、广东、浙江、湖南等省（市、自治区）先后发起设立了省级丝路基金或“一带一路”建设相关基金，支持地方参与“一带一路”建设，基金首期规模从30亿元至200亿元不等，基金设立地区多集中在沿海发达省份特别是企业在境外投资较多的省份。各地基金运作基本都采用了政府财政“母基金”撬动金融机构和社会资本“子基金”共同发起设立的模式。此外，西安、徐州等城市也分别设立了市级“一带一路”投资基金和丝路基金。

从目前各省区市“一带一路”建设相关基金的投资去向上看，既有对“一带一路”沿线国家投资项目的支持，亦顾及其各自行政区范围内的开发建设，只是各省区市对两者的比例设定有所差别，如广东省丝路基金的投资重点是沿线重点国别的产业园区、重大基础设施、农渔业、制造业和服务业项目，这与国家丝路基金的四大领域有较大幅度重合。而河南省则要求其“一带一路（河南）发展基金”投资项目中功能类项目[①]不低于基金投资总规模的70%，产业类项目不超过基金投资总规模的30%。

（六）在打造经贸合作平台上，东部沿海省市和西北地区培育的支撑“一带一路”建设相关经贸平台成效显著

“一带一路”倡议提出以来，广东连续举办了四届中国·广东21世纪海上丝绸之路国际博览会，福建福州、泉州等城市围绕海上丝绸之路建设，积极培育21世纪海上丝绸之路博览会、中国（泉州）海上丝绸之路国际品牌博览会等经贸平台；新疆实施了以乌鲁木齐为中心的“大会展”战略，举办了（中国）亚欧商品贸易、安防、食品、农产品等博览会；陕西连续举办多届丝绸之路国际博览会、丝绸之路国际旅游博览会和“一带一路”国际产能合作博览会等展会活动；宁夏先后举办了三届中国—阿拉伯国家经贸论坛和两届中国—阿拉伯国家博览会；甘肃连续两年举办丝绸之路（敦煌）国际文化博览会；青海在三大会展平台（清食展、青洽会、藏毯展）中融入“一带一路”建设元素；其他沿边地区如广西、黑龙江连续举办了多届中国—东盟博览会、中俄博览会等。

在中国—中东欧“16+1合作”框架下，宁波市、唐山市等城市加快构筑

① 功能类项目重点支持河南省“一带一路”节点城市的基础设施建设、政府和社会资本合作（PPP）项目、承接全省产业转移重大项目。

经贸平台，推动与中东欧国家的经贸投资合作。唐山市承办了中国—中东欧国家地方领导人会议，宁波市先后出台了《关于加强与中东欧国家全面合作的若干意见》《宁波市中东欧经贸合作补助资金管理办法》等文件，连续承办了三届中国—中东欧投资贸易博览会。重庆、珠海等城市分别推动与新加坡、以色列等沿线国家的国别经贸平台建设。

（七）在推动海上渔业和港口合作上，福建、长三角和珠三角与海丝沿线国家合作进展最快

在海洋渔业合作方面，福建已在印度尼西亚、缅甸、毛里塔尼亚等国建立了 9 个境外远洋渔业综合基地，数量与规模保持全国第一，已有 8 家企业在印度尼西亚、缅甸、马来西亚建立渔业养殖基地，养殖面积超 10 万亩，境外水产养殖发展规模全国第一。中国东盟海产品交易所、中国—东盟海洋学院等一批中国—东盟海上合作基金项目进展顺利，中国东盟海产品交易所于 2015 年 3 月正式运营。春申公司印度尼西亚三宝垄生态养殖基地、宏东毛里塔尼亚远洋渔业综合基地、几内亚比绍西非渔业产业园等一批远洋渔业合作项目加快建设。

在港口合作方面，2015 年厦门港与马来西亚巴生港结为友好港。2016 年，作为“21 世纪海上丝绸之路”重要港口的厦门港与海口港，发挥各自航线、货源、区位等优势，签订友好协议，共同布局东南亚航线。浙江省宁波市启动了申报“丝路”国家港口合作组织，争取设立常设机构，加强航线航班、航运定价、信息共享、港口建设等协调合作。截至 2016 年 11 月，广东省各港口与国外港口结为友好港口 51 对，其中广州港 30 对、深圳港 19 对、湛江港和惠州港各 1 对，世界前 20 名航运公司在南沙港区开辟 49 条国际集装箱班轮航线；珠海港控股集团和中国海外港口控股有限公司签署了合作建设港口协议，投资 65 亿元共同建设巴基斯坦瓜达尔港；招商局国际已经在海上丝绸之路沿线国家合作建设港口和物流园区。

在对沿线国家的航线开辟方面，江苏省连云港港开辟 55 条集装箱直达航线、13 条散杂货客货班轮航线和 2 条中韩客货班轮航线，形成向西通过南（霍尔果斯）北（阿拉山口）双通道联系中亚欧洲，向东通过连云港至仁川、平泽航线联系韩国的物流系统，承担了大陆桥过境集装箱 60% 以上的运量。截至 2016 年年底，福建省共开通东南亚、南亚、西亚、非洲、地中海等有关

国家和地区航线37条。2016年福建省与以上地区进出港货物吞吐量达8552万吨，其中集装箱186.17万TEU。广东省开通国际货运航线340条，货运吞吐量和集装箱吞吐量连年位居全国第一，广州、深圳、湛江、汕头等支点港口成为区域性国际航运枢纽，国际航线基本覆盖全球大部分国家。

二、“一带一路”建设正在改变我国区域经济发展格局——基于“3D”分析框架

《2009年世界发展报告：重塑世界经济地理》提出了经济地理的三个特征：密度（density）、距离（distance）和分割（division）（简称“3D”）。报告指出，某些区域发展势头良好，是因为它们普遍遵循了符合区域经济一体化的三大典型特征和内涵，促进了地理结构的变迁：一是缩短距离，二是提高密度，三是减少分割①。从“一带一路”建设已经走过的四年和未来很长一段时期来看，“一带一路”建设所提出的“五通”合作重点遵循着重塑区域经济地理的规律，正悄然改变我国区域经济发展格局。

（一）缩短距离：从缩短交通距离、经济距离到重塑区域经济地理格局

一是缩短我国特别是西部地区与沿线国家和欧洲的运输距离。随着中欧班列的发展和跨境基础设施互联互通项目的建设，我国特别是西部地区与“一带一路”沿线国家和欧洲国家的交通距离大大缩短。在新亚欧大陆桥方向，“蓉欧快铁”的迅速发展使四川与欧洲的时空距离从以前港口海运的40多天缩短到了目前的11天。在中南半岛经济走廊方向，泛亚铁路建成前后，我国西南地区的云南和广西与中南半岛各国的区域可达性将由24.26小时下降至14.21小时，降低了41.43%，即区内任意地点到达节点市州最短仅需14小时，整体交通通达程度大幅提升②。

---

① 世界银行著，胡光宇等译．2009年世界发展报告：重塑世界经济地理．清华大学出版社，2009.

② 马颖忆，陆玉麒，柯文前．泛亚高铁建设对中国西南边疆地区与中南半岛空间联系的影响．地理研究，2015（5）.

二是缩短了我国与中亚、俄蒙、中东欧、东南亚地区的经济距离。对商品和服务贸易而言，距离包括时间成本和货币成本。中亚国家陆地运输环节的效率非常低下，导致其在贸易时间上远远大于其他国家，哈萨克斯坦出口和进口时间高达55天和41天①。同时，哈萨克斯坦、吉尔吉斯斯坦和其他中亚国家，由于贸易便利性较差，时间关税水平较高，均达到20%左右。随着中欧班列的快速发展，我国境内海关通关效率不断提高。2017年，新疆阿拉山口口岸中欧班列通关时间由以前的3个小时缩短到1个多小时。同时，我国与沿线国家运输和通关效率也得到提高，大大缩短了我国与中亚、俄蒙、中东欧、东南亚国家的经济距离。2017年，中俄货运车辆从我国经哈萨克斯坦到俄罗斯的物流时间由以前的一周最快缩短至2天，哈萨克斯坦农产品到达我国市场的通关时间缩短了90%。

三是从长远看将改变地处内陆沿边省份的经济地理格局。从长远看，“一带一路”建设将为西部地区内陆沿边省区发展提供便捷的出海口和出海通道。如中巴经济走廊将深居亚洲内陆的新疆与印度洋畔的瓜达尔港连接起来，从而使新疆到沿海的距离缩短近一半，而西北各省区市可以借道新疆出海到印度、阿拉伯国家以及欧洲，运距和时间都将大大缩短，这将改变我国西北地区的经济地理格局。随着中缅经济走廊建设的推进，若云南瑞丽至缅甸皎漂的铁路能够重启建设，皎漂港将成为云南通往印度洋的一个重要出海口，我国货物运输可从云南经皎漂港进入印度洋，相比经东南沿海绕道马六甲海峡缩短约3000海里运距。

（二）提升密度：从改变资源要素禀赋到优化产业格局

一是中缅、中亚、中俄跨境油气管线建设改变了沿边省份资源禀赋，从而形成新的区域主导产业。2013年，中缅油气管道项目建成后，其重要配套项目——云南1300万吨/年炼油项目也随后建成。项目改变了西南地区油品供需格局，填补了云南石化产业空白，云南成为我国西南地区继四川、广西之后第三个拥有产能超1000万吨大型炼厂的大型石化基地。2015年，中哈原油管道输油量接近新疆本地产油量的40%，对新疆油气资源加工产业格局具有较大

① 货物进出口贸易在陆地运输、海关程序和港口作业三个环节需要耗费的平均天数（DDB，Days of Doing Business）。

影响，管道的修建和各炼油厂生产规模的扩大，也带动了新疆第三产业、建材、服务等行业的新一轮发展热潮。目前，中俄东线天然气管线建设工程正对我国钢铁冶炼、制管、装备制造等基础工业的发展产生积极推动作用，也将有力推动国内气田、管道、储气库、天然气利用项目等上中下游产业链协同发展。

二是发展中欧班列降低了物流成本并推动出口导向型企业迅速集聚，从而改变班列开行城市的贸易结构和产业结构。发展中欧班列降低了生产时间敏感附加值高的进口设备、IT产品、汽车零部件等企业的物流成本，推动这些企业在中欧班列开行密集地区进一步集聚。2017年，“渝新欧”的运行成本比2011年开行之初下降了45%，重庆最大的IT品牌厂商惠普产品通过“渝新欧”运输的物流成本从开通之初的23元/台降至15元/台。出口导向型企业的集聚推动了加工贸易的进一步发展。依托中欧班列发展起来的加工贸易极大改变了重庆、成都、西安等城市的贸易结构，自2011年“渝新欧”开通以来，重庆市加工贸易进出口占贸易进出口总额的比重由32.5%上升至2017年的46.2%。随着2014年以来“蓉欧快铁”开行数量的迅速增加，成都市加工贸易进出口占贸易进出口总额的比重也由2014年的40.5%上升至2017年的66%（见表8-3）。同样改变的还有城市的产业结构。2016年，电子信息产业和汽车对重庆工业增长率贡献达到55%，而至2020年，电子信息产业将成为成都第一个主营业务收入达到万亿元级的产业集群。

表8-3　中欧班列主要开行城市加工贸易进出口额占比变化情况

加工贸易占比（%）	2012年	2013年	2014年	2015年	2016年	2017年
重庆市	32.5	47.8	57	38.7	40.5	46
四川省	48.5	52.2	40.5	45.4	55.6	51.8
成都市	55.5	49.3	47.0	49.5	52.3	66
郑州市	—	81.2	82.3	86.6	86.8	85.3
武汉市	—	41.5	45.4	44.2	39.3	
西安市	31.1	41.1	59.7	59.5	68.9	66

注：2017年数据四川省为1～11月统计数据，成都市为1～7月统计数据、西安市为1～9月统计数据。

三是“一带一路”建设推动产业和人口向沿边重点城市和口岸集聚，沿边重点城市经济密度不断提升。随着“一带一路”建设的深入推进，沿边重点和城市口岸发展提速，经济密度不断提升。自2014年建市至2017年，新疆霍尔果斯市公共财政预算收入、固定资产投资、招商引资、通关贸易额创造了三年四个翻一番的成绩。2016年，广西防城港市经济增速达到9.1%，位居广西各市首位，随着外地人口持续流入，其人口增速也高于广西平均水平。2016年，云南省瑞丽市生产总值增速（15%）名列全省第三、全州第一，城镇居民和农村居民人均可支配收入增速位居全省前列，工业总产值增速首次名列全省第一。

（三）减少分割：从降低国际边界效应到打破国内区域分割

一是边境和跨境经济合作区建设、中欧班列培育、次区域合作机制构建从点、线、面上打破我国与沿线国家制度壁垒，降低国家间的边界效应。从点上看，2017年，我国与缅甸、尼泊尔、越南分别就边境、跨境经济合作区建设达成新的共识。边境经济合作区、跨境经济合作区通过推动与周边国家贸易投资、税收、海关、交通运输、公安边防和边境检验检疫等制度和政策对接，促进生产要素、劳动力、人员车辆等跨境无障碍流动。

从线上看，2017年4月，中国、白俄罗斯、德国、哈萨克斯坦、蒙古国、波兰和俄罗斯七国铁路部门签署《关于深化中欧班列合作协议》。通过与中欧班列沿线国家海关建立国际合作机制，推进信息互换、监管互认、执法互助的海关合作，扩大海关间监管结果参考互认、商签海关合作协定等，能够有效提高通关效率，降低国家间的边界效应。

从面上看，次区域合作机制的建设也有助于打破与周边和沿线国家的制度壁垒。在中国—中南半岛经济走廊建设方向，有望在2018年结束的区域全面经济伙伴关系协定（RCEP）谈判和已经发挥作用的澜湄合作机制都将推动与东南亚各国在投资自由化、知识产权、法律、原产地规则、海关程序、贸易便利化、技术性贸易壁垒等制度和政策上实现有效对接。在新亚欧大陆桥方向，作为中欧关系合作框架下先行先试的次区域合作机制，中国—中东欧“16+1合作”机制推动我国与中东欧国家在基建、贸易、投资、金融等领域取得丰硕的合作成果。

二是中欧班列培育、中新（重庆）互联互通项目和兰渝、成兰铁路建设正在构筑我国内陆开放新主轴，西北与西南地区的经济互动和要素交换日趋密切。2015年11月，中新两国第三个政府间合作项目——中新互联互通项目落户重庆。2017 年 8 月，渝、桂、黔、陇四地政府和海关、检验检疫部门签署合作协议，探索合作建设中新互联互通项目南向通道，并于 9 月开通了“渝黔桂新”南向铁海联运通道常态化运行班列，与开往中亚和欧洲的“渝新欧”共同构成了我国西部地区连通中亚、欧洲和东南亚的内陆开放新主轴雏形。随着 2017 年 9 月兰渝铁路正式开通运营，西北地区与西南地区之间的距离大大缩短，我国西部地区新疆、西藏、青海等地运往西南方向的货流必将吸引到兰渝线上来，而从西南进入西北方向的货流，如云南、贵州等地货物也将吸引到兰渝线上来，西北地区与西南地区的经济互动和要素交换将日趋密切，兰渝铁路的建成通车为构建内陆开放新主轴形成重要补充。

三是其他沿边省份、内陆省份和沿海省份通过共同构建跨区域物流网络和推动通关一体化，逐渐打破国内区域分割。2016 年 1 月，由广东省珠海市、贵州省黔南州、四川省遂宁市发起开展的“川贵广—南亚国际物流大通道”项目正式签署战略合作框架协议，共同构建以珠海为海上门户、黔南和遂宁为大通道内陆节点枢纽，连通西南内陆和东南沿海，进而向南出海辐射东南亚、对接“21 世纪海上丝绸之路”，向北融入“丝绸之路经济带”和“中巴经济走廊”的国际物流大通道。珠海市通过推动珠海港港口功能前移，在遂宁、黔南州建设实现本地报关的国际“无水港”，逐渐打破沿海和内陆地区区域分割，大幅提升物流业运作效率并降低内陆地区出口成本，推动通道上节点城市要素和产品更加通畅的流动。

三、国内不同区域参与“一带一路”建设存在的问题

（一）国内不同区域在发展中欧班列、建设经贸合作平台、海上合作上仍存在各自为政、同质化竞争的问题

目前，中欧班列国内线路布局不太合理，一些城市不顾实际市场状况，过早、盲目开行国际班列，一些开行城市货源地几乎一致，线路几乎重复，多个城市为争夺中欧班列通道起点，对内不计成本，依靠政府补贴以低于成本价的运费争抢货源，有的班列为争抢货源甚至以半价收取运费，大多中欧班列的政府补贴力度达 10% ~40%，依靠政府补贴低价竞争导致部分班列亏损严重。很多班列公司在全国设置集散中心，造成货主“舍近求远”，在对外运价谈判

方面各自为政，导致沿线国家抬高运价，难以获得价格优惠。

同时，部分省份建设的面向“一带一路”沿线国家的经贸合作平台和展会平台存在着定位雷同、差异性不强的问题。如广东省与福建省都在举办21世纪海上丝绸之路博览会。又如沿海省份与沿线国家的海洋合作大多集中在海洋渔业及养殖业等领域，在海洋科技、海洋装备制造、海洋生态环境保护、海洋观测预报及防灾减灾等领域合作较为欠缺。福建省与“海丝”沿线国家或地区在海洋领域交流合作仍集中在远洋渔业和境外养殖业，其重点建设的海上丝绸之路项目——中国—东盟海产品交易所其定位也是在渔业产品交易上。又如作为海洋经济大省的广东省，其海洋渔业对外合作主要以一般贸易为主，合作区域主要集中在东盟和南太平洋等国家和地区，合作领域同样以渔业养殖捕捞和加工等为主。

（二）中西部地区开放要素过于集中在内陆核心城市，且核心城市之间、核心城市和外围城市之间没有形成联动参与“一带一路”建设的局面

目前，中西部地区开放要素和平台主要集中在重庆两江新区、成都天府新区、郑州郑东新区等一些核心地区和省会城市，这些地区和城市对开放要素和资源形成了较强的“虹吸效应”，导致其他外围地区和沿边地区难以获取开放要素和资源，因而也难以形成联动参与“一带一路”建设的格局，甚至基本没有能力和比较优势参与“一带一路”建设。可以认为，中西部地区目前参与“一带一路”建设主要是“点”上的参与。如2017年四川省外贸进出口总额的85.6%集中在成都市，其他20个地级市的外贸进出口总额还不到四川省的15%，2017年河南省外贸进出口总额的73.4%集中在郑州市，而洛阳市外贸进出口总额占全省比重还不足3%。如何推动这些地级城市参与“一带一路”建设是下一步加大中西部地区开放力度需要重点研究的问题。

（三）西部地区、东北地区贸易结构不合理且与沿线国家贸易投资互补性不强，呈现一定的通道经济特征

从我国不同区域与沿线国家贸易额占比变化上看，2014～2016年，西部地区占比保持在11%左右的水平，东北地区由6.1%下降至4.2%。究其原因，主要是西部地区、东北地区与沿线国家贸易互补性有关。以新疆为例，目前，

新疆与中亚五国贸易合作规模不断扩大，但其贸易增长率却不断下降。由于中亚和南亚许多国家在产业构成上与新疆有较高的相似性，而新疆对外贸易的主要产品仍然是资源及原料类商品以及食品、轻纺、家电等劳动密集型产品，高附加值和高科技产品所占比重仍较小，且贸易方式主要以边境小额贸易为主，一般贸易为辅，加工贸易所占份额很少，这些都在一定程度上降低了新疆本地产品在新疆对外贸易中的贡献，使新疆更多地成为我国内地与周边国家贸易往来的通道。如2003～2014年的12年间，新疆与巴基斯坦边境贸易总额在中巴贸易总额中的占比由10.5%下降至1.98%，远远低于中巴贸易总体水平（见图8－4）。其原因在于，新疆与巴基斯坦产业同构程度较高，使新疆与巴基斯坦的贸易互补性弱。纱线和机电产品是新疆对巴基斯坦的主要出口商品，而我国从巴基斯坦进口的棉纱线金额占从巴进口总额的50%以上。农产品是新疆对巴基斯坦的主要进口商品，但新疆本身也是农业区，自身也有农产品出口需求。巴基斯坦所需要的进口商品主要以制造业产品为主，但新疆制造业较为落后，在很大程度上难以提供巴所需的制造业产品。

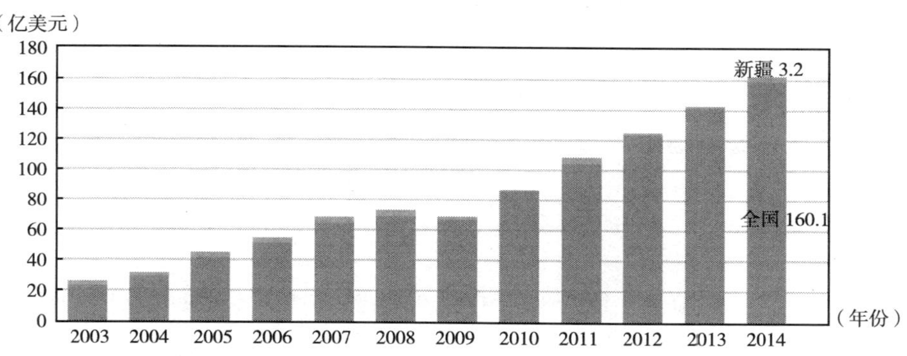

图8－4 新疆和全国对巴基斯坦进出口贸易情况

资料来源：历年《中国统计年鉴》《新疆统计年鉴》。

黑龙江、广西等省区同样存在加工贸易占比不高、贸易产品层次较低等问题。如广西2017年加工贸易占比仅有20.8%，外贸依存度仅为19.7%，出口货物中本地货源仅占45.4%，出口增量只占GDP增量的25.4%。2006～2016年，广西对东盟进出口贸易额占我国对东盟进出口贸易额比重由1.14%上升至6.13%，总规模跻身全国前十，但与广东、上海、江苏等其他发达省份相比仍差距较大（见图8－5）。广西与东盟的贸易是建立在传统比较优势基础上的低附加价值商品贸易，输出产品多为加工较为简单的劳动密集型产品，如机电产品、服装、农产品等，进口以矿产品、水果、橡胶等资源密集型和劳动密集型产品为主，高新技术产品较少。

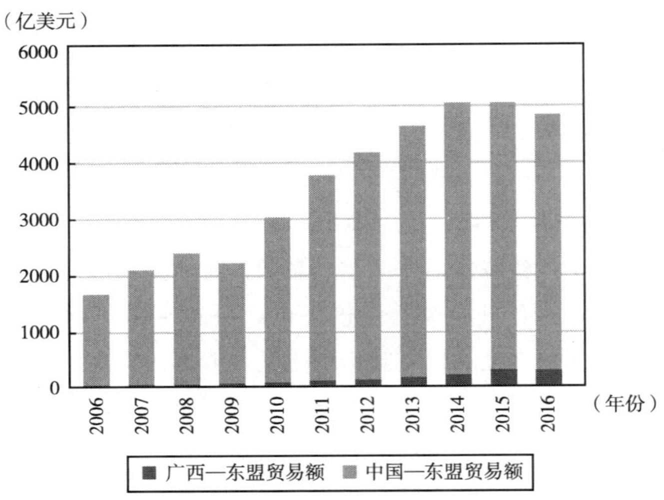

图 8－5　广西与东盟进出口贸易额和我国与东盟进出口贸易额变化情况

资料来源：历年《中国统计年鉴》《广西新疆统计年鉴》。

（四）西部地区、东北地区边境和跨境基础设施面临不同程度的建设滞后和运力饱和，与沿线国家和地区没有实现真正意义的“软联通”

2017 年以来，随着中欧班列开行数量爆发式增长，阿拉山口、满洲里、二连浩特 3 个口岸都已满负荷运行，随着未来班列数量的持续增长，阿拉山口口岸通行能力很可能出现“瓶颈”。在东北和西部很多地区，由于区域铁路网络和公路网络不完善，导致各口岸的通行能力不均衡，如黑龙江绥芬河至满洲里通道运输压力大且趋于饱和，哈尔滨至同江铁路大桥过境通道、哈尔滨至黑河铁路过境通道和沿边铁路过境通道因货运量较少而没有达到预期过货能力。同时，部分口岸设施老化和超期服役现象普遍存在，运能不足严重影响了港口货物运输，多式联运的运输组织水平及运转效率低下，铁路站场规划布局不合理、查验设施不完善，毗邻国家和地区与我国对接的口岸基础设施建设滞后，这些因素都使沿边地区基础设施难以支撑快速增长的跨境货运需求。此外，部分口岸仍存在双边查验结果不互认、通关便利化程度不高、难以实现直达运输等“软联通”问题。

（五）中部地区在开放平台、开放主体、开放环境培育上还存在不同程度的短板

中部地区不靠海、不沿边，在参与“一带一路”建设中缺乏区位优势。但随着中欧班列的开行数量迅速增加，中部地区逐渐成为联通我国东部和西部、沿海和内陆沿边的重要枢纽。中部地区作为我国人口大区、经济腹地、重要市场和制造业高地的优势迅速释放。2017 年，中部地区实际使用外资 561.3 亿元，同比增长 22.5%，增速领跑全国，中部地区逐渐成为东部和国际制造业转移的重要承接地。但中部地区自身在参与“一带一路”建设上还存在不同程度的短板。在开放平台建设上，中部地区拥有一定数量的自贸区、综合保税区、国家级经开区和高新区等开放平台，但这些平台还普遍存在集聚出口导向型企业和开放要素能力不足的问题。在开放主体培育上，中部许多省份支柱产业发展优势还没有转化为强有力的国际竞争优势，如湖北省开展出口业务的企业占取得进出口经营资格企业的比重不到 30%。在经贸合作上，中部很多省份出口商品中传统产品仍然占据较大比重，开展经贸合作和对外投资的对象也主要以欧美发达国家为主，对“一带一路”沿线国家贸易和投资占比不高。近年来，由于中部地区物流成本较高、营商环境并不理想，部分沿海地区加工贸易企业在向江西、河南等地转移后，又向越南、柬埔寨等东南亚国家“二次转移”或返向沿海“逆向转移”。

四、下一步我国不同区域参与“一带一路”建设的任务和策略

（一）加大对不同区域在中欧班列培育和经贸合作平台建设中的低层次恶性竞争的规范力度

在开行中欧班列上，对具备开行条件和形成规模的城市研究制定更为精准的行业扶持鼓励政策，要求各地财政对中欧班列补贴资金项目和补贴退出期限进行公示。对中欧班列进行合理的布局规划，在西南、华东、西北、东北、华

南等地培育有核心竞争力的中欧班列公司，引导运营企业向节约资源、逐步市场化的目标发展。不断优化中欧班列线路，根据开设中欧班列城市的不同特点，在重庆、成都、郑州等主要货源地、重要港口、铁路枢纽以及边境口岸确定一批枢纽中心站点，将国内的中欧班列货源以快运列车的方式发往枢纽中心站点集结，火车满轴后再统一编成中欧班列发往沿线和欧洲国家，利用发达的欧洲铁路网络进行再次分拨。在打造经贸合作平台上，推动我国不同省份明确与“一带一路”沿线或欧洲的重点合作国家或地区，并鼓励其探索与重点合作国家或地区的重点合作领域，从国家层面整合各地内容和形式雷同的“一带一路”建设相关博览会。

（二）推动东部沿海不同区域在贸易投资领域发挥引领作用，差别化有侧重地参与21世纪海上丝绸之路建设

作为我国通过输出产能、资本、科技参与“一带一路”建设的主要区域，东部地区应继续在“一带一路”建设贸易投资领域发挥引领作用，通过珠三角、长三角、京津冀三大经济圈和长江经济带、珠江—西江经济带、渤（海湾）—（内）蒙（古）—新（疆）轴线牵引支撑中西部地区更好地参与“一带一路”建设。加强与中西部地区在开行中欧班列、通关一体化、“一带一路”融资平台建设、加工贸易产业转移、科技成果转化等领域的合作。同时，东部地区应继续对标国际投资贸易新规则，探索建设自由贸易港，并在航线开辟、港口联盟、海洋经济合作等海上丝绸之路建设领域发挥更大作用。

在推动海上合作方面，提升海峡西岸地区作为海上丝绸之路核心区的平台服务功能，打造一批重大综合性、经贸、海上、人文合作平台，深化闽台合作，加强海上合作战略支点建设，推动港口资源整合和布局优化，做强临港产业，在互联互通、经贸合作、体制创新、人文交流等领域全面发挥核心区的引领、示范、集聚、辐射作用。发挥珠三角地区战略枢纽、经贸合作中心和重要引擎作用，携手港澳台参与“一带一路”建设，加强泛珠合作拓展内陆腹地，建设粤港澳大湾区，与“海丝”沿线港口构建新港口联盟，优化提升对外贸易投资层次。依托长三角地区深化“一带一路”与长江经济带发展战略的对接，深化以装备制造为核心的国际产能合作和境外经贸合作区建设，依托上海国际金融中心建设加强与沿线国家金融合作。

依托北京科技、人文交流、国际交往优势、天津和河北港口和临港产业优

势、山东半岛海洋产业优势、辽东半岛对接日韩等东北亚国家的优势，加强京津冀、辽东半岛、山东半岛港口群、机场群分工协作，积极对接中蒙俄经济走廊，以海洋科技合作和与东北亚地区的经贸合作为重点，将环渤海地区建设成为“21世纪海上丝绸之路”北方战略支点和海洋科技合作示范区。加大对海南省作为我国经略南海的平台支撑作用，打造海口、三亚海上合作战略支点，发挥博鳌亚洲论坛作为重要对外交流平台的作用，以旅游合作和人文交流为重要支撑，探索建设面向东盟的中国（海南）自由贸易试验区，为南海资源开发提供服务保障，建成我国经略南海的战略要地、“一带一路”国际交流平台和生态文明示范区。大力提升北部湾参与“海上丝绸之路”建设的基础设施和产业支撑能力，发挥北部湾作为我国西南地区出海口和毗邻东盟的区位优势，进一步加快港口资源整合和港城一体化发展步伐，加强与西南地区内陆腹地的通道建设，积极发展现代海洋产业体系。

（三）推动西部地区重点打造国家内陆开放新主轴，牵引西南西北地区协同参与“一带一路”建设

以渝、桂、黔、陇四地政府和海关、检验检疫部门共建中新互联互通项目南向通道和兰渝、成兰铁路开通为契机，推动西南和西北地区联合打造联通东南亚地区和中亚地区的我国内陆开放新主轴。新主轴向南由重庆、成都经贵州等省市通过广西北部湾等沿海沿边口岸通达新加坡及东盟主要物流节点，进而辐射南亚、中东等区域；向北与中欧（重庆）、中欧（成都）班列连接，利用兰渝铁路、成兰铁路及甘肃的主要物流节点，经新疆连通中亚、南亚、欧洲等地区。这条开放新主轴的建设将改变我国西部内陆地区在过去开放过程中贸易通道几乎均为东西走向、长期被动保持“向东”的单一态势，推动西南地区和西北地区的要素交换和产业融合发展。

实施加工贸易西移战略，顺应市场规律推动东中部地区加工贸易产业向开放新主轴沿线地区转移，复制推广重庆、陕西发展加工贸易的经验，在开放新主轴上加快布局和建设一批自贸区、国际陆港、保税区、铁路和航空口岸等开发开放平台，引导开放新主轴上的乌鲁木齐、广元、武威、陇南等节点城市大力发展加工贸易产业，带动欠发达地区发展。实施出口标准提升工程，推动甘肃、青海、宁夏等西北地区省份按照“一带一路”沿线国家出口标准重新打造西部地区工业品和农产品生产和加工基地。

（四）中部地区应坚持“引进来”和“走出去”并重，着力培育开放平台、主体和品牌

中部地区的郑州市、武汉市应在中欧班列列车开行、货运覆盖面、服务增值能力、口岸功能和通关便利能力等方面不断完善，将河南省和湖北省建设成为连通境内外、辐射东中西的物流通道枢纽。同时，以中欧班列为纽带，加强与西部地区的分工合作和优势互补。做强做优郑州国际陆港，推进保税物流区、特色商品口岸、多式联运集疏中心、国际陆港联检中心、智慧物流信息中心、国际商品展示交易中心等落户郑州国际陆港，使其具备铁路一类口岸、多式联运中心、城市配送中心、区域分拨中心、国际物流中心、综合保税区等六大功能，最终将其打造成以铁路港、公路港、无水港为依托，以大交通、大物流、大口岸、大通关为目标的国际陆港。

按照“引进来”和“走出去”并重的原则，鼓励中部地区钢铁冶金、石化和食品加工等资源密集型产业在资源丰富的沿线国家设立原材料供应基地，保障原材料供给，选择一些基础条件好、政治稳定、在粮食食用菌等方面具有比较优势的发展中国家展开现代农业合作，支持纺织服装、装备制造、建材等劳动密集型产业及中低端电子产业进行产能输出，加大光电子信息、智能制造、航天汽车、新能源、生物制药等技术密集型产业对沿线国家的产品出口。积极引进欧盟、新加坡、以色列等科技发达、技术研发能力强的发达国家和高收入经济体的跨国企业，加强与有关国家在电子、光伏、高铁、核电等高新技术产业的交流与合作，促使中部地区在全球价值链中的地位得到提升。

（五）东北地区应优化升级边境和跨境基础设施，提升加工贸易水平和“走出去”能力

加强中俄、中蒙口岸基础设施建设，增加口岸通关能力。推动珲春出口加工区升级为综合保税区，加快推进珲春—扎鲁比诺跨境经济合作区建设，以边境自贸区建设进行先行先试，率先依托哈尔滨综合保税区、绥芬河综合保税区、珲春出口加工区在牡丹江—海参崴跨境地区、珲春—哈桑跨境地区开展自贸区试点，待条件成熟时逐步扩大到中国东北地区与俄罗斯远东地区更大范围的次区域自由贸易区，最终建设中俄自由贸易区。扩大中蒙贸易规模，完善贸易结构，扩大汽车、机械、轻工业品、日用品等产品的贸易。在传统贸易基础

上，大力发展互联网经济，促进中蒙跨境电子商务发展。以二连浩特—扎门乌德跨境经济合作区建设为样板，加快推进中蒙跨境经济合作区建设，为推进自贸区和物流中心建设奠定基础。

重点提升东北地区加工贸易能力，培育能够适合海运和铁路集装箱运输的出口加工产业集群，不断提升加工贸易在进出口贸易中所占比重。立足于采矿及精深加工、水电开发等领域合作，发展外向型能源矿产业，推动东北地区国有大型企业和央企开发利用俄远东地区和蒙古能源、矿产资源，通过设立境外经贸合作区等多种方式进入资源勘探开发和深加工领域，将上游采掘、炼化等初加工产业链通过投资合作向境外转移，在境内延伸下游产业链，发展精深加工产业，提高产品附加值。同时，可充分发挥对俄远东地区和蒙古在石化、食品、装备制造领域的比较优势，加大与俄罗斯在化工产品、金属制品、食品、机械装备等受美欧制裁影响其国内产品需求较大的行业的产能合作，与蒙古国尽快推动塔温陶勒盖煤矿开发等大项目建设，支持蒙古国开展矿产品本地深加工、煤化工、煤制气等产业发展，与其开展风能、太阳能等清洁能源和可再生能源领域合作，推进辽宁蒙古霍特工业园等一批境外经贸合作区建设。

（六）建设五大国家内陆开放门户枢纽和若干沿边开放高地，作为内陆沿边地区参与“一带一路”建设的重要支撑

依托重庆两江新区、成都天府新区、陕西西咸新区等内陆开放平台，建设重庆、成都、郑州、武汉、西安五大国家内陆开放门户枢纽。着力推进重庆、四川、河南、湖北、陕西五大自贸区建设，对接高标准国际经贸规则，依托中欧班列建设加快与沿线国家和地区构建陆上贸易规则，率先在自贸试验区新版负面清单、支持优质境外企业利用资本市场发展壮大、高端服务领域的跨境服务贸易、离岸税制安排、政府行政服务能力提升等新一轮自贸区改革重点领域先行先试。加快构建大通道、大通关、大平台开放体系，在建设国际综合物流枢纽、发展中欧班列、建设重大开放平台和口岸等领域不断突破。

依托重点开发开放试验区、沿边国家级口岸、边境城市、边境经济合作区和跨境经济合作区等沿边重点地区，加快边境口岸设施和市政基础建设、跨境铁路建设和扩能改造、口岸高速公路等一批互联互通重点项目建设，深化行政管理、互市贸易、跨境劳务合作、沿边金融、跨境旅游和合作等体制机制改革，积极发展跨境贸易、跨境旅游、跨境加工、跨境金融、跨境电商、跨境物

流等产业，打造若干沿边开放高地，形成对推进“一带一路”建设的重要支撑。

参考文献

[1] 国家信息中心“一带一路”大数据中心等.“一带一路”贸易合作大数据报告（2017）. 2017.

[2] 世界银行著，胡光宇等译. 2009 年世界发展报告：重塑世界经济地理. 清华大学出版社，2009.

[3] 马颖忆，陆玉麒，柯文前. 泛亚高铁建设对中国西南边疆地区与中南半岛空间联系的影响. 地理研究，2015，34（5）：825－837.

[4] 刘宇，吕郢康，全水萍.“一带一路”战略下贸易便利化的经济影响——以中哈贸易为例的 GTAP 模型研究. 经济评论，2016，（6）：70－83.

[5] 王德占. 2017 年中欧班列的主要特点与存在问题及 2018 年中欧班列发展建议. 大陆桥视野，2018，（2）：31－36.

[6] 曹扬. 中部地区开放型经济发展评价与对策研究. 经济问题，2018（1）：97－103.